U0945419

# 淘宝大曝光

## 开店、装修、推广与运营实战

段宗亮 / 著

清华大学出版社
北京

## 内容简介

本书是一本系统论述淘宝运营方法与策略的立体化教程（含纸质图书、教学课件与视频教程）。全书共分为 8 章，主要内容包括：淘宝介绍及开店前的筹划，淘宝新手卖家开店流程实操，淘宝卖家中心实操及技巧，打造淘宝宝贝黄金详情页面，淘宝 SEO 优化策略解密，淘宝活动申报技巧及策略，淘宝宝贝爆款打造策略和淘宝直通车实操技巧及策略。

为便于读者高效学习，快速掌握淘宝运营方法和策略，本书作者精心制作了视频教程（共 2900 分钟）及完整的教学课件，并提供在线答疑服务。

本书适合作为电子商务与新媒体相关专业的教学用书，也适合作为淘宝、天猫、京东等电子商务网站运营者的参考用书。



**图书在版编目（CIP）数据**

淘宝大曝光：开店、装修、推广与运营实战：全程视频教学版/段宗亮著. —北京：清华大学出版社，2019

ISBN 978-7-302-51354-4

Ⅰ. ①淘…　Ⅱ. ①段…　Ⅲ. ①网店－商业经营　Ⅳ. ①F713.365.2

中国版本图书馆 CIP 数据核字（2018）第 229194 号

**责任编辑：**盛东亮
**封面设计：**李召霞
**责任校对：**梁　毅
**责任印制：**宋　林

**出版发行：**清华大学出版社
**网　　址：**http://www.tup.com.cn, http://www.wqbook.com
**地　　址：**北京清华大学学研大厦 A 座　　**邮　　编：**100084
**社 总 机：**010-62770175　　**邮　　购：**010-62786544
**投稿与读者服务：**010-62776969，c-service@tup.tsinghua.edu.cn
**质量反馈：**010-62772015，zhiliang@tup.tsinghua.edu.cn
**课件下载：**http://www.tup.com.cn，010-62795954
**印 装 者：**北京嘉实印刷有限公司
**经　　销：**全国新华书店
**开　　本：**185mm×260mm　　**印　张：**13.75　　**字　　数：**331 千字
**版　　次：**2019 年 4 月第 1 版　　**印　　次：**2019 年 4 月第 1 次印刷
**定　　价：**49.00 元

产品编号：079271-01

# 前言
PREFACE

2003 年 5 月，淘宝诞生，为零售领域提供服务。自 2008 年起，淘宝交易额每年翻倍增长；截至目前，淘宝总注册用户数超过 6 亿，注册卖家用户数超过 5000 万，在线商品数量超过 10 亿件，平均每天交易额超过 100 亿元，是亚太地区最大的网络零售商圈。

笔者主攻电子商务专业，2010 年首次接触淘宝，被淘宝的商业交易模式深深吸引，笔者曾经拥有一个“2 皇冠店”，一个“5 钻店”；先后服务过多家大型电商企业的天猫店、淘宝店、农村淘宝、高校大学生电商创业，见证了淘宝快速发展期间规则算法升级与完善的过程。笔者致力于将多年所学服务于更多电商企业，帮助中小型企业快速转型，推动农村电商快速发展，使更多电商创业者及就业者的水平得到快速提升。

本书是宗创电商学院研发的一本“立体化图书”。所谓“立体化图书”就是包含图书、视频、课件和在线指导服务等内容的学习解决方案。全面帮助读者快速掌握淘宝运营方法与技巧。

作　者

2019 年 1 月

# 本书配套资源

**一、教学视频及课件**

所有购买本书的读者均可获取完整的配书教学视频及课件，获取地址见清华大学出版社网站本书页面说明。

**二、教学视频简介**

所有购买本书的读者均可获赠195节（超过2900分钟）的“淘宝新手到高手运营”的视频课程，内容如下：

（1）基础视频教程：基础视频教程共10章，80节。

第1章：淘宝新店注册及认证（共4节）

第2章：淘宝专业术语解析（共7节）

第3章：卖家中心基础设置（共19节）

第4章：店铺装修（共10节）

第5章：店铺营销（共6节）

第6章：手机淘宝专题讲解（共7节）

第7章：刷单课程（共7节）

第8章：淘宝如何选款与定价（共6节）

第9章：深度剖析淘宝的运营模式（共10节）

第10章：教你用美图秀秀处理淘宝图（共4节）

（2）高级视频教程：高级视频教程共13章，115节。

第1章：淘宝SEO搜索优化系列课程（共19节）

第2章：淘宝转化率提升策略（共12节）

第3章：手机淘宝运营系列精讲（共8节）

第4章：淘宝店铺爆款打造策略（共9节）

第5章：淘宝运营的数据分析精讲（共6节）

第6章：淘宝活动报名技巧及策略精讲（共12节）

第7章：淘宝运营王牌团队打造（共5节）

第8章：淘宝金牌客服营销打造（共7节）

第9章：淘宝直通车运营策略解密（共16节）

第10章：淘宝客户设置及引流策略（共6节）

第11章：淘宝钻展运营策略解密（共8节）

第12章：淘宝会员营销策略精讲（共5节）

第13章：淘宝如何打败竞品策略（共4节）

# 目录
CONTENTS

# 第 1 章

# 淘宝介绍及开店前的筹划

淘宝已有 15 年的发展历史，无论从技术、模式，还是制度层面，淘宝的体系已经非常成熟了。各种制度与规则越来越完善，开店后“躺着都可以赚钱”的时代已经成为过去了。

经营淘宝网店前需要做大量的筹备工作。例如，确认店铺类型，确认行业类目、货源问题、资金问题、淘宝运营规则等。这一切都需前期做好充分准备，精心筹划。

## 1.1 对中国电子商务的认识

电子商务是以信息网络技术为手段，以商品交换为中心的商务活动；也可理解为在互联网（internet）、企业内部网（Intranet）和增值网（Value Added Network，VAN）上以电子交易方式进行交易活动和相关服务的活动，是传统商业活动各环节的电子化、网络化、信息化。

构成电子商务的四大基本核心要素是商城、消费者、商品、物流，四者缺一不可。其整个交易过程必须形成一个完整的闭环系统。

### 1.1.1 中国电子商务发展历程

中国的电子商务之所以能有今天的蓬勃景象，是经过长时间的发展与沉淀，政府与优秀企业家们共同努力的结果。中国的电子商务发展共经历了以下 5 个阶段。

起步期：1990—1993 年，电子数据交换时代，称为中国电子商务的起步期。

雏形期：1993—1997 年，政府领导组织开展“三金工程”阶段。这一阶段为电子商务的发展期打下了坚实基础。1993 年成立了以时任国务院副总理邹家华为主席的国家经济信息化联席会议及其办公室，相继组织了金关、金卡、金税等“三金工程”，取得了重大进展。这个阶段的工作主要是由政府牵头，它为中国电子商务后期的发展打下了良好的基础。到 1997 年，开始出现网络广告，逐渐地出现了网络订货现象。

发展期：1998—2000 年，互联网电子商务发展阶段。阿里巴巴就诞生于这个阶段。

稳定期：2000—2009 年，电子商务逐渐以 B2B 模式为主体，标志着电子商务已经进入可持续发展的稳定期。

成熟期：3G 的规模化运营促使中国电子商务成熟发展，电子商务已经受到国家高层的重视，并提升到国家战略层面。

中国电子商务经过长达 20 多年的不懈努力、发展与沉淀，才有了今天众所周知的大型电子商务平台和品牌，如淘宝网、京东等。

### 1.1.2 电子商务交易模式

根据全球电子商务的发展，可将电子商务分为 8 种常见模式：B2B 模式、B2C 模式、C2C 模式、O2O 模式、B2M 模式、B2G (B2A)模式、C2B 模式、B2T 模式。

#### 1．B2B 模式

“B2B 模式”（Business to Business）是指企业与企业之间交易的电子商务模式。即企业与企业之间通过互联网进行商品和服务的交易，是使用 Internet 技术或商务网络平台（如阿里巴巴）完成商务交易的过程。这些过程包括发布供求信息，订货及确认订货，支付过程，票据的签发、传送和接收，确定配送方案并监控配送过程等。

#### 2．B2C 模式

“B2C 模式”（Business to Customer）是指企业与个人之间交易的电子商务模式，如天猫商城、京东商城、亚马逊、苏宁易购、国美在线等。

#### 3．C2C 模式

“C2C 模式”（Consumer to Consumer）是指个人与个人之间交易的电子商务模式，如淘宝网。

#### 4．O2O 模式

“O2O 模式”（Online to Offline）是指线上与线下互动交易的电子商务模式。O2O 是新兴起的一种电子商务模式，即将线下商务的机会与互联网结合在了一起，让互联网成为线下交易的前台。这样线下服务就可以用线上来揽客，消费者可以用线上来筛选服务，成交可以在线结算，很快达到规模。

O2O 模式最大的特点是推广效果可查询，每笔交易可跟踪。例如，美乐乐家居网通过搜索引擎和社交平台建立海量网站入口，把网络的一批家居网购消费者吸引到美乐乐家居网，进而引入到当地的美乐乐体验馆。线下体验馆则承担宝贝展示与体验以及部分的售后服务功能。如今很多行业的经营都在向 O2O 模式靠拢，尤其是一些如餐饮、KTV、美容、健身等服务行业，线上下单预订，线下消费和体验。

#### 5．B2M 模式

“B2M 模式”（Business to Manager）相对于 B2B、B2C、C2C 的电子商务模式而言，是一种全新的电子商务模式。而这种电子商务相对于以上三种有着本质的不同，其根本的区别在于目标买家群的性质不同，前三者的目标买家群都是作为一种消费者的身份出现，而 B2M 所针对的买家群是该企业或该宝贝的销售者或者为其工作者，而不是最终消费者。

#### 6．B2G（B2A）模式

“B2G 模式”（Business to Government）是指企业与政府管理部门之间交易的电子商务模式，如政府采购平台、海关报税平台、税务机构报税平台等。

#### 7．C2B 模式

“C2B 模式”（Customer to Business）是指消费者与企业之间交易的电子商务模式。

这种模式最初是在美国兴起的，C2B 模式的核心是通过聚合分散分布但数量庞大的买家形成一个强大的采购集团，以此来改变 B2C 模式中买家一对一出价的弱势地位，使之享受到以大批发商的价格买单件宝贝的利益。

8．B2T 模式

“B2T 模式”（Business to Team）是指企业对团体的电子商务模式，即大型团购。

对以上几种电子商务模式知悉即可，无须深入研究。大多数商家或个人只能借助几种电子商务模式经营自己的商业活动。

## 1.2　淘宝网发展历程

淘宝网是亚太地区最大的网络零售商圈，由阿里巴巴集团在 2003 年 5 月创立。淘宝网在中国是深受欢迎的网购零售平台，拥有近 6 亿多的注册用户，每天有超过 2 亿的在线访客，在线宝贝总数量超过 10 亿件，平均每分钟售出 4.8 万件商品。

2003 年 5 月 10 日，淘宝网成立，由阿里巴巴集团投资创办。10 月推出第三方支付工具“支付宝”，以“担保交易模式”使消费者对淘宝网上的交易产生信任。2003 年全年交易总额 3400 万元。淘宝网 2003 年初创时的首页界面如图 1-1 所示。

图 1-1　2003 年淘宝网首页

2004 年，出现的“淘宝旺旺”将即时聊天工具和网络购物联系起来。2004 年交易额破 10 亿元。

2005 年，淘宝网超越 eBay 易趣，并且开始把竞争对手远远抛在身后，成为亚洲最大的网络购物平台。2005 年成交额破 80 亿元，超越沃尔玛。

2006 年，淘宝网成为亚洲最大购物网站。就在这一年，淘宝网第一次在中国实现了一个可能——互联网不仅仅是作为一个应用工具存在，它将最终构成生活的基本要素。淘宝网 2006 年交易额达 169 亿元。

2007 年，淘宝网不再是一家简单的拍卖网站，而是亚洲最大的网络零售商圈。这一年，淘宝网全年成交额突破 400 亿元，成为中国第二大综合卖场。

2008 年，淘宝 B2C 新平台淘宝商城（天猫前身）上线；汶川地震捐款平台上线，共筹得网友捐款超 2000 万元；同年 9 月份，淘宝网单月交易额突破百亿大关。2008 年交易额 999.6 亿元。淘宝网 2008 年首页界面如图 1-2 所示。

图 1-2　2008 年淘宝网首页

2009 年，淘宝网已成为中国最大的综合卖场，全年交易额达到 2083 亿元。

2009 年 11 月 11 日，淘宝网交易额是 5200 万人民币。2009 年淘宝网首页界面发生了改革性的变化，如图 1-3 所示。

图 1-3　2009 年淘宝网首页

2010 年 1 月 1 日，淘宝网发布全新首页，此后聚划算上线，随后又推出一淘网。

2010 年 11 月 11 日，淘宝交易额为 9.36 亿元人民币。2010 年全年交易额破 4000 亿元。

2011 年 6 月 16 日，阿里巴巴集团旗下淘宝公司分拆为三个独立的公司，即沿袭原 C2C 业务的淘宝网（taobao.com），平台型 B2C 电子商务服务商淘宝商城(tmall.com)和一站式购物搜索引擎一淘网（etao.com）。在新的架构中，淘宝分拆后的三家公司采用总裁加董事长的机制运营。

2011 年 11 月 11 日，淘宝交易额是 53 亿元人民币。2011 年全年交易额为 6321 亿元。

2012 年 1 月 11 日上午，淘宝商城正式宣布更名为“天猫”。2012 年 3 月 29 日天猫发布全新 Logo。

2012 年 11 月 11 日，天猫借光棍节大赚一笔，宣称 13 小时卖 100 亿元，创世界纪录。当天总销售额 191 亿元人民币，其中淘宝 59 亿元，天猫 132 亿元。2012 年全年总交易额为 10007 亿元。

2013 年，阿里调整为 25 个事业部，阿里巴巴通过其全资子公司阿里巴巴（中国），以 5.86 亿美元购入新浪微博公司发行的优先股和普通股，约占新浪微博公司全稀释摊薄后总股份的 18%，将淘宝电商和 SNS 的结合进行到底。

2013 年 11 月 11 日，淘宝交易额 350.18 亿元人民币。2013 年全年总交易额为 15420 亿元。

2014 年 9 月 6 日，阿里巴巴集团向美国证券交易委员会（SEC）提交更新后的招股文件称，集团将以每股美国存托凭证 60 美元到 66 美元的价格挂牌上市，这创下美国市场上有史以来按市值计算的最大 IPO 交易，这一年阿里巴巴集团的创始人马云也成为了中国新首富。

2014 年 11 月 11 日，淘宝交易额 571.12 亿元人民币。2014 年淘宝全年总交易额 24440 亿元，淘宝的总体量相当于四个京东。

2015 年 11 月 11 日，淘宝交易额 912.17 亿元人民币。2015 年淘宝全年交易额突破 30000 亿元大关，日均交易额超过 100 亿元。逼近沃尔玛全球年销售额（约 33000 亿元人民币）。

2015 年 12 月 24 日，阿里巴巴集团与国家认证认可监督管理委员会信息中心正式签署合作框架协议，双方共同推出“云桥”数据共享机制，阿里巴巴成为首家直接接入国家 CCC 认证信息数据库的电商平台。阿里巴巴旗下的天猫、淘宝、1688 等电商平台将导入 CCC 认证信息数据库实现自动校验和标注，从而避免无证以及假冒认证宝贝。

2016 年 1 月 27 日，“成交记录”模块被正式隐藏，但原先销量、评价等信息不会消失，仍正常累积。阿里巴巴公关部吴铭欣说，“取消（成交记录）后，将会减少不法分子通过成交记录进行的诈骗情形”。同时，如果消费者想要了解销量，只需将鼠标移动到“交易成功”上，就可看到近 30 天的已出售件数。

2016 年 11 月 11 日，淘宝交易额为 1207 亿元，无线端成交占比 82%，预示手机淘宝已经占主导地位。

2017 年 11 月 11 日，淘宝交易额为 1682 亿元，无线端成交占比 90%，比 2016 年上涨 8%。“双十一”当天 11 秒破亿元、3 分 1 秒破百亿元、6 分 5 秒破 200 亿元、40 分 12 秒破 500 亿元……如今淘宝网首页界面非常强大，如图 1-4 所示。

图 1-4　2018 年淘宝网首页

# 1.3　深度剖析淘宝运营模式

任何电子商务平台都有其独特的商业模式及运营规则。淘宝网也一样，只有熟练掌握淘宝的运营模式及规则，才能稳定长久地经营淘宝店铺。否则犹如盲人摸象，想到哪里做到哪里，不能做到整体布局与策划。

淘宝网店类型分为天猫店（淘宝官方邀请入驻的淘宝店铺类型）、淘宝个人 C 店（以个人身份注册认证的淘宝店铺类型）、淘宝企业 C 店（以企业资质注册认证的淘宝店铺类型）。

## 1.3.1　淘宝运营模式

图 1-5 为淘宝运营交易流程模式图解。众所周知，排名越靠前宝贝的展现量就越大，进而访问量就越大。淘宝上的宝贝和卖家非常多，淘宝如何设定宝贝交易流程及规则呢？淘宝运营模式如式（1-1）所示，淘宝排名机制按照成交量的权重进行层层筛选。

$$成交量=访问量×访问点击率×支付转化率×客单价×回购率 \quad (1-1)$$

### 1. 成交量

“成交量”是指淘宝搜索排名机制系统的一种算法。如图 1-5 所示，影响淘宝宝贝成交量权重的因素包含展现量、访问量、访问点击率、支付转化率、客单价和回购率等。

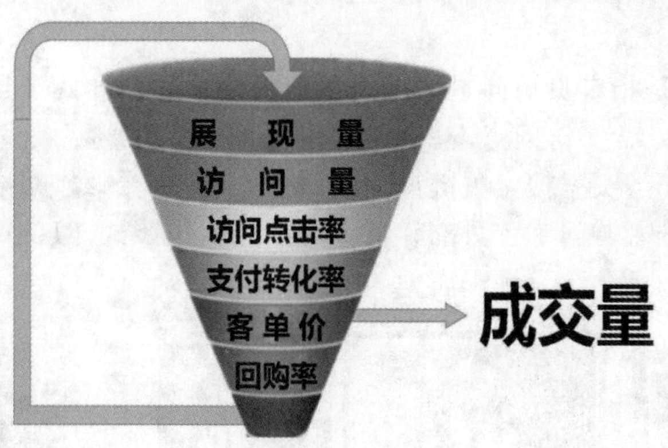


图 1-5　淘宝运营模式图解

大多数淘宝卖家对成交量的理解上有误区，认为成交量就是交易笔数。如图 1-6 显示的月销量为交易笔数，每成功完成一次交易淘宝系统会自动计算一笔销量，交易笔数和成交量之间没有直接关系，成交量是一个综合型指数。

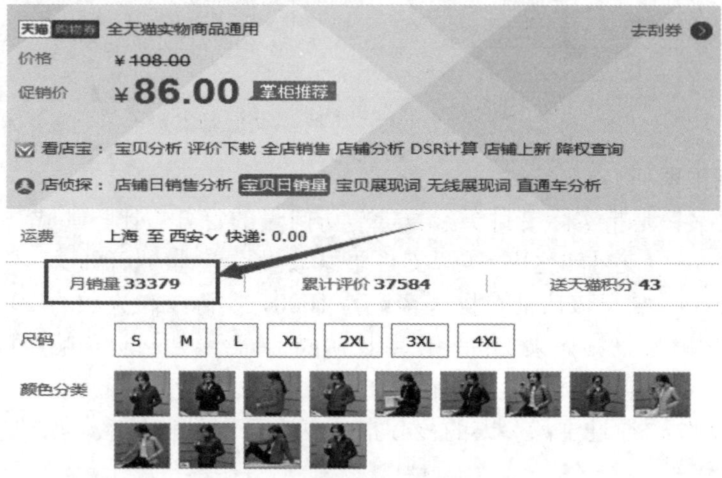


图 1-6　淘宝宝贝详情页面月销量

## 2．访问量

“访问量”是指不同 IP 当天进店的人数，同一 IP 当天多次访问只计一次。如图 1-7 所示，访客数就是访问量。

图 1-7　通过生意参谋查看淘宝访问量

### 3．访问点击率

“访问点击率”是指宝贝访问量与展现量的百分占比，如式（1-2）所示。

$$访问点击率=访客量/展现量\times100\% \tag{1-2}$$

如图 1-8 所示，当买家搜索关键词“羽绒服女”，如果该宝贝被展现了 1000 次，但只有 100 人点击进入访问了宝贝的详情页面，那么按照式（1-2）得出访问点击率为 10%。

图 1-8　买家点击访问宝贝界面展示

### 4．支付转化率

“支付转化率”是指实际支付买家数量与访问量的百分占比，如式（1-3）所示。

$$支付转化率=实际支付买家数量/访客量\times100\% \tag{1-3}$$

根据式（1-3），如果该店铺今日访客量为 1000，实际支付人数为 20 人，那么该店铺今日支付转化率为 2%。如果支付转化率长期低于同行，那么会影响店铺的搜索权重，搜索权重下降后自然搜索访问量也会随之减少，形成恶性循环。所以提升支付转化率是运营的核心工作。通过生意参谋的核心指标可查看支付转化率，如图 1-9 所示。

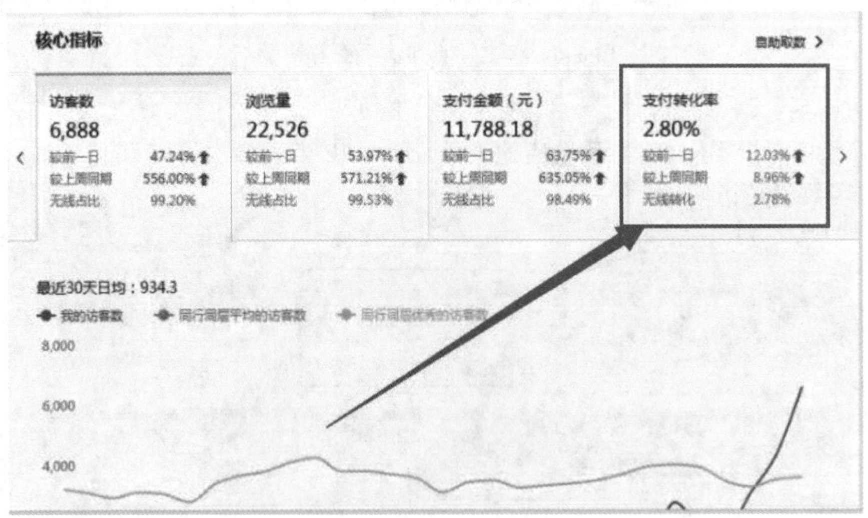


图 1-9　通过生意参谋查看支付转化率

### 5. 客单价

“客单价”是指宝贝最终支付价格，客单价的计算方法如式（1-4）所示。

$$客单价=支付总额/支付总人数 \tag{1-4}$$

如图 1-10 所示客单价是指全店平均值。例如，今日该店铺总交易额是 10000 元，总成交人数有 20 人，那么今日该店铺客平均单价就是 500 元。

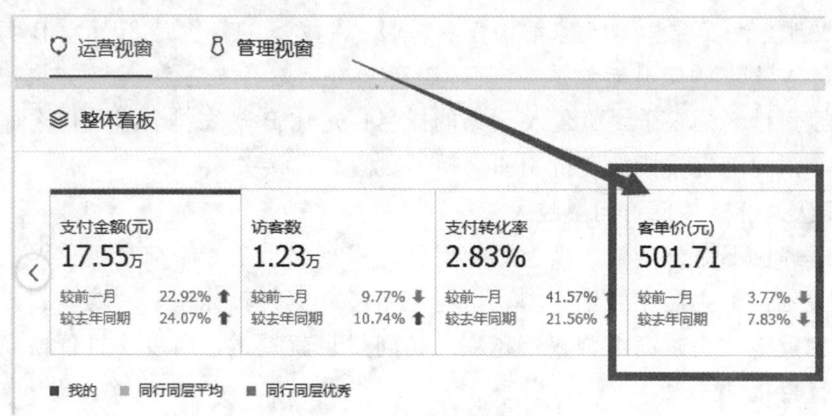


图 1-10　通过生意参谋查看客单价

### 6. 回购率

“回购率”是指产生两次以上买家数与买家总数的百分占比，如式（1-5）所示。

$$回购率=老买家数/买家总数\times100\% \tag{1-5}$$

如图 1-11 所示，该店铺本月支付买家总数为 350 人，支付老买家数为 17 人，可通过式（1-5）计算出本月该店铺回购率为 4.9%。该店铺的老买家的数量较少，可通过老买家营销活动等提升回购率。

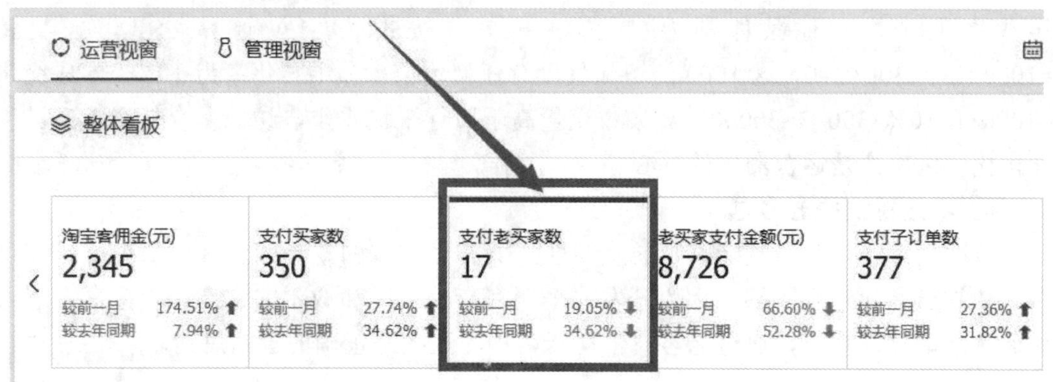


图 1-11　通过生意参谋查看老买家数

访问量是运营淘宝的前提，没有访问一切都是零，但访问量不是最终目的，最终目的是转化。淘宝平台也要转化，淘宝和微信不一样，微信是社交平台，只需要流量，而淘宝是交易平台，所以淘宝平台也会权衡各方的利益关系，只要按照淘宝运营模式层层分析和把控，店铺的整体销量自然会稳定上升。

### 1.3.2 淘宝运营 4 大思维误区

在淘宝运营过程中，淘宝新手卖家经常会步入思维上的误区，进而导致数据分析不准确，销售业绩提升不上来。淘宝新手卖家运营常见误区如下。

**1. 误认为成交量就是交易笔数**

举例说明，A 卖家和 B 卖家都销售羽绒服，A 卖家的售价是 80 元，B 卖家的售价是 300 元，A 卖家的交易笔数是 70 笔，B 卖家的交易笔数是 50 笔。如果按照交易笔数来确定搜索排名的权重，那么 A 卖家的排名肯定比 B 卖家排名靠前，这对 B 卖家非常不公平，因此淘宝搜索排名机制和交易笔数没有直接关系。

**2. 误认为价格越低访问量越大**

这样理解也不完全正确，因为影响宝贝访问量大小是一个综合权重因素，主要包含类目、关键词、主图、店铺类型、访问点击率、支付转化率、回购率、好评率、退款率等，相反客单价越高综合权重越高，访问量也就越大，所以宝贝价格高低和访问量大小没有直接性关系。

价格是买家购物最敏感的因素。淘宝买家习惯货比三家后优先选择价格低的，相对而言价格越低，买家心理顾虑越小，转化率越高，而价格只是影响转化率的其中一个因素。

**3. 只抓访问量不抓转化率**

访问量和转化率都要抓，并且要先抓转化率。如果前期把转化的工作做好了，后期提升访问量也就很容易了，如果前期没有把转化的工作做好，即便是访问量提升了也会降下来。

例如，店铺今日访问量是 1000 个，客单价为 300 元，结果却一单都没有成交，即转化率为 0，其他条件都为 1 的情况下，按式（1-1）计算得出，成交量 $=1000\times1\times0\times300\times1=0$，这 1000 的访问量没有任何价值，如果转化率为 10%，即成交量 $=1000\times1\times10\%\times300\times1=30000$。如果成交量高于同行平均水平，访问量自然会上升。因此优化转化率才是运营淘宝的核心。

**4. 不注重维护老客户**

做过生意的人都清楚老客户的重要性，所有老店靠的就是回头客。要做好一家网店只依靠新客户远远不够，因为开发一个新客户的难度和成本非常高。卖家需多思考如何才能留住老客户，通过老客户带动新客户，这才是正确的营销思路。

## 1.4 淘宝新手卖家常见的 3 种“死”法

作为新手卖家经常会犯一些低级错误，失败率非常高，主要的原因是没有做好前期准备，也没有认真学习淘宝如何运营。一个没有接受过训练的士兵直接上战场，结果可想而知。淘宝新手卖家常见的 3 种“死”法如下。

**1. 第一种死法——“忙死”**

这类卖家做事很努力，很勤奋，大多都是全职运作。每天至少工作 10 小时，但是工作的效率不高。因为在运营过程中没有思路，没有方法。看看这儿点点那儿，总感觉自己店铺装修没有别家的好看，改了又改；总觉得宝贝数量太少，不断发布上架宝贝；不断地购买各种各样的营销工具。结果发现两三个月过去了店铺依然没有业绩，于是觉得淘宝店铺不好经营，最终选择放弃。

**2. 第二种死法——“莽死”**

这类卖家做事比较鲁莽，一开始信心满满，豪情万丈，认为自己一定会比其他人做得好，不愿意学习，总想走捷径，钻淘宝漏洞。开始在网上寻找各种软件，使用软件刷信用、刷流量、刷销量、刷收藏、刷评价、盲目开直通车等。所有的工作都做了，费用花了不少，结果却并不是很理想，运营费用也所剩无几，万般无奈之下选择了放弃。

**3. 第三种死法——“茫死”**

这类卖家和前两者正好相反，做事情没有主见，做事情瞻前顾后，不懂分析和规划。开店后感觉无从下手，静静地等待买家上门，每天都在迷茫、焦急、焦虑中度过，时间久了依然没有收获，在迷茫与无助中选择了放弃。

淘宝也是一门生意，没有想象中那么简单。经营一个淘宝店铺需要花很多的时间和精力，并非开店后等着买家下单，躺着就可以赚大钱。

开淘宝店铺之前一定要做好思想和心理准备，尤其是个人店铺，无论是从货源优势上，还是从团队和资金实力而言，个人店铺都处于劣势。但是只要方法对了，个人店铺照样可以做得很好。所以不能把淘宝运营想得简单了，也不能想得太复杂了。从来没有接触过淘宝运营的卖家前期一定要认真学习，为后期的运营打好基础。

因此建议大家开淘宝店之前如果不懂淘宝运营，一定要先学习，通过学习，了解淘宝的基本规则和运营流程。然后一边运营一边学习，不断提升，最终做大做强。

## 1.5　淘宝宝贝如何选款与定价

常言道“男怕选错行，女怕嫁错郎”。淘宝宝贝选款也是同样的道理，选择类目和款式需要参考淘宝数据进行分析。例如，选择女装类目需要分析品牌、风格、颜色、年龄段、价位等数据，确定市场最受欢迎的款式和规格。

热门行业竞争非常严重，因此读者要清楚自身的竞争优势。运营淘宝一定要做到灵活多变，如果热门行业没有竞争优势，可以选择相对较冷门的行业。这里举一个实际案例，残疾人崔万志将旗袍做到了淘宝类目第一，曾经 1 分钟卖出去 4000 多件旗袍。旗袍相对服装行业属于细分冷门市场，崔万志却做到了第一，因为竞争很少。同时中国网购人数 8 亿多，淘宝每天在线访客 2 亿左右，即便是冷门市场只要用心做同样可以做大做强。

所以选款一般可以采用正向思维和逆向思维进行市场数据分析，根据读者自身的实际情况而定。

### 1.5.1 淘宝宝贝如何选款

淘宝宝贝选款是淘宝运营至关重要的环节，主要通过对数据的分析对市场和宝贝属性进行细化，从而达到降低市场竞争的目的。例如，女装按风格可细分为欧美风格、韩版风格、小清新、复古（例如旗袍）等；按照尺码可细分为常规码、均码、大码；按照年龄阶段可以分为20岁以下、20~35岁、35岁以上；按照行业又可以细分为热门行业和冷门行业。淘宝选款常用的两种方法分别为“阿里指数”和“生意参谋”。

**1. 通过阿里指数数据分析选款**

阿里指数目前是官方唯一的数据分析平台，阿里指数功能主要包括行业大盘、属性细分、采购商素描和阿里排行等，如图1-12所示。

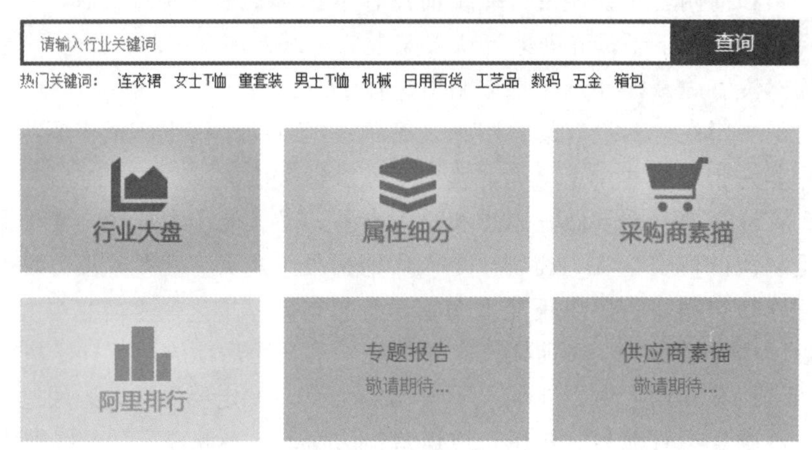


图1-12 阿里指数数据分析功能模块

1）行业大盘

通过行业大盘可查看整个行业市场变化及规律，最多可以查看一年的数据。例如，分析女式羽绒服一年的数据情况，可知女式羽绒服从当年10月份已经开始迅速增长，与上年的最高值相比，还有一定的发展空间，但空间不大。上年的1月底数据快速下滑（当然这段时间是春节，需求小很正常），同时2月份的数据也不是很理想，因此通过对女式羽绒服市场的数据分析得出，若此时为12月份，则运营女式羽绒服的最佳时机已过，如图1-13所示。

通过行业大盘数据解读可获取最近30天淘宝市场需求最大的行业信息，如图1-14所示。由图可知最近女式毛衣和针织衫市场潜力较大。

如图1-15所示，女式毛衣和针织衫的相关数据显示当前排名第一。当年与上年同时期数据相比更为乐观（每年全国的气候状况不同所致），女式毛衣和针织衫当前需求大，持续时间长，可持续至下一年4月底。通过数据分析可得出女式毛衣和针织衫为当前较为理想的选款之一。同时得出女式毛衣/针织衫从 8 月初开始运营最佳。

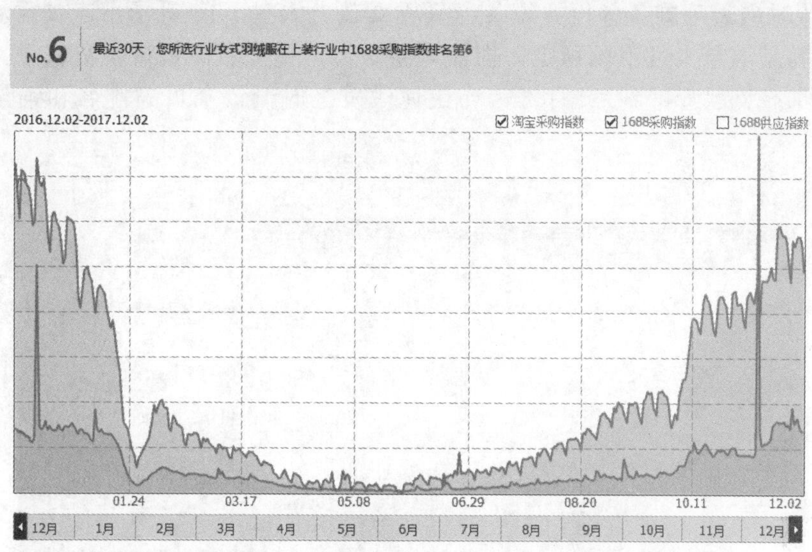


图 1-13　阿里指数行业大盘女式羽绒服全年数据分析

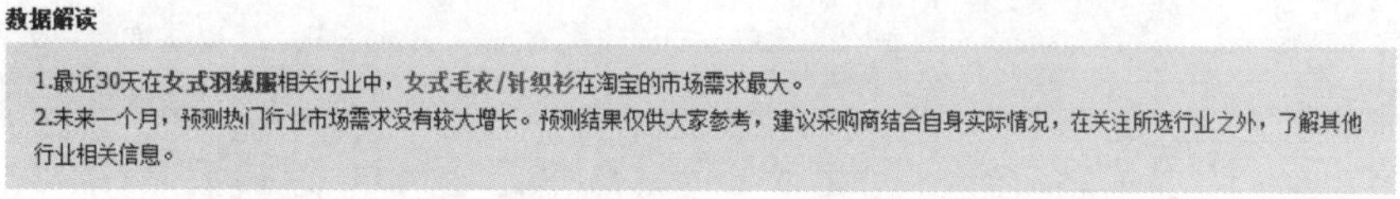

**数据解读**

1.最近30天在女式羽绒服相关行业中，女式毛衣/针织衫在淘宝的市场需求最大。

2.未来一个月，预测热门行业市场需求没有较大增长。预测结果仅供大家参考，建议采购商结合自身实际情况，在关注所选行业之外，了解其他行业相关信息。

图 1-14　行业大盘数据解读提示

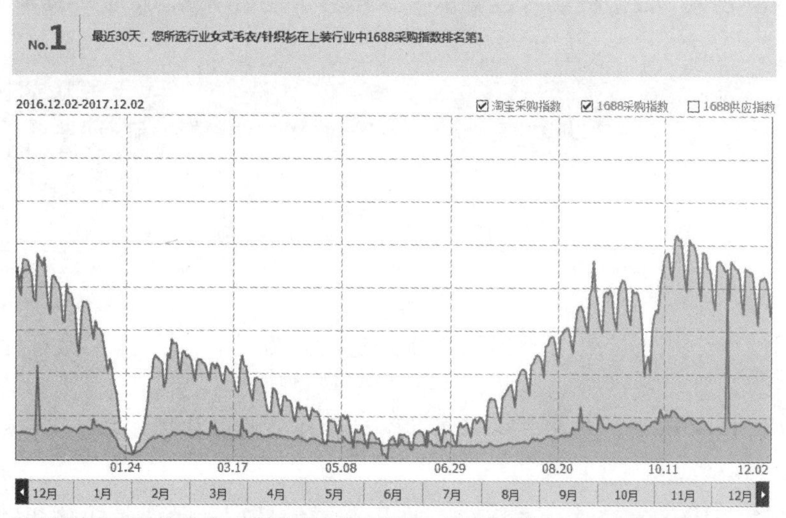


图 1-15　阿里指数行业大盘女式毛衣和针织衫全年数据分析

通过以上两组数据分析可以得出一个结论，宝贝选款一定要未雨绸缪，提前分析数据，准确把握市场规律及时间节点。若当前为 12 月初，运营冬季女装已错过最佳时机，此时应着手准备分析并筹备春夏季女装。如图 1-16 所示，连衣裙从 2 月初至 10 月底市场需求量大且市场稳定，提前筹备货源，提升基础销量宝贝权重，通过两个月时间的筹备及运营，到 2 月份市场快速爆发之时，该宝贝的排名和销量将会遥遥领先。

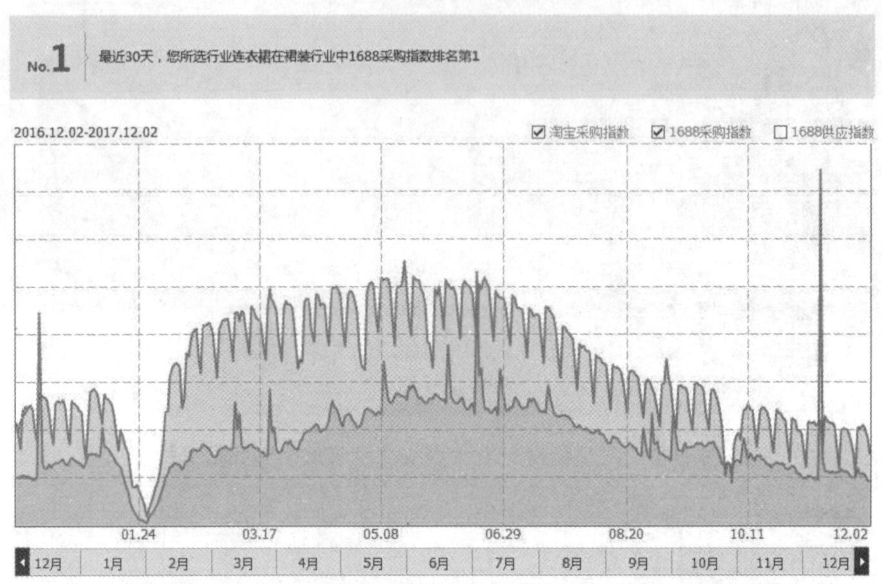


图 1-16 阿里指数行业大盘连衣裙全年数据分析

如图 1-17 所示，数据解读内容提示半身裙的市场需求最大，也可提前分析及筹备。

**数据解读**

1.最近30天在连衣裙相关行业中，半身裙在淘宝的市场需求最大。
2.未来一个月，预测热门行业市场需求没有较大增长。预测结果仅供大家参考，建议采购商结合自身实际情况，在关注所选行业之外，了解其他行业相关信息。

图 1-17 连衣裙数据解读提示

2）属性细分

宝贝属性细分是指针对宝贝的属性特点进一步细分，如图案、流行元素、风格、工艺和面料等，宝贝属性分得越细，人群定位越精确。

（1）如图 1-18 所示，连衣裙图案属性纯色最受欢迎（如黑、白、红、蓝、橘色等），其次为印花和条纹。

（2）如图 1-19 所示，连衣裙流行元素拼接最受欢迎，其次是印花和刺绣元素。

（3）如图 1-20 所示，连衣裙风格属性欧美最受欢迎，其次是韩版和复古。

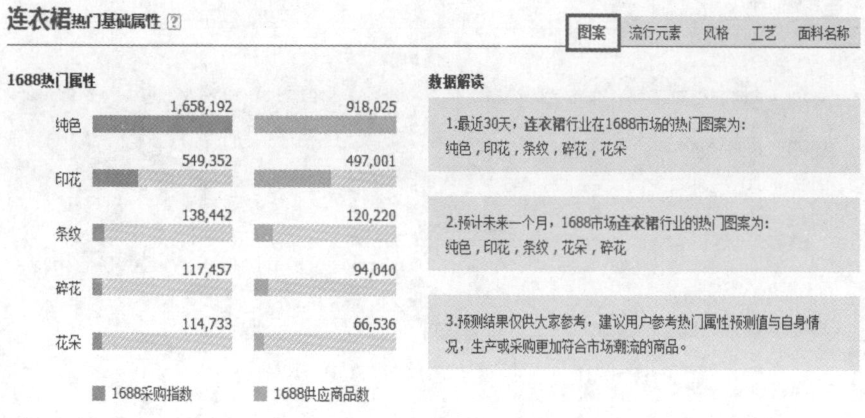


图 1-18　连衣裙图案属性 TOP5 数据分析

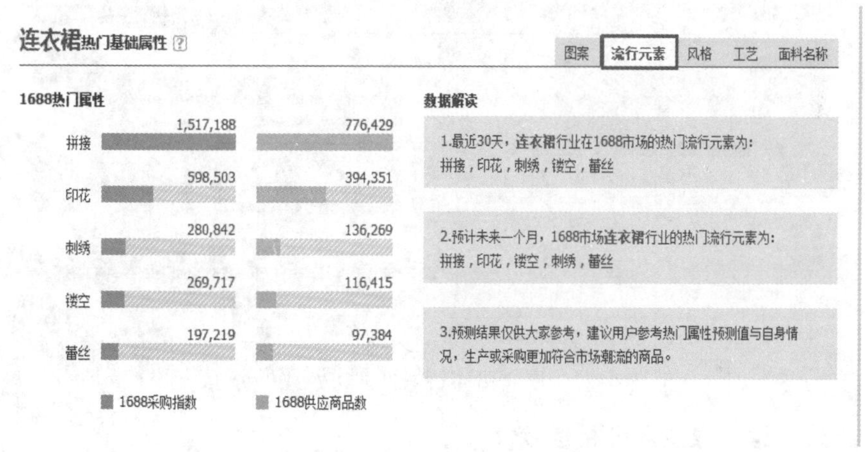


图 1-19　连衣裙流行元素 TOP5 数据分析

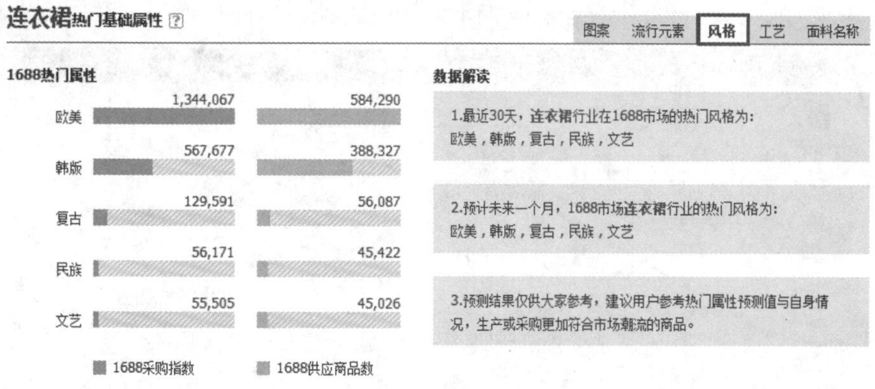


图 1-20　连衣裙风格属性 TOP5 数据分析

（4）如图 1-21 所示，连衣裙工艺属性拼贴/拼接裙最受欢迎，其次是印花/印染、刺绣/绣花。

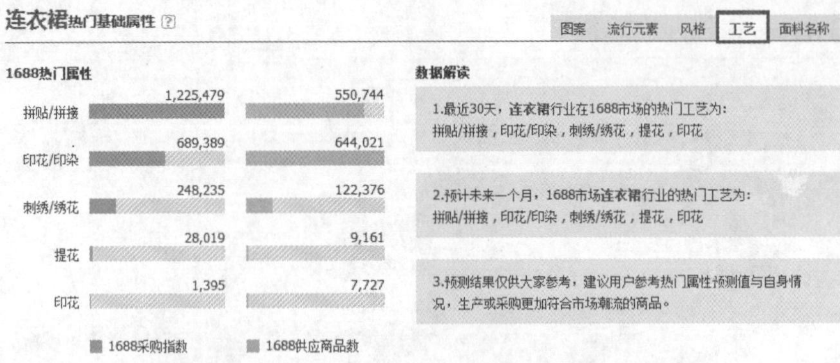


图 1-21　连衣裙工艺属性 TOP5 数据分析

（5）如图 1-22 所示，连衣裙面料属性针织最受欢迎，其次为蕾丝、雪纺、棉麻面料。

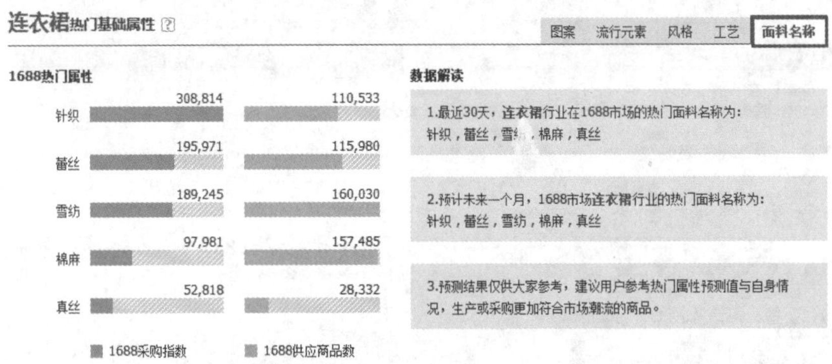


图 1-22　连衣裙面料属性 TOP5 数据分析

## 2. 通过生意参谋数据分析选款

生意参谋是淘宝卖家运营的必备工具。图 1-23 所示为家具行业数据，通过行业热搜词数据分析得知当前最受欢迎的家具是衣柜、鞋柜、电视柜等。同时可查询当前最受欢迎的品牌、风格等，还可以查询行业关键词中的搜索人气、访问点击率、支付转化率等。

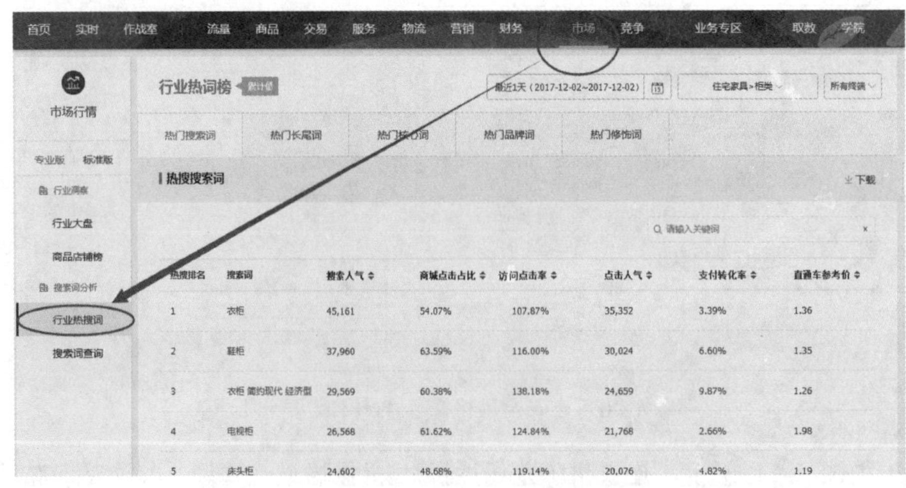


图 1-23　生意参谋家具行业热搜词数据分析

搜索词查询可以查询到除本类目之外的数据信息，如“羽绒服女”全年的市场需求搜索数据情况，如图 1-24 所示。

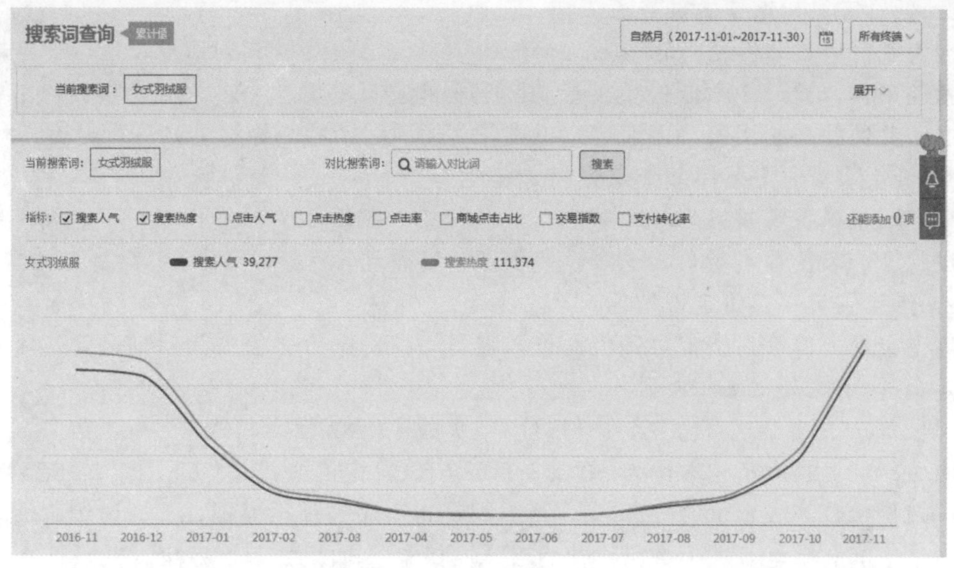


图 1-24　生意参谋女式羽绒服自然月数据分析

读者可将阿里指数和生意参谋互相配合使用，将分析后的每组数据通过表格形式进行统计整理，用于宝贝选款及日常运营所需，如图 1-25 所示。

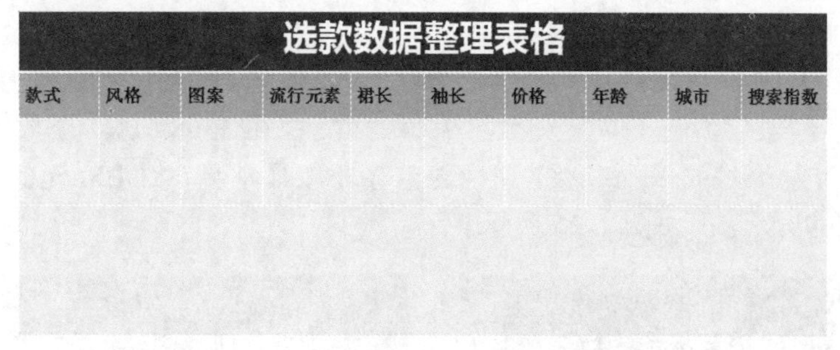

| 选款数据整理表格 | | | | | | | | | |
|---|---|---|---|---|---|---|---|---|---|
| 款式 | 风格 | 图案 | 流行元素 | 裙长 | 袖长 | 价格 | 年龄 | 城市 | 搜索指数 |
| | | | | | | | | | |

图 1-25　数据统计整理表格

## 1.5.2　淘宝宝贝如何定价

淘宝宝贝不可随意定价，否则会影响宝贝的转化率。定价不能太高也不能太低，科学定价可为后期营销留足够的空间和余地。

### 1．淘宝宝贝定价原则

淘宝卖家不能一味地追求低价，否则销量上升后整体运营会非常辛苦。例如，平均每天发货 1000 笔，需要大量客服人力和物流人力支撑，并且很难盈利。低价宝贝无法保证质量导致退款率过高，从而影响宝贝搜索权重，得不偿失。

1）设置低价宝贝的目的

淘宝卖家进行全店定价布局应遵循“271 法则”，即 20%的低价宝贝，70%的利润宝贝，10%的高价宝贝。20%的宝贝几乎无法盈利，其核心目的是引流。因此设置低价宝贝一定要有目的，不可盲目设置操作。

2）低价宝贝一定要做好导流工作

因为低价宝贝引流相对较容易，但低价宝贝面临很难盈利的情况，所以一定要做好导流的工作。通过20%低价宝贝带动70%利润宝贝销量，而10%高价宝贝的主要目的为吸引并留住高端买家。可通过宝贝推荐，活动促销等引导性方式进行导流。

3）低价宝贝一定要保证全店盈利

全店20%低价宝贝只为80%盈利宝贝做铺垫，即便20%的低价宝贝不盈利，也必须带动保证80%的盈利宝贝，这样才能保证全店盈利。

**2. 淘宝宝贝一口价定价技巧**

淘宝宝贝一口价是指宝贝销售原价，宝贝一口价定价必须要为后期运营及活动申报留足余地，如式（1-6）所示。

$$宝贝一口价=宝贝成本价\times 2.5 \tag{1-6}$$

例如，宝贝的进货成本价为50元，那么一口价定价如式（1-6）计算为125元。淘宝一口价定价为成本价的2.5倍，其原因是为后面的打折促销、买家讨价、活动申报等留下空间和余地。大多数活动平台要求打5折，如果一口价定价太低，打5折定会严重亏损，如果临时提价，活动官方可检测到，活动申报会被拒绝。

一口价也不能虚高，虚高会被淘宝系统判定为虚假一口价，会被淘宝官方降权。

**3. 淘宝宝贝定价方法**

淘宝常用的定价方法有尾数定价法、同价定价法、同区定价法、区间定价法等。

1）尾数定价法

淘宝宝贝尾数定价法又称为“弧形定价法”，如数字1234567890这10个数字里面0235689都为弧线数字，而147三个数字为直线数字。0235689这7个数字里面最常用的是0589，宝贝定价时取零不取整，这种现象在商超最常见，如100元的商品不卖100元而卖99元或99.9元，如图1-26所示。

图1-26 淘宝宝贝尾数定价示例

2）同价定价法

同价定价法是指将某几个宝贝定一个价位。如“29 元特价区”“19.9 包邮”，如图 1-27 所示。

图 1-27　淘宝宝贝同价定价示例

3）同区定价法

同区定价法如图 1-28 所示，通过此定价布局策略形成价格上的显明对比，通过高价位宝贝体现低价位宝贝的廉价，低价位宝贝衬托高价位宝贝的物美，进而使买家产生点击欲望。

图 1-28　淘宝宝贝同区定价示例

4）区间定价法

淘宝宝贝区间定价法是指按宝贝的规格属性设置不同价格的区间价，如图 1-29 所示。如手机或电脑，由于内存大小不同价格也有所不同，这样就形成了一个区间价格，淘宝搜索页面只显示低价位。

图 1-29　淘宝宝贝区间定价示例

# 1.6　如何解决淘宝货源问题

通过大量数据分析确定宝贝类目和款式后，即可筹备货源。获取货源的方式有很多种，如线下实体厂家、阿里巴巴批发平台、天猫供销平台、中国货源网等。

建议卖家确定货源后，先拿样检验宝贝质量，质量是淘宝做大做强的第一要素。

## 1.6.1　与线下厂家合作

与线下厂家合作是获取货源的最佳渠道，这样可以保证质量、利润和库存。编者这里举一个真实案例。2014 秋冬季，一个淘宝卖家通过数据分析，确定了打底裤市场，联系厂家开始大批量生产，宝贝市场定价 39~59 元。上架后首月销量达到 1 万多笔，“双十一”当天销量 3 万多笔，大赚了一把。2015 年通过数据分析发现打底裤的竞争日益激烈，同时发现波司登打底裤定价才 39～59 元（如图 1-30 所示），认为自己的货源无论从宝贝质量、品牌影响力，还是市场竞争力方面都不及波司登，于是放弃打底裤市场重新分析数据选款，开辟新市场。

线下大批量生产需要一定的资金实力以及对市场整体把控操盘的能力，对于绝大多数新手卖家而言建议采用一件代发的方式采购商品。

## 1.6.2　1688 批发采购平台

对于大多数淘宝卖家而言 1688 是最佳货源采购平台，尤其是淘宝新手卖家，在刚起步运营经验不足、销量不稳定的情况下，建议卖家通过 1688 平台一件代发。1688 采购批发平台唯一官方地址为 https://www.1688.com。

这里提醒读者，如在 1688 平台遇到收取一定费用的情况请勿相信，尽量选择一些经营时间长、销量高的商家，如图 1-31 所示。

图 1-30　波司登打底裤案例展示

图 1-31　1688 采购批发平台首页界面

通过 1688 采购批发平台确定商家后，单击进入“商家页面”，选择“代理加盟”，点击“上传淘宝”可将宝贝一键上传到淘宝店铺，如图 1-32 所示。

### 1.6.3　天猫供销平台

天猫供销平台是指天猫旗舰店为淘宝卖家提供可一键同步上传宝贝的货源平台。通过天猫供销平台采购商品需要达到一定的条件，例如店铺必须满“三颗心”或“两颗钻”。天猫供销平台上架宝贝可以实现所有数据信息一键同步，如图 1-33 所示。

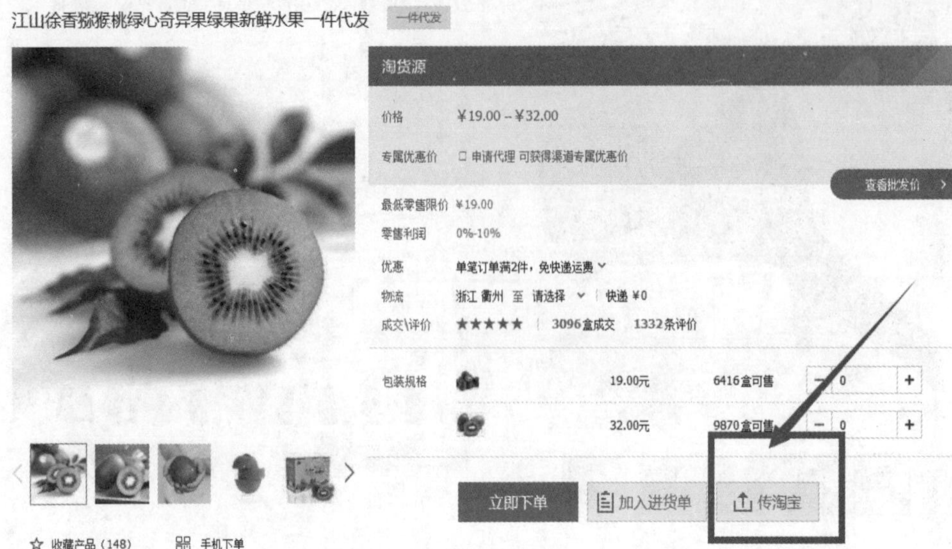


图 1-32　1688 采购批发平台一键上传淘宝功能

图 1-33　天猫供销平台“我是分销商”后台管理界面

## 1.6.4　中国货源网

中国货源网是一个综合性商品供应平台。商品种类丰富、价格低廉，但相对质量无法保证。因此建议卖家先拿样，在质量可以保证的情况下，可大批量采购。

中国货源网大多数供应商都有独立商城，可进入商城了解宝贝更多详细信息，如宝贝价格及参数属性，宝贝主图、详情图片拍摄和制作是否清晰、美观，是否有宝贝视频等，如图 1-34 所示。

图 1-34　中国货源网首页界面

# 第 2 章 淘宝新手卖家开店流程实操

淘宝 C 店（淘宝 C 店泛指淘宝网店）分为淘宝企业店铺和淘宝个人店铺两种类型。申请注册店铺所需资质及店铺性质各不相同，其申请流程为：注册淘宝账号→注册个人店铺或企业店铺→申请店铺认证→等待官方审核→申请成功。在 2013 年 10 月 12 日之前淘宝开店需要进行考试，之后淘宝官方对淘宝卖家注册店铺流程进行了简化升级，企业或个人开店仅需 1～3 个工作日即可完成审核。申请淘宝个人店铺和企业店铺完全免费，一个身份证或企业资质只能申请注册一个店铺，开店后店铺无法注销。

打开浏览器在地址栏输入淘宝唯一官方网址 www.taobao.com 打开页面，如图 2-1 所示，单击网页左上角“免费注册”进行淘宝账号注册。

图 2-1　淘宝网首页左上角“免费注册”入口

## 2.1　淘宝个人店铺申请流程

“淘宝个人店铺”通过个人实名信息进行账号注册以及店铺认证。

如何判断一个店铺是否为淘宝个人店铺？如图 2-2 所示，将鼠标放在店铺信誉位置时自动弹出非“企业店铺”标志的则为淘宝个人店铺。

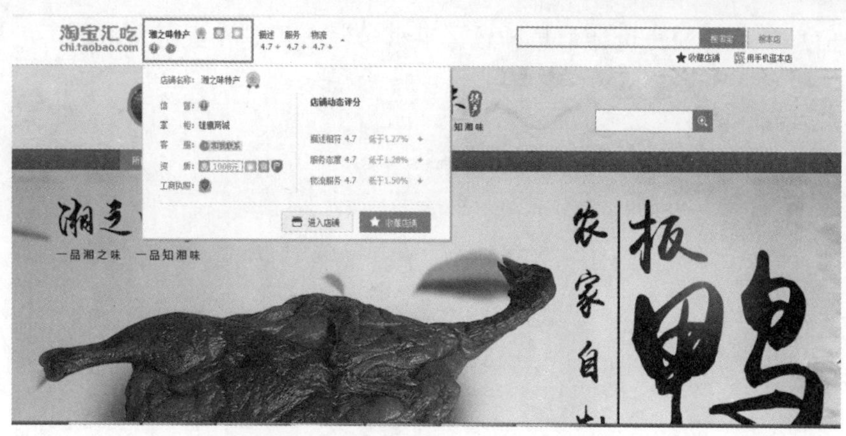


图 2-2　判断是否为淘宝个人店铺

### 2.1.1　淘宝个人账号注册

淘宝网无论是卖家还是买家都必须拥有淘宝账号，否则无法完成商品和服务的交易环节。注册淘宝账号时必须同意“注册协议”，否则无法进行注册，如图 2-3 所示。淘宝协议内容读者可以浏览一下，其内容以淘宝官方的实时内容为准。

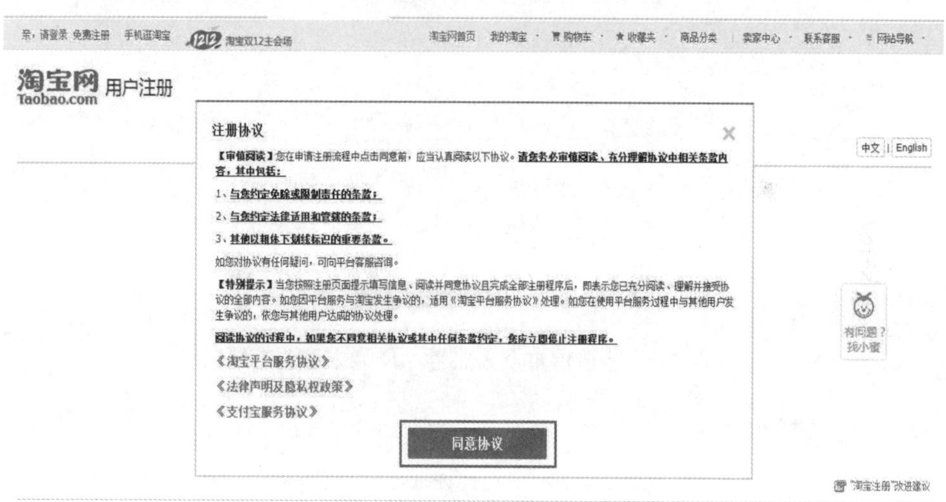


图 2-3　淘宝个人账号注册协议

**1．设置用户名**

注册淘宝个人账号只能通过手机号注册。如图 2-4 所示“设置用户名”，填写手机号码后开始验证，通过验证后单击“下一步”按钮。

**2．填写账户信息**

如图 2-5 所示“填写账号信息”，设置登录密码和会员名，登录密码格式为字母加数字，会员名可以是汉字也可以是字母，会员名设置成功后无法修改。

**3．设置支付方式**

如图 2-6 所示“设置支付方式”，填写银行卡号、持卡人姓名以及身份证号。此银行卡用户信息与填写的身份证信息一致，手机号码必须是在银行预留的手机号。

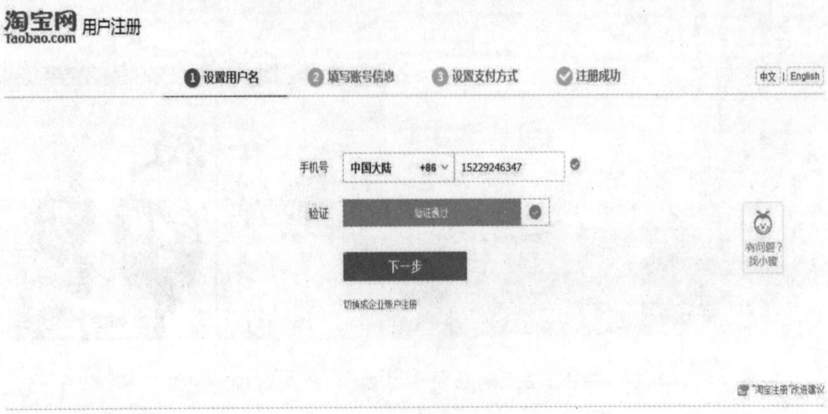

图 2-4 淘宝个人账号“设置用户名”

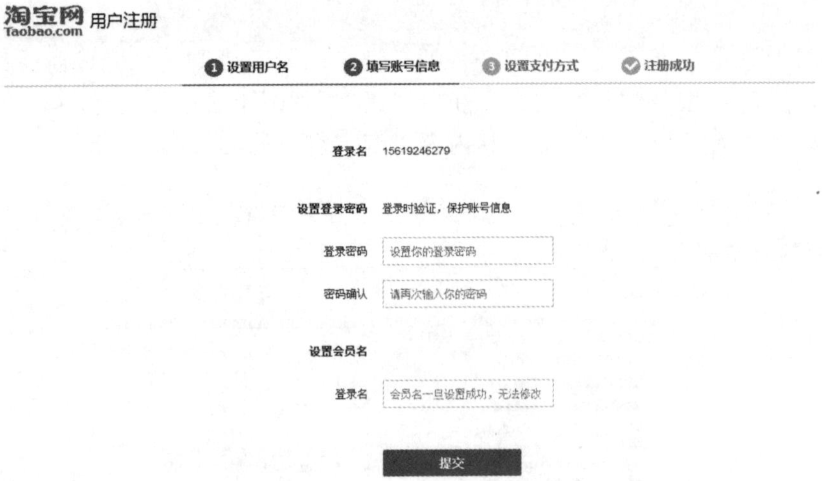

图 2-5 注册淘宝个人账号“填写账号信息”

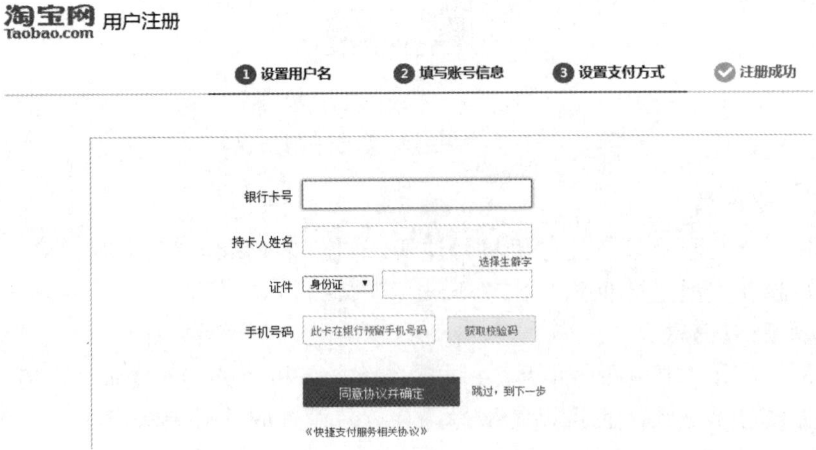

图 2-6 注册淘宝个人账号“设置支付方式”

4．注册成功

如图 2-7 所示，淘宝个人账号注册成功。

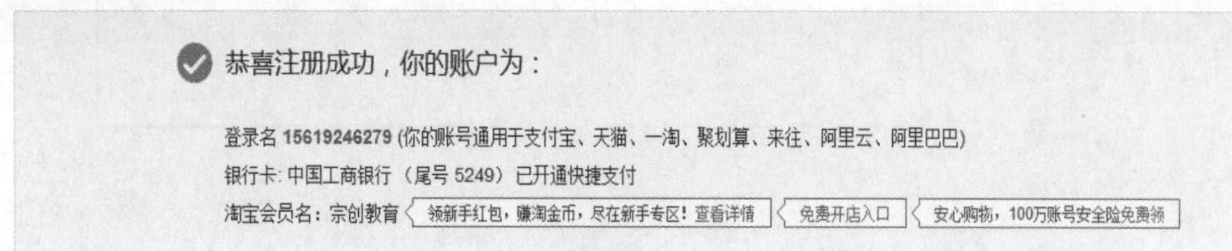


图 2-7　淘宝个人账号注册成功

## 2.1.2　淘宝个人支付宝账户设置

在浏览器地址输入支付宝唯一官网地址 www.alipay.com 进入支付宝登录界面，如图 2-8 所示，输入淘宝账号和密码登录。如图 2-9 所示，在支付宝首页左上方选择“账户设置”。

图 2-8　支付宝登录界面

图 2-9　淘宝个人支付宝“账户设置”

选择“账户设置”之后，进一步填写和完善“基本信息”“支付宝客户端设置”“安全设置”等相关内容，如图 2-10 所示。

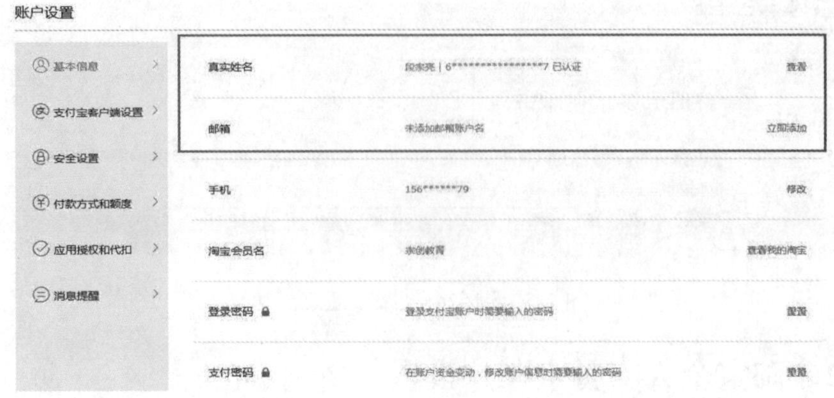


图 2-10　淘宝个人支付宝“账户设置”相关资料完善

## 2.1.3　创建及认证淘宝个人店铺

创建淘宝个人店铺的前提必须完成“支付宝实名认证”和“淘宝开店认证”，否则无法创建店铺。

### 1. 登录淘宝店铺

如图 2-11 所示，打开淘宝官方网址 www.taobao.com，单击“登录”按钮进入登录界面。

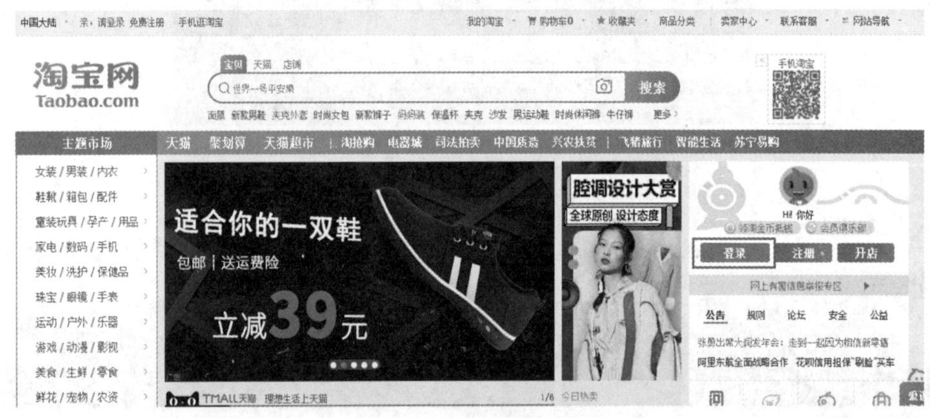


图 2-11　淘宝网首页界面

如图 2-12 所示，输入淘宝账号和密码单击“登录”按钮。如果忘记了密码，单击登录下方的“忘记密码”按钮进行找回。

### 2. 进入卖家中心

如图 2-13 所示，登录成功之后，进入“卖家中心”。如图 2-14 所示，单击“创建个人店铺”按钮。

图 2-12 淘宝网“登录”入口

图 2-13 淘宝“卖家中心”入口

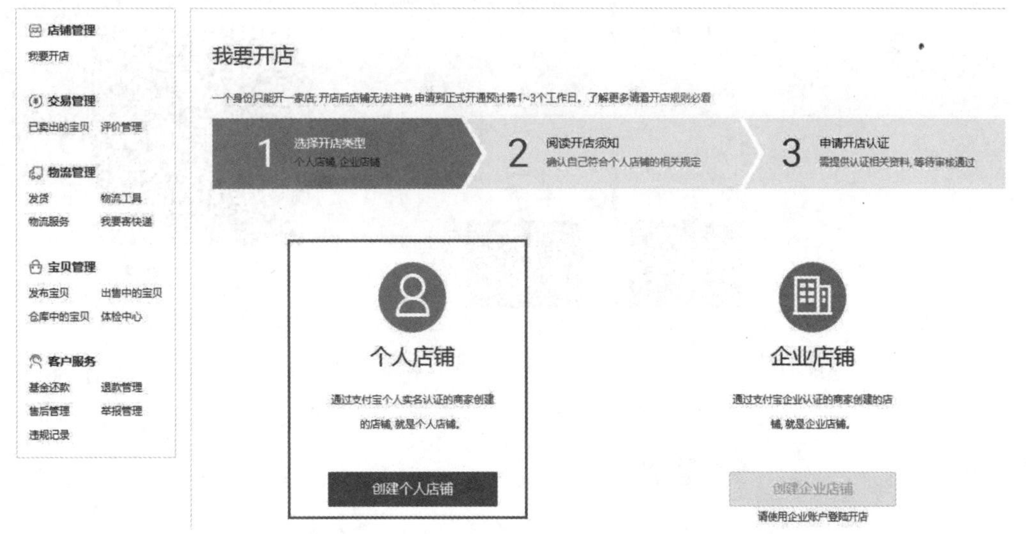


图 2-14 淘宝“个人店铺”创建入口

### 3．支付宝实名认证

如图 2-15 所示，选择“支付宝实名认证”，单击“立即认证”按钮。

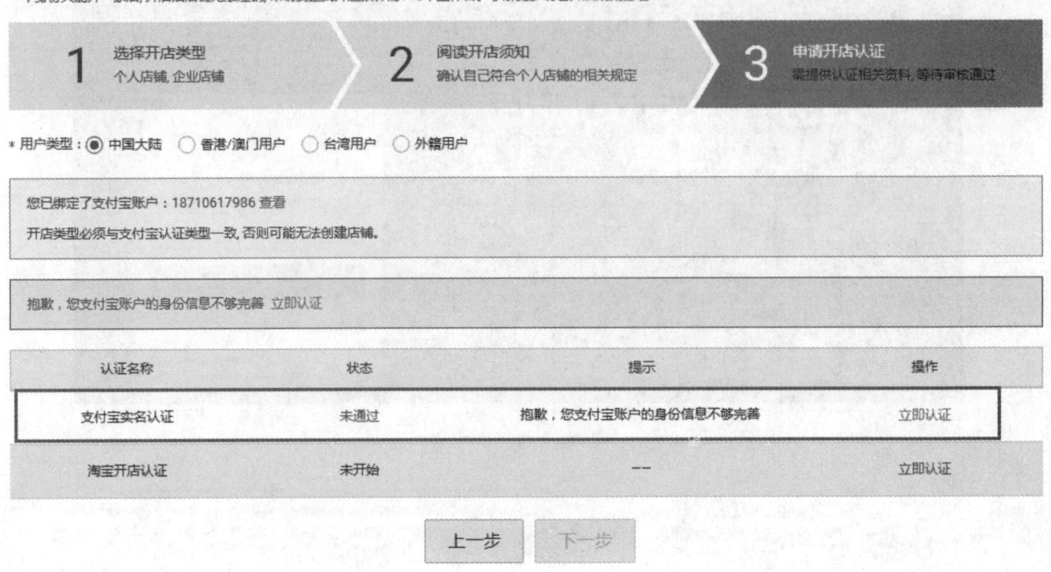


图 2-15　淘宝个人店铺支付宝实名认证入口

如图 2-16 所示，填写支付宝实名认证资料，单击“确认提交”按钮，完成支付宝实名认证。

图 2-16　淘宝个人店铺支付宝实名认证填写资料页面

### 4．淘宝个人开店认证

如图 2-17 所示，选择“淘宝开店认证”，单击“立即认证”按钮。

我要开店

一个身份只能开一家店; 开店后店铺无法注销; 申请到正式开通预计需1~3个工作日。了解更多请看开店规则必看

1 选择开店类型 个人店铺, 企业店铺
2 阅读开店须知 确认自己符合个人店铺的相关规定
3 申请开店认证 需提供认证相关资料, 等待审核通过

* 用户类型：◉ 中国大陆 ○ 香港/澳门用户 ○ 台湾用户 ○ 外籍用户

您已绑定了支付宝账户：18710617986 查看

开店类型必须与支付宝认证类型一致, 否则可能无法创建店铺。

| 认证名称 | 状态 | 提示 | 操作 |
|---|---|---|---|
| 支付宝实名认证 | 已通过 | 认证成功 | 查看 |
| 淘宝开店认证 | 未开始 | | 立即认证 |

上一步　下一步

图 2-17　淘宝个人“申请开店认证”入口

如图 2-18 所示，使用手机下载“钱盾”APP，登录后扫描二维码，在手机上完成认证，认证完毕等待审核，审核时间需 1～5 个工作日。

图 2-18　淘宝个人店铺开店阿里钱盾手机扫码认证

## 2.2 淘宝企业店铺开店流程

淘宝企业店铺通过企业营业执照注册淘宝账号及店铺认证。如图 2-19 所示，把鼠标放在店铺信誉位置自动弹出“企业店铺”标志的则为淘宝企业店铺。

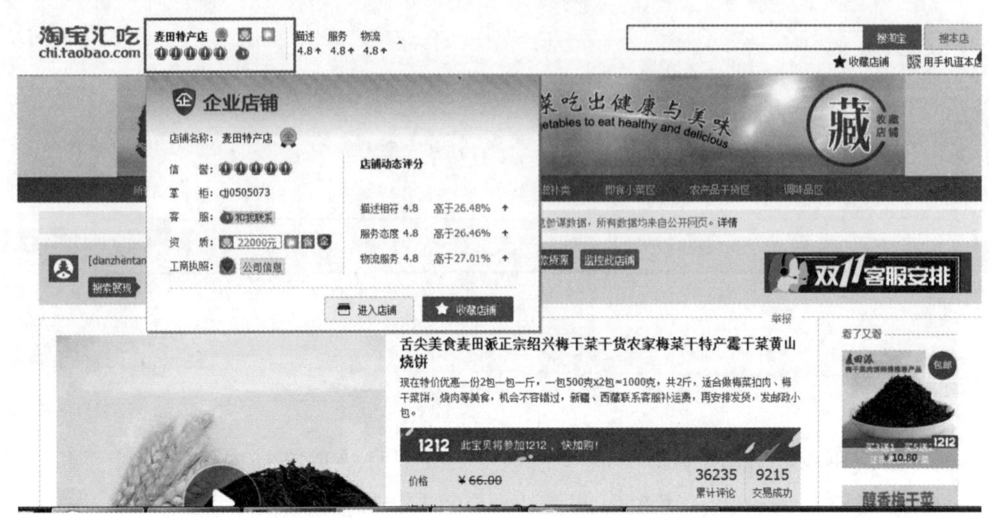


图 2-19 判断淘宝是否为企业店铺

### 2.2.1 注册企业淘宝账号

注册淘宝企业店铺先要注册淘宝企业的账号。注册企业账号必须切换到“企业账户注册”，如图 2-20 所示，单击“切换成企业账户注册”按钮进入注册。

图 2-20 注册淘宝企业账号入口

#### 1．设置用户名

企业账户只能通过邮箱来注册，应使用常用的 139 邮箱、126 邮箱、新浪邮箱、网易邮箱或 QQ 邮箱注册，后期如遇到账户异常找回账号或密码需使用邮箱验证。如图 2-21 所示“设置用户名”，填写邮箱后验证，单击“下一步”按钮。

淘宝网 Taobao.com 企业注册
1 设置用户名
2 填写账号信息
注册成功
电子邮箱
1589512354@qq.com
验证
验证通过
同意淘宝服务协议、《法律声明及隐私权政策》及愿意接收相关来自taobao.com的会员及服务邮件
下一步
没有邮箱？先去注册邮箱
个人用户可以使用手机号注册>

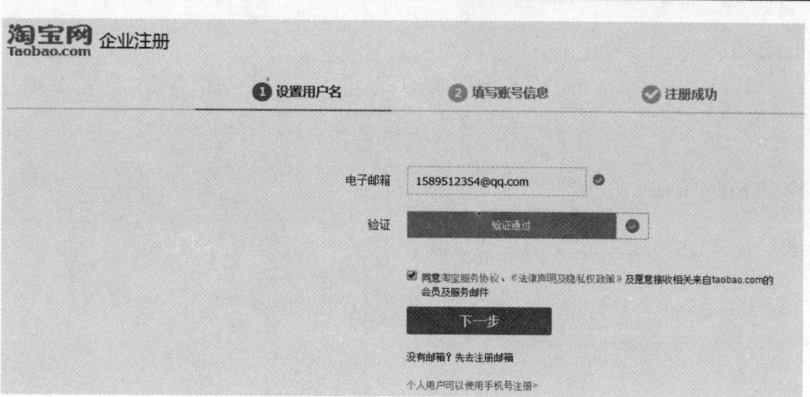

图 2-21　注册淘宝企业账号“设置用户名”

### 2．邮箱验证

如图 2-22 所示，登录注册邮箱进行验证。

淘宝网 Taobao.com 企业注册
1 设置用户名
2 填写账号信息
注册成功
验证邮件已送达 zongchuangjiaoyu@qq.com
请登录邮箱，点击激活链接完成注册，激活链接在24小时内有效。
请查收邮件
没有收到邮件？

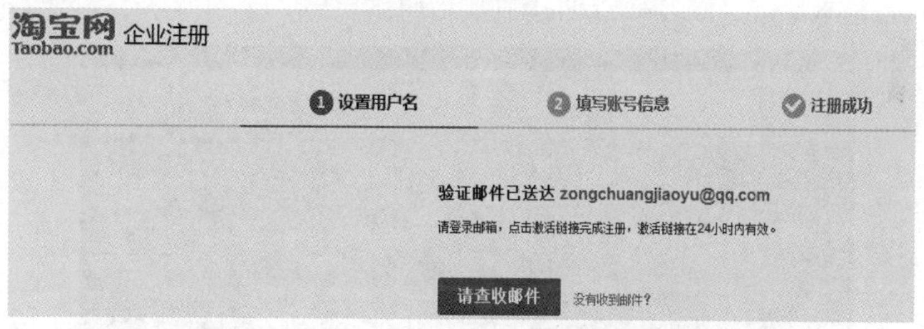

图 2-22　注册淘宝企业账号邮箱验证

### 3．填写账号信息

如图 2-23 所示“填写账号信息”，认真填写以下信息，企业名称必须和营业执照上的名称一致，否则淘宝官方不予以审核通过。

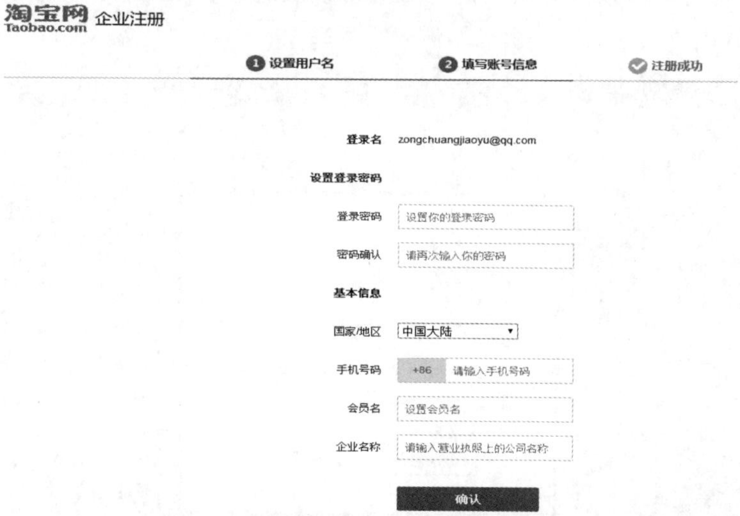

淘宝网 Taobao.com 企业注册
1 设置用户名
2 填写账号信息
注册成功
登录名 zongchuangjiaoyu@qq.com
设置登录密码
登录密码
设置你的登录密码
密码确认
请再次输入你的密码
基本信息
国家/地区
中国大陆
手机号码
+86
请输入手机号码
会员名
设置会员名
企业名称
请输入营业执照上的公司名称
确认

图 2-23　注册淘宝企业账号“填写账号信息”

4．注册成功

如图 2-24 所示为淘宝企业店铺注册完成页面。注册成功后进入“卖家中心”即可发布宝贝。

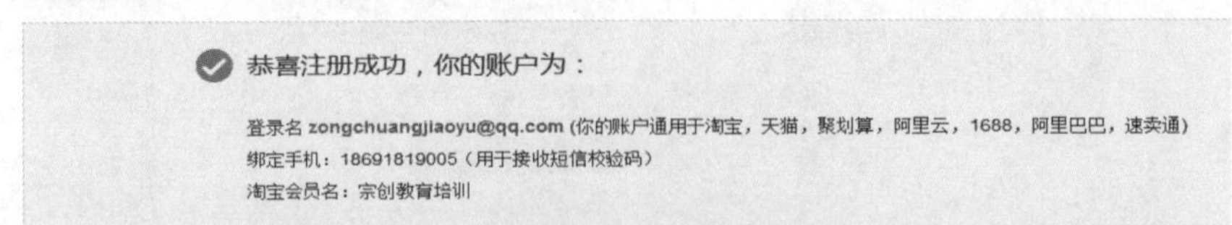


图 2-24 淘宝企业店铺注册成功

## 2.2.2 注册企业支付宝账号

淘宝企业店铺只能使用企业支付宝认证，如图 2-25 所示，打开淘宝支付宝唯一官方网址 www.alipay.com，单击“立即注册”按钮。

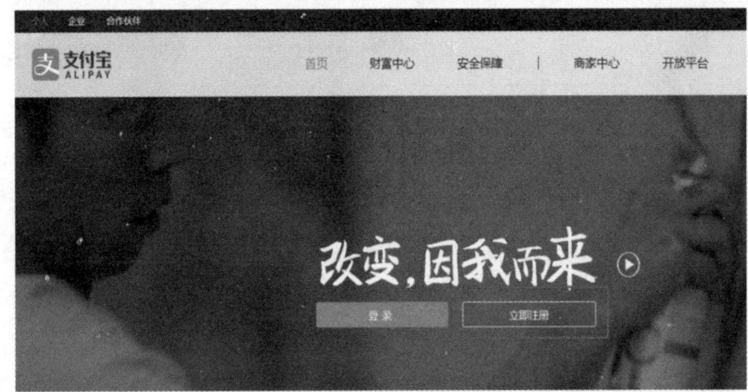


图 2-25 注册企业支付宝账号页面

注册企业支付宝必须同意淘宝的“服务协议及隐私权政策”，否则无法进行注册，如图 2-26 所示。

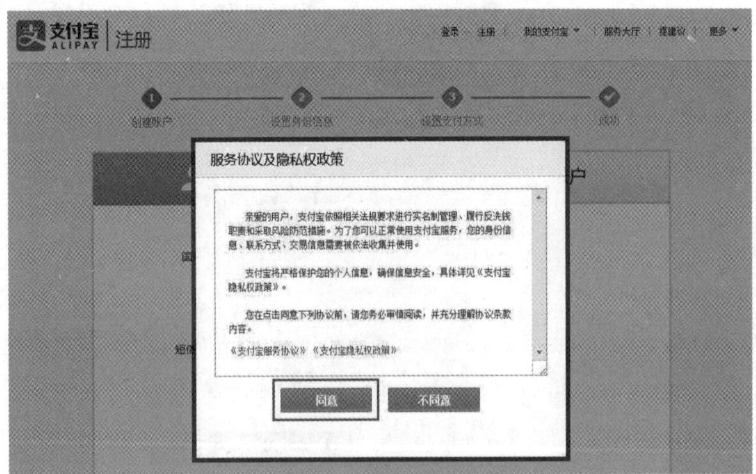


图 2-26 淘宝企业支付宝注册协议页面

**1．创建账户**

如图 2-27 所示，选择“企业账户”，可以使用注册淘宝企业账号所使用的邮箱注册企业支付宝账户名。

图 2-27　企业支付宝创建账户

**2．邮箱验证**

如图 2-28 所示进行邮箱验证。登录创建账户时绑定的邮箱，单击邮箱验证链接进入验证页面。

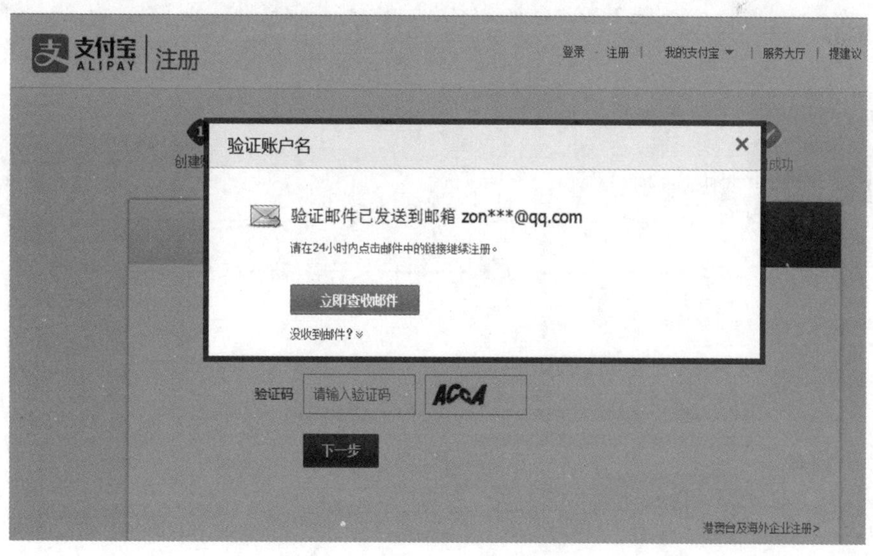


图 2-28　企业支付宝邮箱验证

**3．填写账户信息**

（1）通过邮箱验证之后进入“填写账户信息”页面，设置登录密码、支付密码及安全保护问题等相关信息，如图 2-29 所示。

图 2-29　企业支付宝“填写账户信息”

（2）填写基本信息完成后，单击“下一步”按钮进入企业信息“实名认证”，如图 2-30 所示。

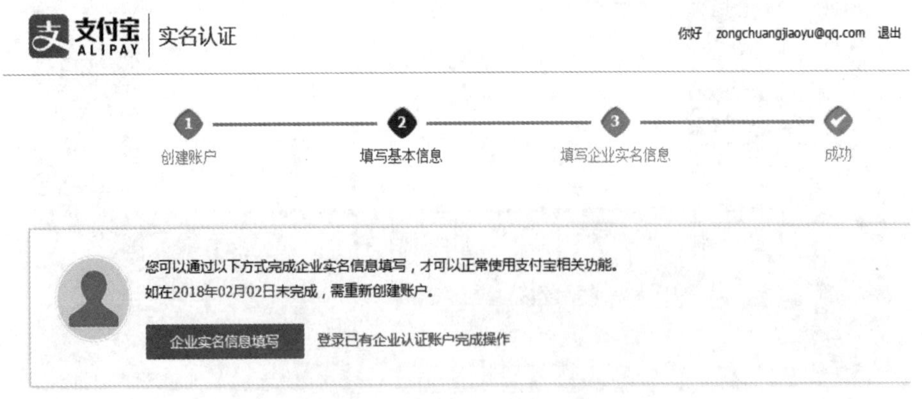


图 2-30　企业支付宝“实名认证”页面

**4．企业实名认证**

（1）企业支付宝实名认证“填写基本信息”页面如图 2-31 所示，必须完整正确地填写相关的信息内容，否则不能通过认证审核。

支付宝 ALIPAY | 实名认证　　你好 zongchuangjiaoyu@qq.com 退出 | 我的支付宝

1 填写基本信息　2 上传证件照片　3 填写银行卡信息　提交成功

单位类型

选择单位类型 企业 事业单位 民办非企业单位 个体工商户 社会团体 党政及国家机关

示例 普通营业执照　示例 多证合一营业执照

企业信息 按照证书上的内容逐字填写

证件类型 普通营业执照（存在独立的组织机构代码证）
多证合一营业执照（不存在独立的组织机构代码证）

企业名称　查找生僻字

注册号 如：000000000001234

单位所在地 请选择 请选择

住所

经营范围

营业期限　长期

注册资本

组织机构代码 如：00001234-1

法定代表人信息

法定代表人归属地 中国大陆

法定代表人姓名　查找生僻字

身份证号

证件有效期　长期

填写人身份 我是法定代表人 我是代理人

实际控制人

类型 个人 企业

实际控制人归属地 中国大陆

实际控制人姓名　查找生僻字

身份证号

证件有效期　长期

联系方式

联系人手机号码 审核结果将通过短信发送至该手机

下一步

图 2-31　企业支付宝实名认证“填写基本信息”页面

（2）上传企业支付宝实名认证的相关资质，图片要清晰完整，字迹清晰可见，手机拍照时尽量保持证件平整，图片大小不超过 2MB，如图 2-32 所示。

支付宝 ALIPAY
实名认证
你好 zongchuangjiaoyu@qq.com 退出 | 我的支付宝
填写基本信息
上传证件照片
填写银行卡信息
提交成功
企业法人营业执照
上传单位证件照片 企业法人营业执照
重新上传
示例
法定代表人段宗亮的证件照片
身份证类型 二代身份证 临时身份证
上传法人身份证照片 个人信息页
国徽页
下一步
上一步

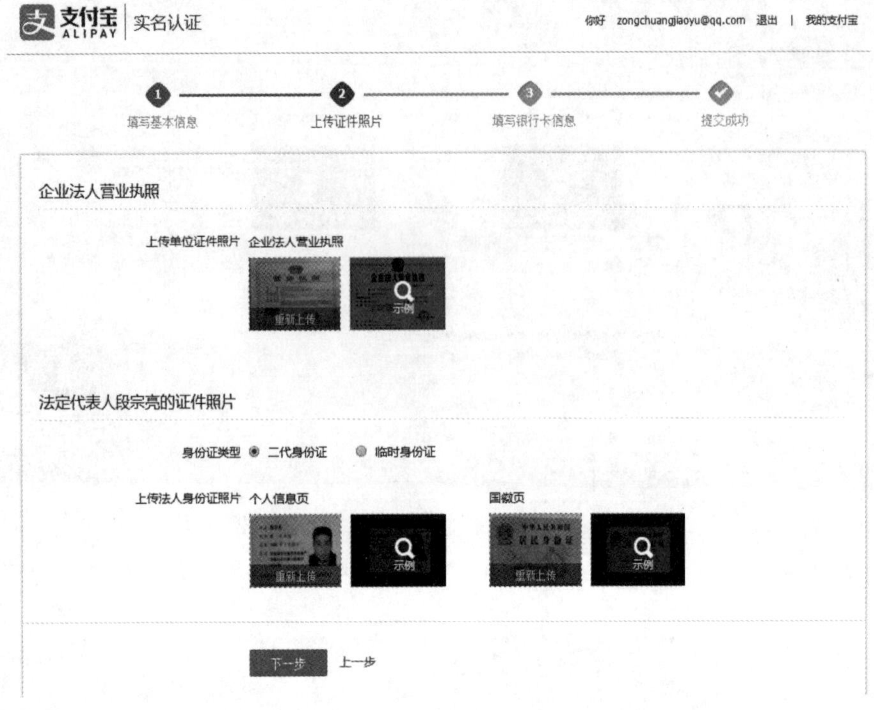

图 2-32　企业支付宝实名认证“上传证件照片”页面

（3）企业支付宝“填写银行卡信息”页面如图 2-33 所示。开户银行及账号可在开户许可证上查看，要确保信息填写的正确性。

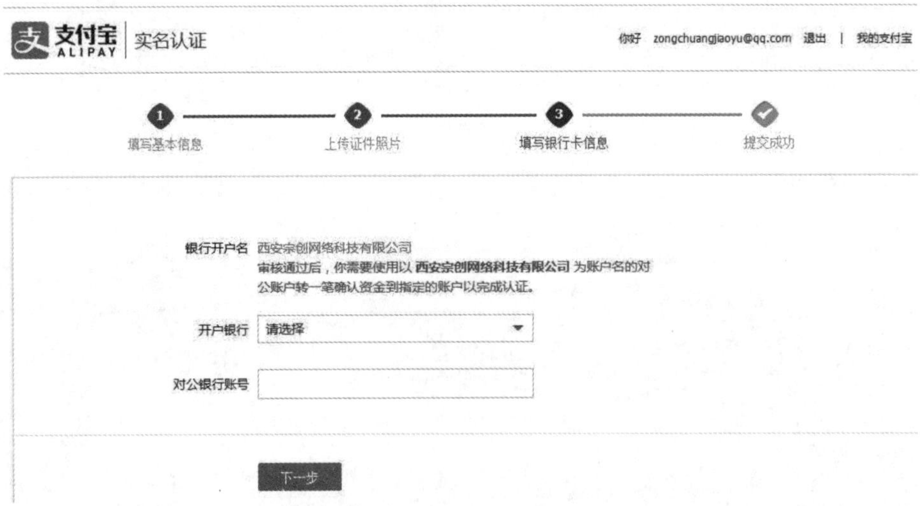

支付宝 ALIPAY
实名认证
你好 zongchuangjiaoyu@qq.com 退出 | 我的支付宝
填写基本信息
上传证件照片
填写银行卡信息
提交成功
银行开户名 西安宗创网络科技有限公司
审核通过后，你需要使用以 西安宗创网络科技有限公司 为账户名的对公账户转一笔确认资金到指定的账户以完成认证。
开户银行 请选择
对公银行账号
下一步

图 2-33　企业支付宝实名认证“填写银行卡信息”页面

（4）企业支付宝实名认证信息提交成功后等待淘宝官方审核通过，如图 2-34 所示。

1～2 个工作日审核通过后淘宝官方会以短信或邮件的形式发送一条转账金额信息，要求卖家使用企业公户给淘宝指定的支付宝银行账户转账进行验证，验证费用一般在 10 元以内，此费用会退回至企业公户。

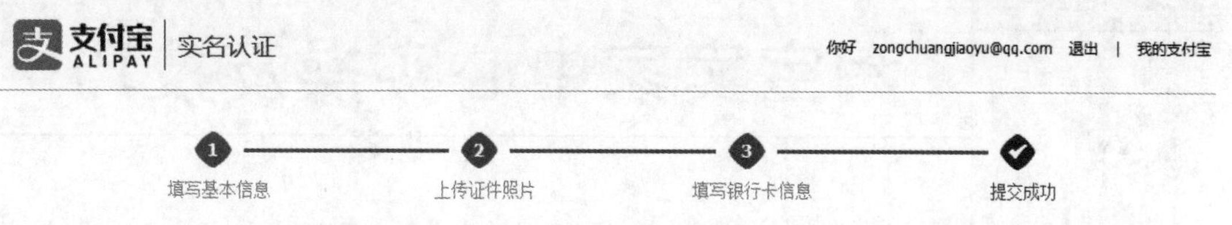


图 2-34　企业支付宝实名认证“提交成功”页面

# 第3章 淘宝卖家中心实操及技巧

淘宝卖家中心可理解为淘宝店铺的操作后台，淘宝店铺前端所有的展示效果都是通过卖家中心相关设置来实现的。卖家中心主要的功能版块有交易管理、物流管理、宝贝管理、店铺管理、营销中心、数据中心、私域中心、货源中心、软件服务、淘宝服务和买家服务等。淘宝卖家中心的操作相对较简单，但一定要非常熟练，知道每一个功能的作用及具体操作流程。本章介绍的知识内容主要为淘宝卖家中心后台所有的功能及操作设置。

打开淘宝官方网址 www.taobao.com，如图 3-1 所示，在淘宝首页右上角单击“卖家中心”按钮；如图 3-2 所示，输入淘宝卖家登录账号和登录密码。

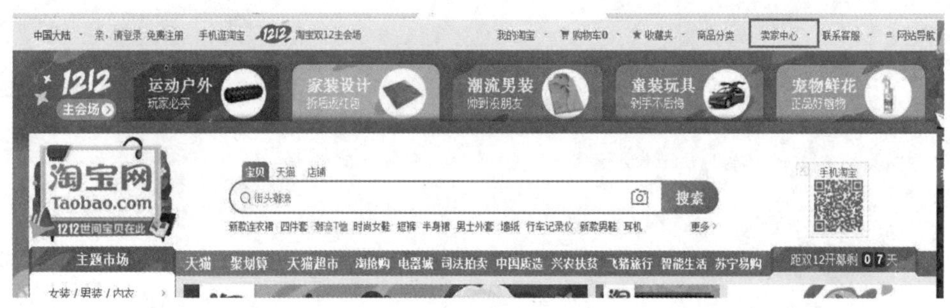


图 3-1 淘宝首页“卖家中心”入口

图 3-2 淘宝“卖家中心”登录页面

登录卖家中心后，即可看到卖家中心首页，如图 3-3 所示。

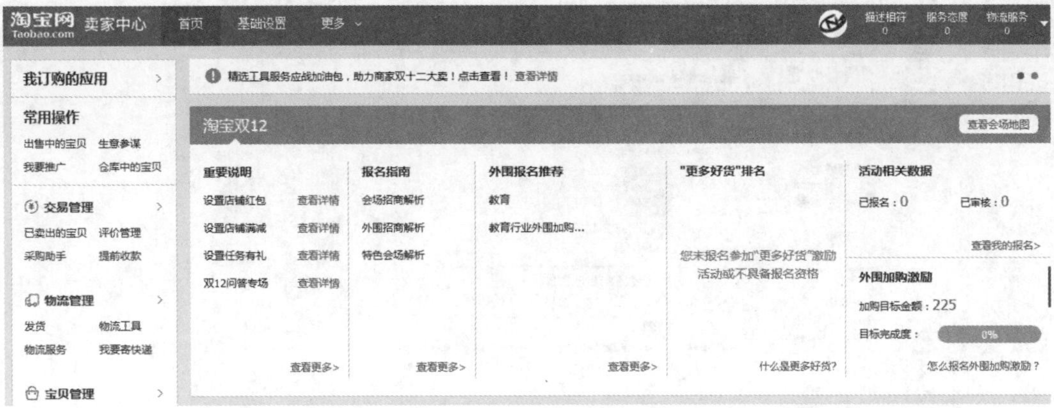

图 3-3 淘宝“卖家中心”首页

## 3.1 淘宝卖家中心之店铺基础设置

淘宝店铺的基础设置很重要，大多数设置可提升店铺基础权重，每项内容都需认真填写，大多数淘宝卖家容易忽略店铺的基础设置。不能一味求捷径，捷径只是阶段性技巧，想要稳定长久发展，必须做好基础工作。

### 3.1.1 店铺基础设置

店铺基础设置包含店铺名称、店铺标志、店铺简介、经营地址、主要货源、店铺介绍等。

淘宝店铺基础设置是指整个店铺最基础资料的设置，单击“基础设置”按钮，如图 3-4 所示。以下资料卖家可以按照要求来填写，接下来重点介绍一些核心设置及注意事项。

**1. 店铺名称**

（1）给店铺命名如同给自己起名一样，不可随心所欲，也不可经常修改。

（2）店铺名称不可以出现特殊符号，如@、#、￥、*、&。

（3）店铺名称不宜太长。

（4）店铺名称必须包含行业关键词，如：张氏手表行专卖店，此名称一听就知道是卖手表的，这样的店名含有行业核心关键词“手表”。起的店铺名称不仅要好听易记，还要容易被淘宝搜索机制抓取。买家偶尔也会以店铺名称搜索，如图 3-5 所示。也有特殊情况，例如：劳力士/casio 旗舰店，这样的店铺名称并没有“手表”行业关键词，但搜索手表时也能展现出来，其原因是品牌的价值，众所周知劳力士和 casio 本来就是手表。如果没有一定的品牌影响力，最好还是加上行业核心关键词。

图 3-4 淘宝卖家中心“店铺基础设置”

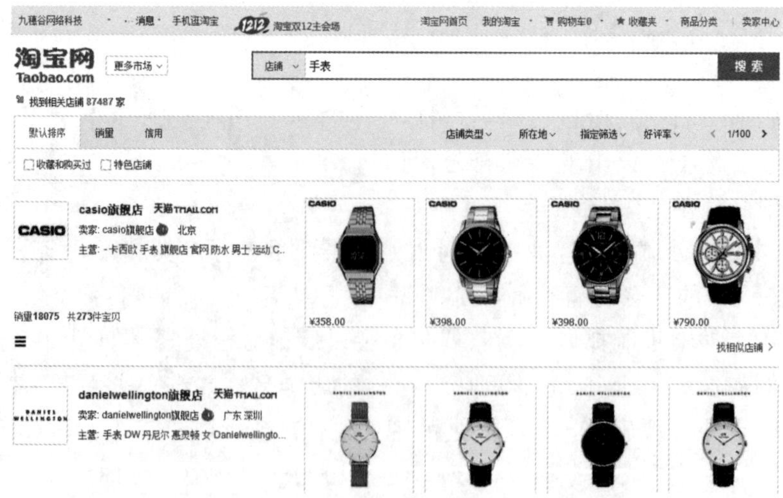

图 3-5 搜索店铺名称或关键词展示界面

（5）淘宝是怎么检索店铺名称的呢？如图 3-6 所示，可发现在淘宝前端页面的程序里面出现店铺名称“九穗谷鲜果产业园”，淘宝搜索机制可直接抓取此店名的行业关键词。

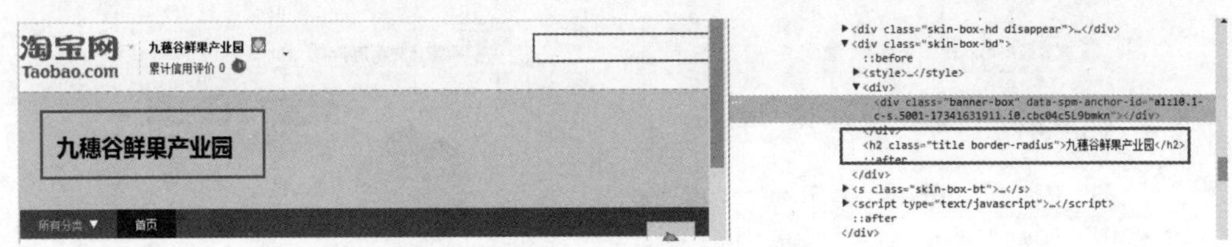


图 3-6　淘宝店铺名称搜索机制抓取路径

**2. 店铺标志**

（1）图片的大小为 80 像素×80 像素；

（2）最好使用白色背景；

（3）图片应简单、清晰。

**3. 店铺简介**

（1）店铺简介非常重要，店铺简介会直接加入到淘宝店铺的索引中，如图 3-7 所示。

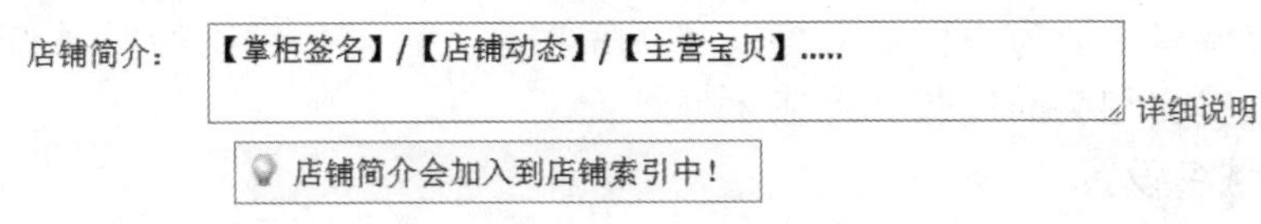


图 3-7　淘宝卖家中心“店铺简介”

（2）店铺简介一定要按照此格式写：【掌柜签名】/【店铺动态】/【主营宝贝】……

店铺简介示例：【掌柜签名】本店潮流女装秒杀，所有姐妹们，一秒让你变女神；【店铺动态】本店最近上新了一批最新款连衣裙，新品特价不断，各种优惠券红包等亲来抢，老买家可以享受折上折；【主营宝贝】本店主要经营潮流女装，潮流短袖 T 恤、欧美版连衣裙、半身裙、牛仔服、丝袜等，为亲们时刻提供最潮流、最时尚的宝贝，感谢亲们对本店的厚爱与支持。

**4. 店铺简介的写作技巧**

1）【掌柜签名】写作技巧

所谓签名就需要有一定的个性，不能太死板或传统官方，但是掌柜签名也要围绕店铺的主要受众群体去写。如果该店铺是做潮流服饰的，那可选用一些比较潮的网络用语组成签名。例如，某某家的衣服好看得不要不要的。

2）【店铺动态】写作技巧

店铺动态一般为促销打折信息，例如近期全场几折，有哪些宝贝在打折，几号有上新宝贝等信息。

3）【主营宝贝】写作技巧

主营宝贝是指店铺的主要经营类目以及宝贝款式、风格等。如女装、女鞋属于宝贝类目，韩版女装、复古女装、森系女装等属于宝贝的款式风格。把店铺主要经营宝贝类目及款式风格表达出来即可。主营类目在店铺信用评价页面也有显示，如图 3-8 所示，该主营占比是淘宝根据店铺成交宝贝类目及属性比例自动识别的。

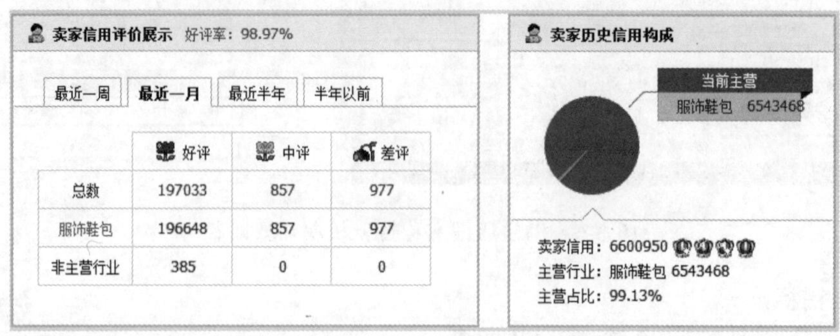


图 3-8 淘宝主营类目占比

剩余其他的信息读者按照实际情况填写即可，店铺介绍的内容需语句通顺，表达清晰，字数不能少于 200 字。

## 3.1.2 淘宝域名及经营许可证设置

设置淘宝域名主要为方便卖家推广和买家搜索。随着淘宝网的发展和完善，很多类目经营必须提交相关的经营许可证才可经营。

### 1. 淘宝域名设置

淘宝域名指的是店铺的二级域名，也是为了方便买家直接搜索店铺。例如，店铺名称是“张三潮流女装店”，那么二级域名可以设置为 zhangsan.taobao.com，后期可以修改，最多可修改 3 次，如图 3-9 所示。

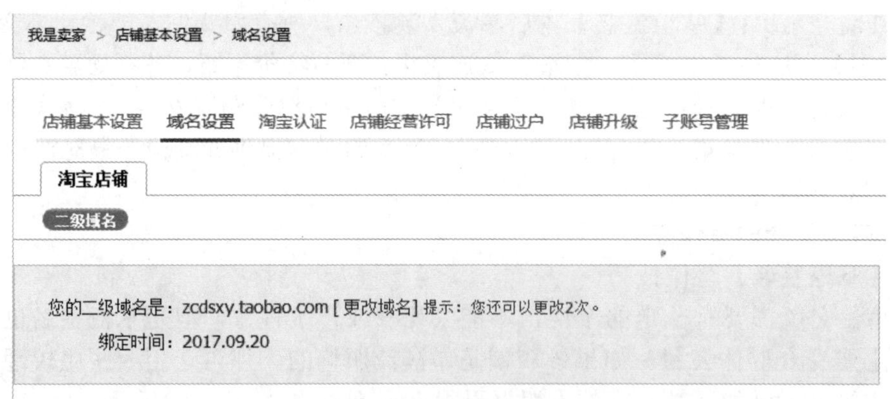


图 3-9 卖家中心“域名设置”

### 2. 店铺经营许可证设置

店铺经营许可证主要针对一些特殊行业。如成人用品、二类医疗器械、影像制品、宠物活体、图书、酒类、茶冲饮类、零食坚果、乳制品等这些行业，必须要特许的许可证明。如果所经营宝贝属于以上范畴，必须提供相关资质证明，否则不予以销售资格，如图 3-10 所示。

图 3-10　淘宝卖家中心“店铺经营许可”设置

将经营资质证明通过扫描或拍照的方式上传即可，大小不超过 2MB，资质证明的照片应平整，字迹清晰可见，如图 3-11 所示。一般两个工作日就可审核通过。

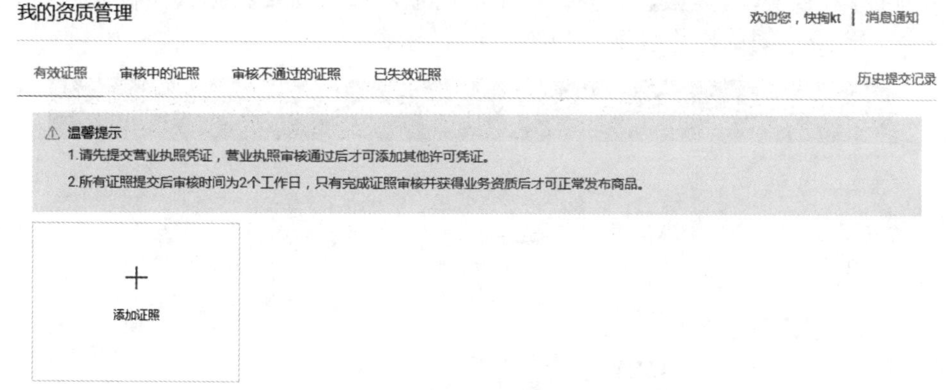


图 3-11　淘宝卖家中心“我的资质管理”

所有资质在提交之前必须先提交营业执照凭证，营业执照审核通过之后才可以添加其他许可凭证，只有完成相关证照审核并获得业务资质后才能正常发布宝贝。

### 3．店铺过户

一个经营非常良好的淘宝店铺也是一笔巨大的财富，网上也经常有买卖店铺的情况。例如一个皇冠店铺就可以售卖 1～2 万元，一个金冠店铺可以卖到 8～12 万元左右，一个天猫专营店可以卖到 20～25 万。如果经营良好，时间越久，价值越高。经常可看到淘宝网上一个单品月销量好几万笔，这里可以粗略计算一下，如果宝贝的净利润是 20 元，月销量 2 万笔，那么这个单品本月净利润就是 40 万元，这是一笔不小的财富。

线下门店可以进行买卖或者转让，淘宝店铺也同样可以过户，如亡故、结婚、离婚、近亲属等情况都可以过户，如图 3-12 所示，只要能达到申请条件都可以向淘宝官方提交申请，通过审核后该店铺过户成功。

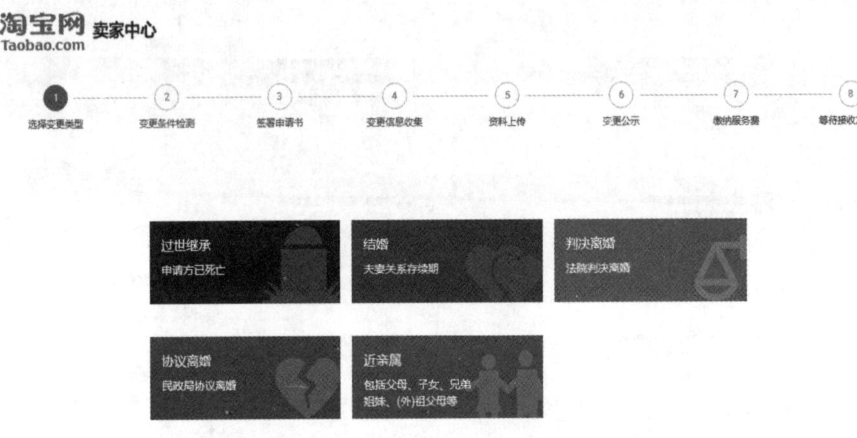


图 3-12　淘宝卖家中心店铺过户

## 3.1.3　子账户管理与设置

淘宝店铺子账户是指店铺可以允许同时登陆的多个账户。如果运营者只有一人，可以不开通子账户功能，但是如果是团队运营，就必须用到子账户的功能。例如，运营团队有推广、运营、客服、财务、美工等岗位，那么需要根据其岗位和职能开通不同的账号，授予不同的操作权限，如图 3-13 所示。

图 3-13　淘宝卖家中心子账号管理与设置

### 1．子账户建立流程

正确建立子账户流程：设置部门结构→建立岗位→添加员工→设置权限。

在建立子账户之前先把团队的组织架构设计出来，将部门和岗位的权限划分清楚，建立相应的体系制度，各司其职。然后按其流程建立，为以后的团队运营和配合打下良好的基础。如图 3-14 所示为淘宝店铺运营组织架构图（仅供参考）。

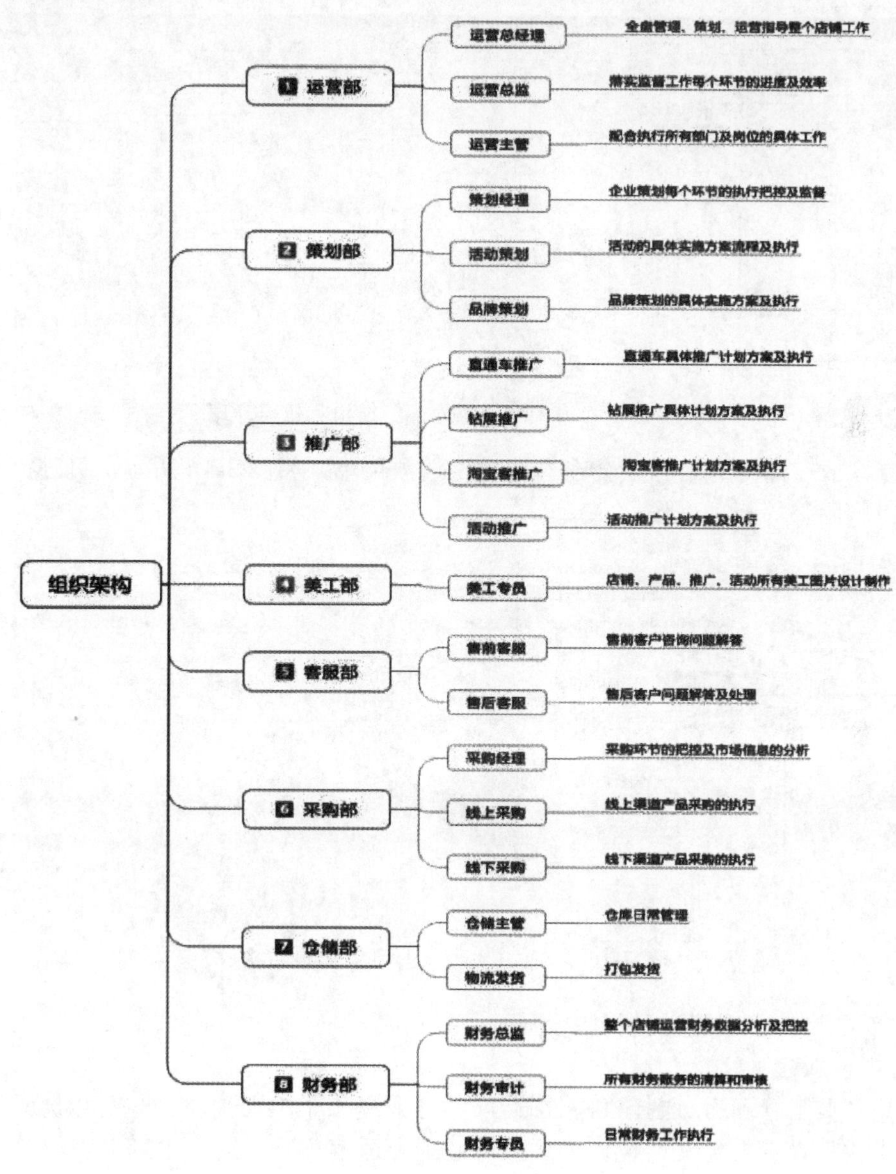


图 3-14　淘宝网店运营组织架构图

淘宝运营环节繁杂，每个环节都要精心规划和设计，将每个工作环节具体到人，发挥团队的力量。

### 2．部门结构的新建与管理

打开“员工管理”，选择“部门结构”后单击“新建”按钮即可新建部门。新建部门时按照部门的主次从下往上建，如客服部→美工部→推广部→策划部→运营部。否则整个部门的次序会颠倒，如图 3-15 所示。

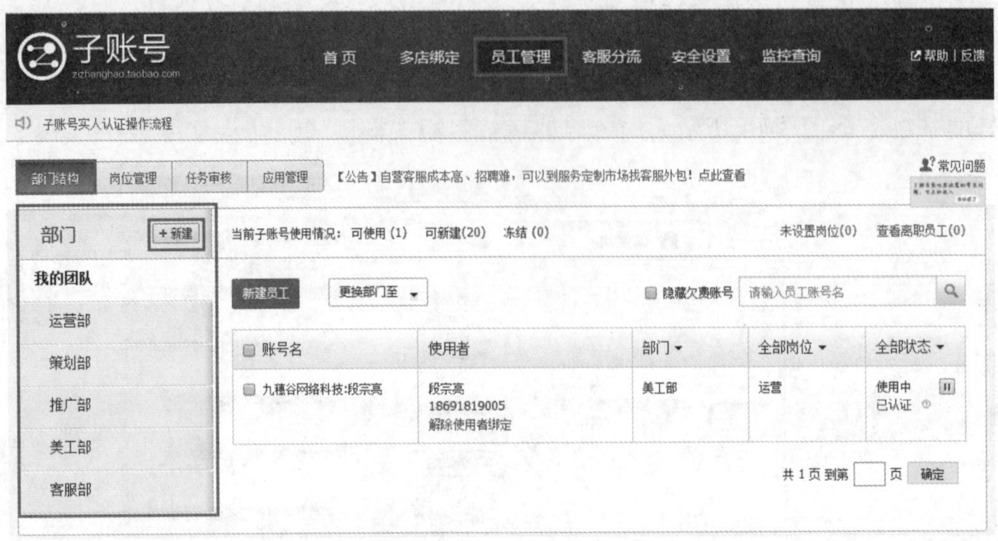


图 3-15 卖家中心子账号部门结构新建与管理

将鼠标放在部门的名称上会在右边出现选项菜单，如图 3-16 所示，可进行“重命名”或“删除”等相关操作。

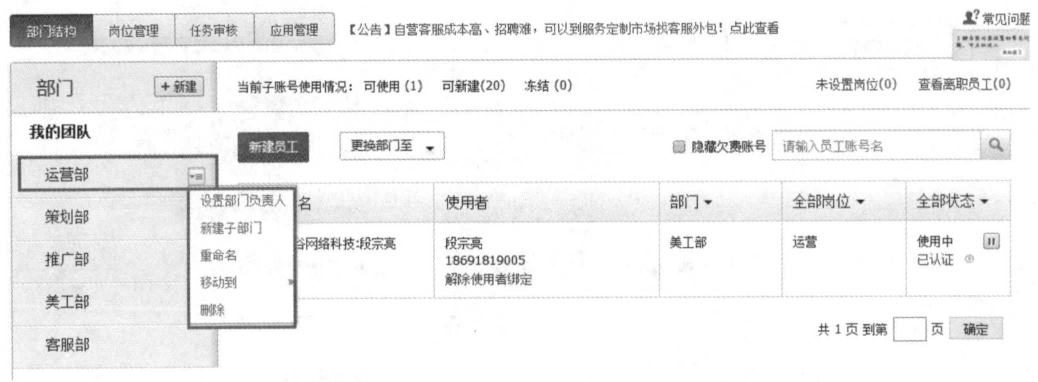


图 3-16 卖家中心子账号部门编辑功能

### 3. 新建岗位管理流程及权限设置

1）岗位新建

打开“员工管理”，选择“岗位管理”，官方提供了主要岗位，也可以通过“新建自定义岗位”设置自定义岗位。如运营总经理、运营总监、运营主管等。

2）权限设置

打开“员工管理”，选择“岗位管理”，选择要修改的岗位权限，如图 3-17 所示，针对不同的岗位设置不同的权限。通常情况下职位越高，权限越高，即可操作的功能就越多。如：运营总经理所有的权限都可以开通；采购人员只开通“货源中心”所有功能；仓库物流只开通“物流管理”所有功能等。其他无关的功能不开启，以防员工的误操作导致公司经济损失。

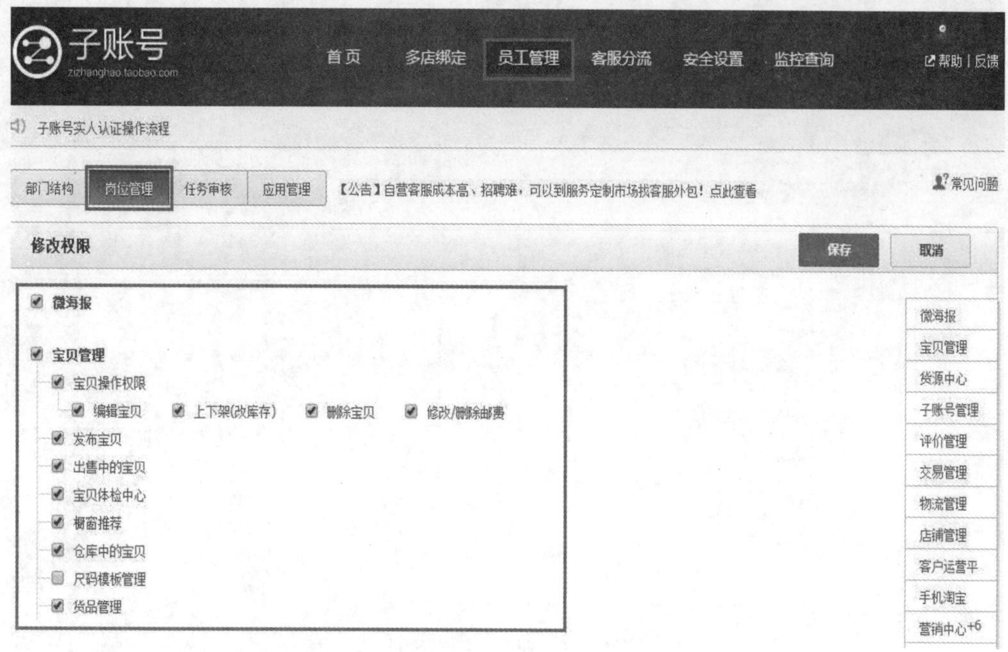


图 3-17　卖家中心子账号权限设置

## 4．新建员工、员工设置、权限认证

1）新建员工

打开子账户首页，选择“新建员工”，单击进入图 3-18 所示的页面。

图 3-18　卖家中心子账号“新建员工”入口

2）员工创建与管理

进入“员工管理”页面，按照要求填写相关基本信息，然后单击“确认新建”按钮，如图 3-19 所示。这里需要注意账号名中间的冒号为英文状态，否则不能成功登录。

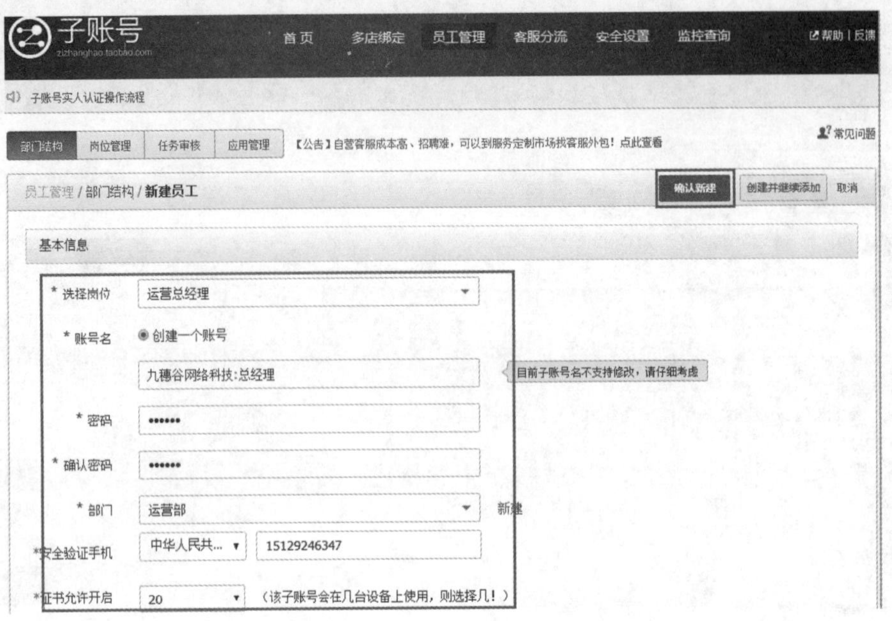


图 3-19　卖家中心子账号员工创建与管理

3）员工权限认证

当新建员工完成后，需要对员工的账号进行认证。使用手机千牛登录子账号，然后扫描子账号认证二维码进行认证。如图 3-20 所示，认证通过后可以正常使用已开通的权限。

图 3-20　卖家中心子账号员工权限认证

## 3.2　淘宝卖家中心之交易管理

交易管理指日常店铺交易数据的信息查询与管理，主要内容包括：已卖出的宝贝、评价管理、分期管理等。交易管理是淘宝卖家常用的主要功能之一。

### 3.2.1　淘宝已卖出的宝贝

可查看淘宝已卖出宝贝的交易记录，如等待买家付款、等待发货、已发货、退款中、成功的订单、关闭的订单等。

**1. 如何查看已卖出去的宝贝**

登录进入“卖家中心”，选择“交易管理”，单击“已卖出的宝贝”按钮，如图 3-21 所示。如需发货单击“发货”按钮。

图 3-21　卖家中心交易管理“已卖出的宝贝”查看页面

**2. 如何发货及注意事项**

单击“发货”按钮进入发货页面，如图 3-22 所示。

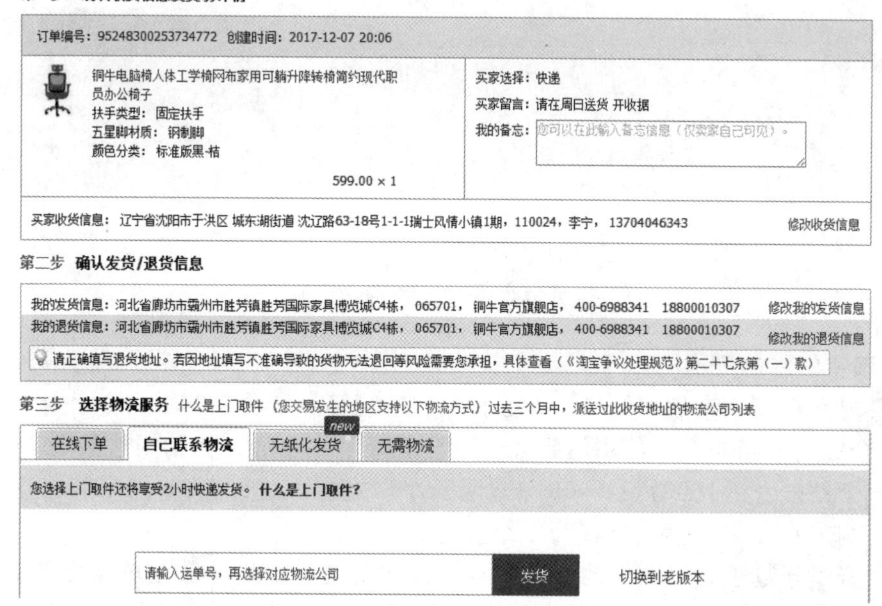


图 3-22　淘宝宝贝买家收货信息确认页面

1）确认收货信息及交易详情

一定记得向买家确定收货的信息，以防买家收货信息填写有误，如地址、收货人姓名、电话等。这里注意“买家留言”的内容信息，如果未能满足“买家留言”要求，买家收到货之后很有可能给中差评。

2）确认发货/退货信息

发货信息和退货信息通常情况下是同一个地址，首次发货一定要详细查看确认，后期这部分信息不用修改，地址变更情况除外，需重新修改发货和退货地址信息。

3）选择物流服务

选择物流公司，填写正确的物流单号，确认无误的情况下确认“发货”。整个发货流程到此完成。

## 3.2.2 淘宝宝贝评价管理

当淘宝宝贝交易完成后，买家会对本次交易进行评价。评价的内容有好评（红色花朵）、中评（黄色花朵）、差评（黑色花朵），文字评语、晒图，店铺动态评分等，如图 3-23 所示。店铺动态评分包含宝贝与描述相符、卖家的服务态度、物流服务的质量三项内容。所有的评价选项都会影响淘宝搜索权重及转化率。

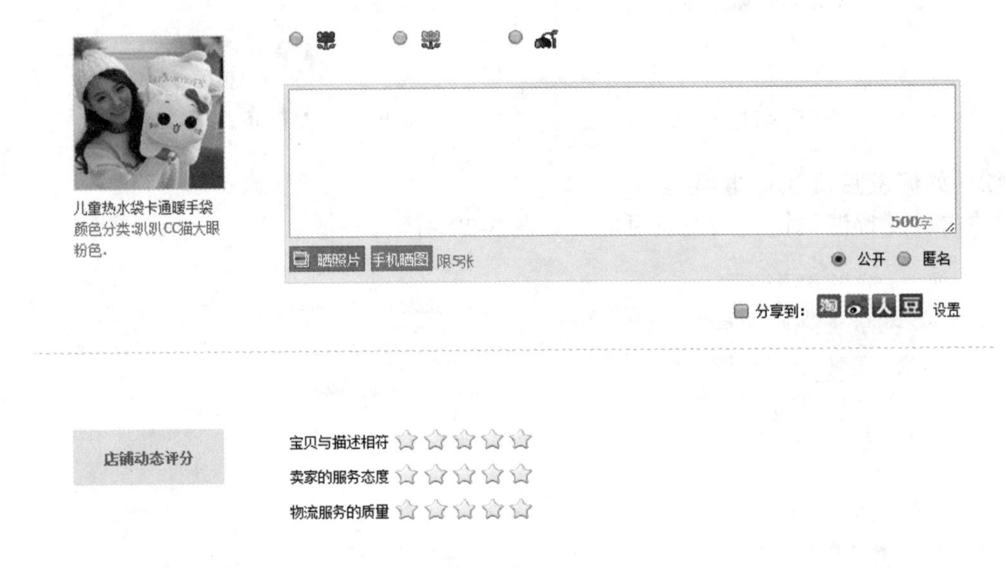


图 3-23　淘宝买家评价页面

### 1. 淘宝信用的产生

所有淘宝 C 店都有信用等级，如心、钻、皇冠等，如图 3-24 所示。淘宝的信用度共分 20 个级别：当淘宝的信用达到 4～10 分就显示一个心；当信用达到 251～500 分则显示一个钻；达到 10001～20000 分显示一个皇冠；达到 500001～1000000 分显示一个金冠，淘宝 C 店最高信用等级为 5 个金冠。

淘宝信用分数是如何产生的？淘宝卖家经常误认为信用分数是按照交易笔数计算的，成功销售 4 笔得一颗心，这样的理解不完全正确。淘宝信用分数的算法机制是按

照有效评价来计算的，好评得 1 分，中评不计分，差评扣 1 分。必须要达到 4 个好评才能得到一颗心的信用度。

|  |  |
|---|---|
| 4分-10分 | ♥ |
| 11分-40分 | ♥♥ |
| 41分-90分 | ♥♥♥ |
| 91分-150分 | ♥♥♥♥ |
| 151分-250分 | ♥♥♥♥♥ |
| 251分-500分 | ◆ |
| 501分-1000分 | ◆◆ |
| 1001分-2000分 | ◆◆◆ |
| 2001分-5000分 | ◆◆◆◆ |
| 5001分-10000分 | ◆◆◆◆◆ |
| 10001分-20000分 | ♛ |
| 20001分-50000分 | ♛♛ |
| 50001分-100000分 | ♛♛♛ |
| 100001分-200000分 | ♛♛♛♛ |
| 200001分-500000分 | ♛♛♛♛♛ |
| 500001分-1000000分 | ♛ |
| 1000001分-2000000分 | ♛♛ |
| 2000001分-5000000分 | ♛♛♛ |
| 5000001分-10000000分 | ♛♛♛♛ |
| 10000001分以上 | ♛♛♛♛♛ |

图 3-24 淘宝店铺信用分数表

当买家收到货后不主动给予好评时，15 天之后淘宝系统会默认好评，默认好评无评语内容。淘宝最新规则，当买家好评后不写评语也不得分。

## 2. 创建好评活动的方法

（1）登录淘宝后进入“卖家中心”，选择“宝贝管理”，单击“出售中的宝贝”按钮即可看到“设置评价有礼”活动入口，如图 3-25 所示。

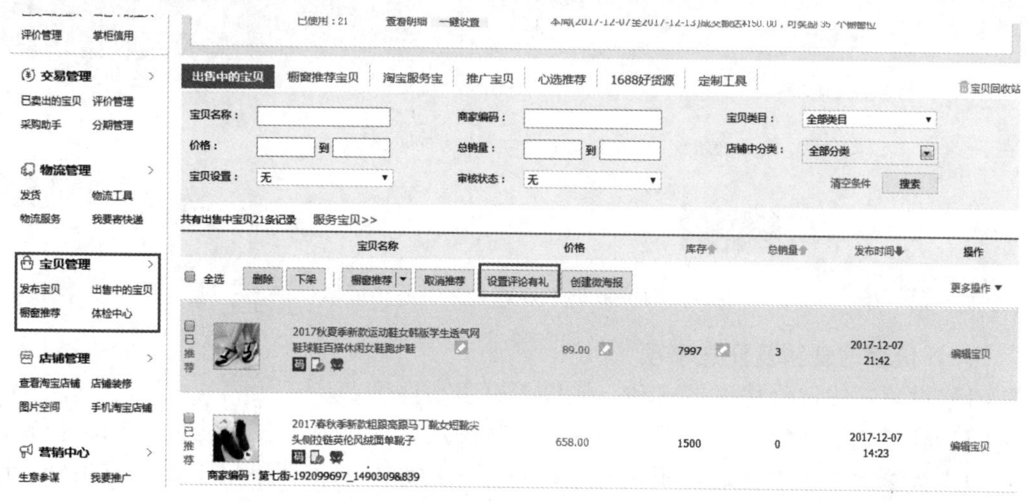


图 3-25 淘宝宝贝设置“好评活动”入口

（2）首先选择要参与“评价有礼”活动的宝贝，根据宝贝的利润以及实际情况可以单选或者全选，然后单击“设置评价有礼”按钮进行活动创建，如图 3-26 所示。

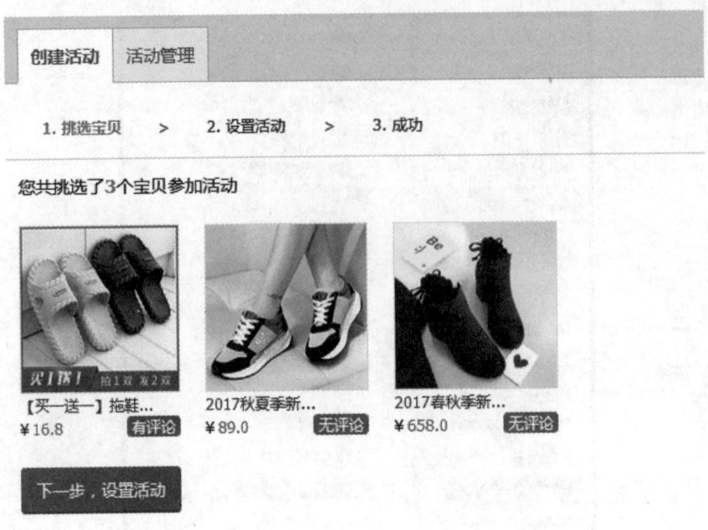


图 3-26 淘宝宝贝“好评有礼”活动创建

（3）单击“下一步，设置活动”。如图 3-27 所示，设置“活动名称”“活动类型”“活动截止时间”“奖励方式”等内容信息。

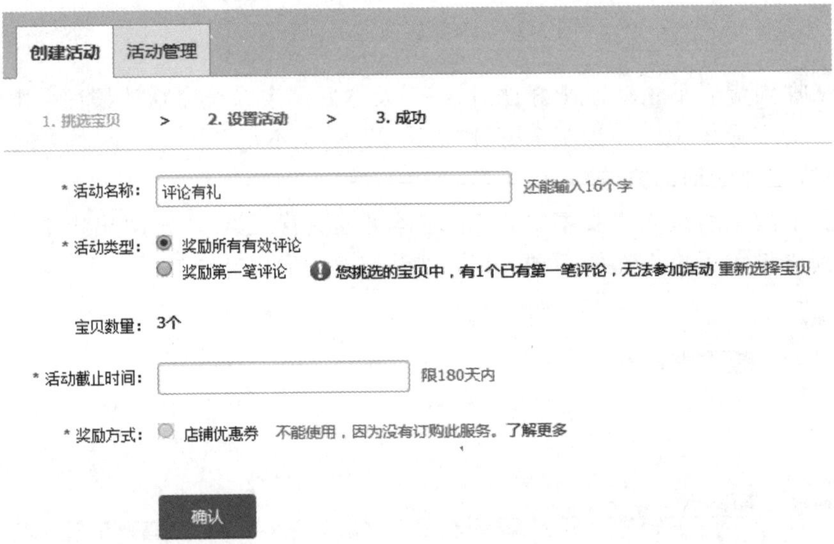

图 3-27 淘宝宝贝“好评有礼”活动信息设置

### 3. 评价管理营销及注意事项

（1）设置在线评价优惠券活动，激励买家主动评价。

（2）设置线下红包或优惠券活动卡片、晒图加好评返现等，激励买家主动评价。

（3）买家给予中差评后，积极主动联系买家沟通。中差评不仅不计分或扣分，还会影响搜索权重及转化率。

（4）当出现中差评情况，积极主动回评，解释说明。

（5）通过“超级店长”设置自动评价回复，注意不能泄露买家隐私及信息。

（6）激励买家积极好评追评。

（7）淘宝新规则，如果买家主动好评但未填写评语，同样不计分，如图 3-28 所示。

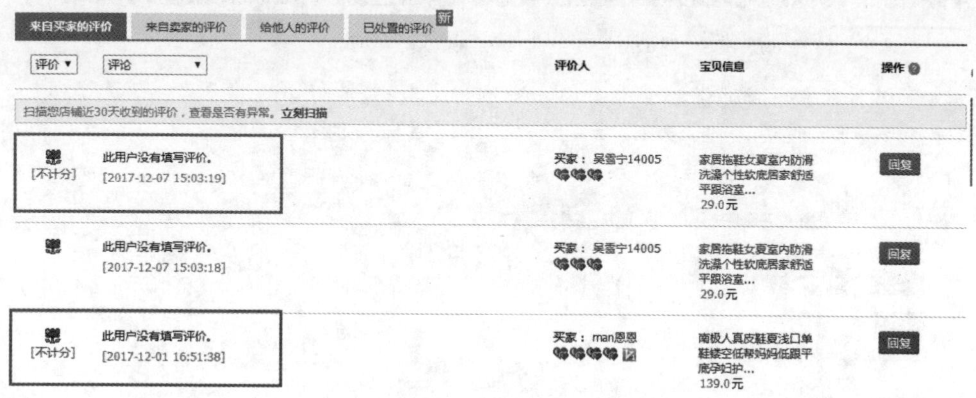


图 3-28　买家未填写评语不计分示例

### 4．宝贝中差评处理办法

淘宝运营过程中经常会遇到买家给中差评以及恶意差评等情况，遇到此情况时需要有良好的心态来对待，尽力服务好每一个买家，处理好每一个买家的中差评。

1）协商沟通法

当有买家给予中差评时，第一时间与买家协商沟通，修改中差评。30 天内买家可以修改中差评，买家修改机会只有一次。

2）回评解释法

当与买家协商沟通不成功时，可以通过回评解释说明情况，如图 3-29 所示。

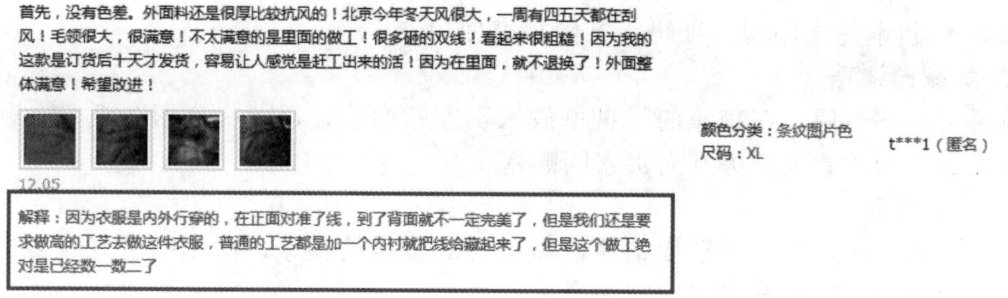


图 3-29　淘宝宝贝中差评回评解释示例

3）投诉维权

淘宝上经常会有人恶意中差评评价，当遇到恶意评价时可以通过淘宝小二来投诉维权。维权时一定要收集各种有利的证据，否则很难维权成功。

## 3.2.3　分期管理设置及合理应用

打开“卖家中心”，选择“交易管理”，单击“分期管理”按钮进入设置宝贝分期付款页面，如图 3-30 所示。

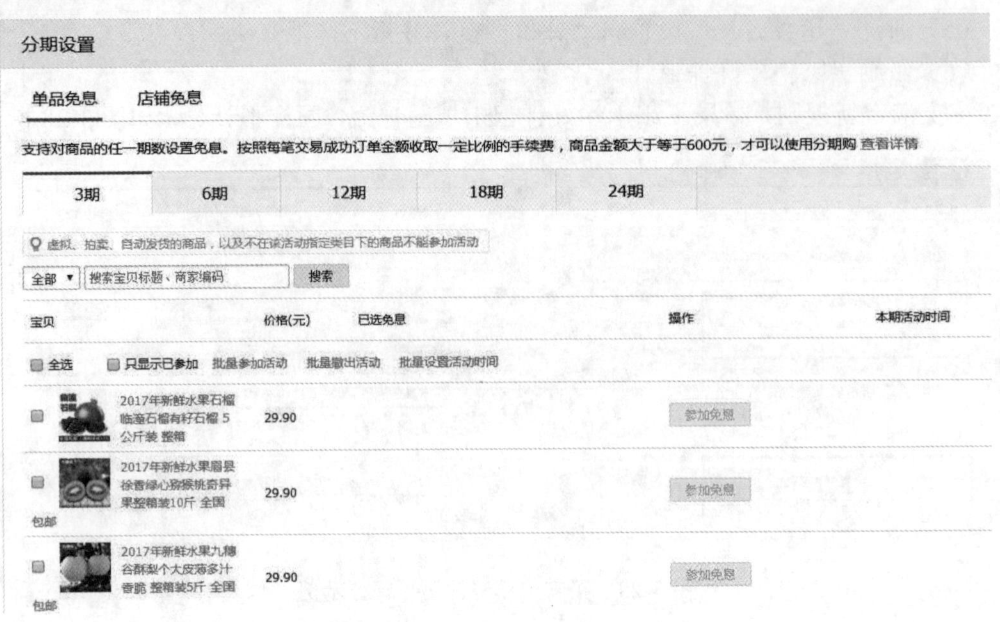


图 3-30 淘宝宝贝“分期设置”页面

分期管理主要用于单价比较高的商品，可设置单品分期和全店宝贝分期，买家支付金额必须大于 600 元才可使用分期付款。分期付款的合理科学应用有助于提升宝贝转化率。

### 3.2.4 老买家回购率提升策略

通过已交易的相关数据策划各种营销活动，提升老买家回购率。

**1．赠送优惠券、红包营销**

当新买家下单后，在物流的包裹里放入全店通用优惠券/红包，促使买家二次消费。在优惠券/红包卡片上印制二维码，方便买家使用。

**2．卖家感谢信**

当新买家下单后，在物流的包裹里放入卖家感谢信，以此提高服务质量，建立及加深与买家之间的感情来提升老买家回购率。

**3．短信营销**

将不定期新品上线、活动促销等以短信方式发送给买家，时刻提醒老买家店铺动态及宝贝上新情况，提升老买家回购率。

## 3.3 淘宝卖家中心之物流管理

物流管理是淘宝运营的重要环节，主要内容包括物流发货、物流模板设置、地址库建立、物流运单模式设置等。

### 3.3.1 淘宝宝贝如何发货

进入“卖家中心”，选择“物流管理”，单击“发货”按钮可看到等待发货的订单，如图 3-31 所示。

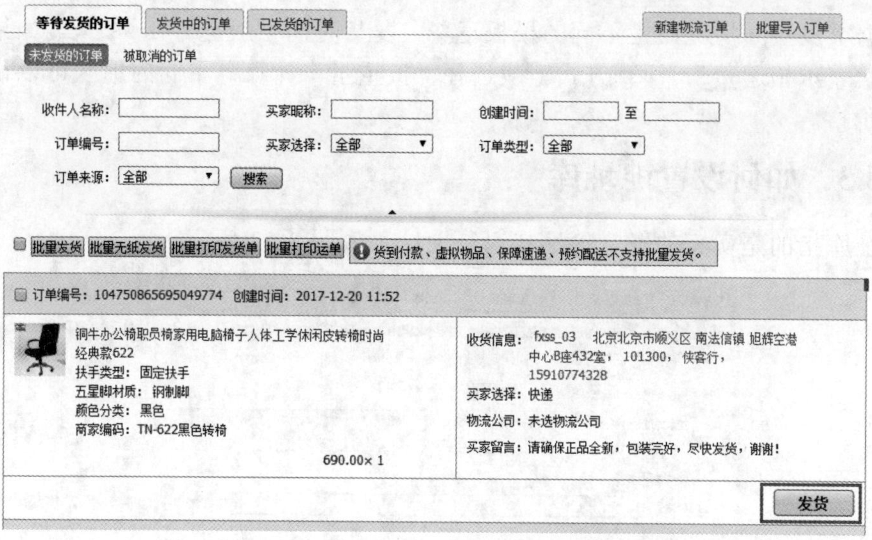

图 3-31 淘宝宝贝“发货”界面

## 3.3.2 如何创建物流运费模板

物流管理核心功能是“物流工具”，进入“卖家中心”选择“物流管理”，单击“物流工具”，再单击“运费模板设置”，然后单击“新建物流模板”，如图 3-32 所示。

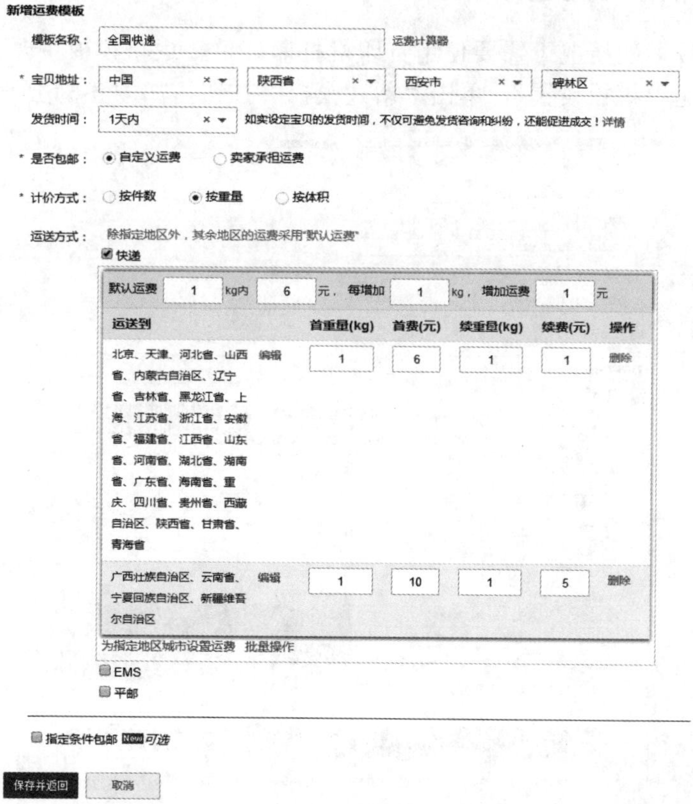

图 3-32 淘宝物流运费模板创建与设置

根据宝贝实际情况设置不同的模板运费，发货时间一般选择 1～2 天。如果包邮则选择“卖家承担运费”，计算方式一般选择“按重量”计算；不同的地区可以设置不同的运费价格。

### 3.3.3 如何设置地址库

地址库指的是卖家的发货地址或退货地址，如图 3-33 所示。

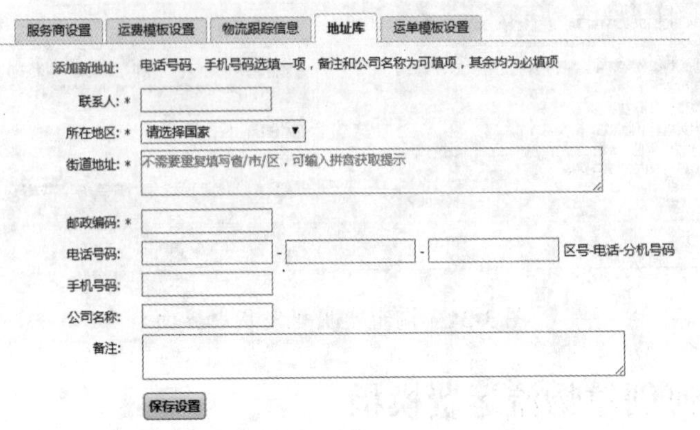


图 3-33 “地址库”创建与设置界面

### 3.3.4 如何设置运单模板

在订单比较多的情况下需要使用打印机打印订单，运单模板主要在连接打印机时设置。选择“运单模板设置”，单击“新建模板”按钮，如图 3-34 所示。

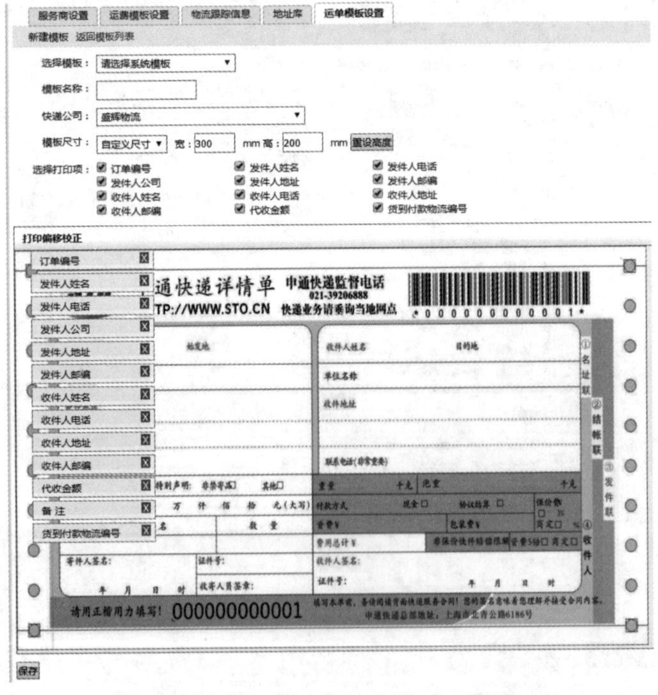


图 3-34 淘宝运单模板创建与设置界面

# 3.4　淘宝卖家中心之宝贝管理

宝贝管理模块是淘宝卖家中心操作的核心，其内容主要包括发布宝贝、出售中的宝贝、仓库中的宝贝、橱窗推荐等。

## 3.4.1　如何发布宝贝

发布宝贝是指通过淘宝卖家中心发布宝贝功能上传宝贝信息。发布淘宝宝贝的流程是选择类目→填写宝贝信息→发布宝贝。

### 1．如何选择宝贝发布类目

进入卖家中心选择“宝贝管理”，单击“发布宝贝”按钮进入发布界面。发布宝贝时如果不知道发布到那个类目，可以在“类目搜索”栏输入宝贝行业关键词，一般情况下第一个便是正确的类目。如果类目发布错了会被降权或被下架删除。确认类目后单击“我已阅读以下规则，现在发布宝贝”按钮，如图 3-35 所示。

图 3-35　淘宝宝贝发布类目选择页面

### 2．如何填写宝贝基本信息

宝贝基本信息包含宝贝类型、宝贝标题、宝贝卖点、宝贝属性、宝贝主图、主图视频、宝贝长图、宝贝规格、一口价及库存、付款模式、宝贝视频、电脑端宝贝描述、手机端宝贝描述、店铺中分类等。

1）如何选择宝贝类型、填写宝贝标题和宝贝卖点

（1）宝贝类型是指如果发布的宝贝是新品则选择“新品”，如果是闲置二手宝贝则选择“二手”。

（2）宝贝标题是指由 60 个字符组成的便于买家搜索查询宝贝的关键词组。一个汉字占 2 个字符；符号、字母、数字、空格等各占一个字符。标题尽量写满不要浪费字

符，标题构成的核心元素为关键词。

（3）宝贝卖点是指描述宝贝特点、亮点、优势等的信息，如图 3-36 所示。

图 3-36 淘宝“宝贝基本信息”填写界面

2）如何填写宝贝属性

宝贝属性是描述宝贝性质、规格、材质、成分及特点的参数。每一项都需要填写齐全、正确，有助于搜索加权，如图 3-37 所示。

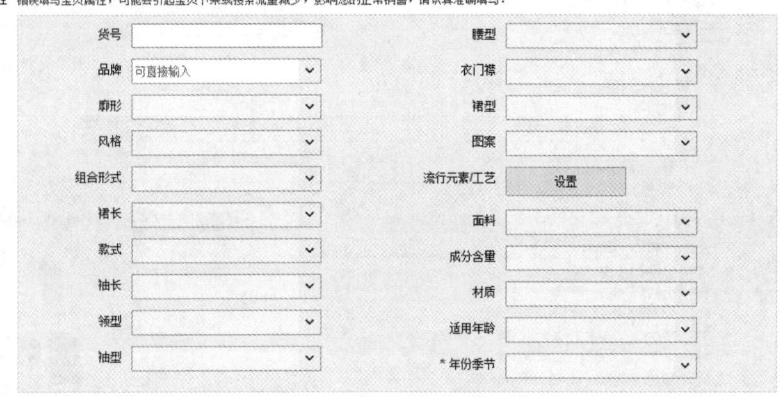


图 3-37 淘宝“宝贝属性”填写界面

3）电脑端宝贝图片

电脑端宝贝主图与手机客户端宝贝主图共用，宝贝主图共有 5 张，第 1 张主图会在淘宝搜索页面展示，第 5 张主图为平铺白底图，背景必须是纯白色，增加手淘首页曝光的概率。每张主图大小不能超过 3MB，700 像素×700 像素以上，必须是正方形，否则会出现主图留白现象，影响访问点击率。小于 700 像素×700 像素不能使用放大镜功能，如图 3-38 所示。

图 3-38 淘宝“电脑端宝贝图片”上传界面

4）主图视频

主图视频指宝贝主图以视频的形式展示，主图视频同时支持电脑端和手机客户端。时长不超过 60 秒，尺寸为 1∶1，如图 3-39 所示。

图 3-39　淘宝“宝贝主图”前端示例

5）如何上传主图视频

如图 3-40（a）所示单击主图视频“+”进入即可添加视频。如图 3-40（b）所示，单击“上传视频”选择本地视频进行上传，上传完毕后单击“确定”按钮即可。

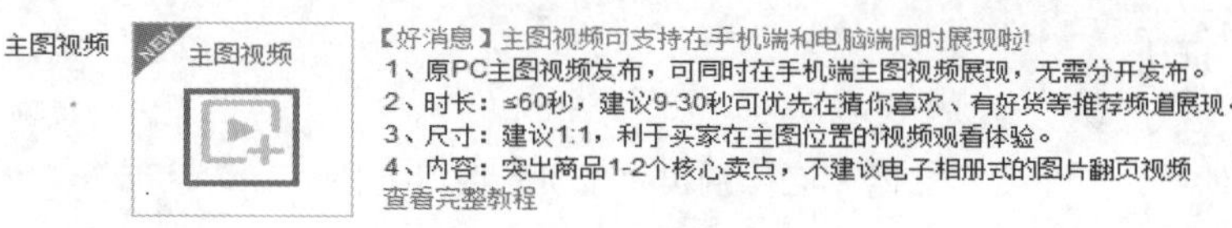


图 3-40（a）　淘宝宝贝“主图视频”上传入口

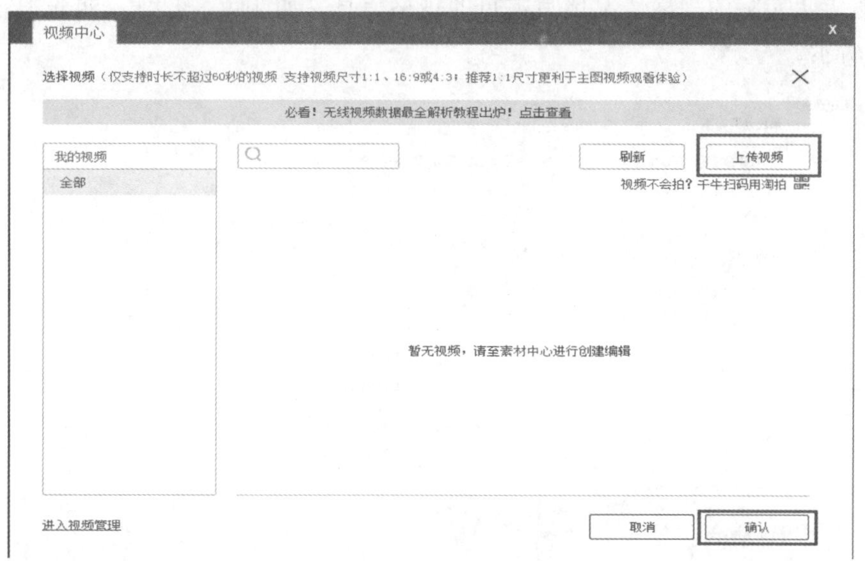


图 3-40（b）　淘宝宝贝“视频中心”上传视频页面

6）宝贝长图

宝贝长图指淘宝宝贝市场活动长图展示效果，如图 3-41 所示。

图 3-41 淘宝“宝贝长图”前端展示效果

7）添加宝贝长图的要求

宝贝长图的比例必须为 2∶3，大小为 800 像素×1200 像素，若不上传长图，搜索列表、市场活动等页面的竖图模式将无法展示宝贝。如图 3-42 所示。

宝贝长图 长图横竖比必须为2：3，最小长度为480，建议使用800*1200，若不上传长图，搜索列表、市场活动等页面的竖图模式将无法展示宝贝！ 查看详情

图 3-42 淘宝“宝贝长图”上传

8）宝贝规格

按照宝贝实际的规格情况填写宝贝的规格信息。如颜色、尺寸、重量等信息，如图 3-43 所示。

宝贝规格

颜色分类

选择标准颜色可增加搜索/导购机会，标准颜色还可填写颜色备注信息（偏深、偏亮等）！ 查看详情

选择或输入主色 | 备注（如偏深偏浅等） | 上传图片

尺码

选择标准尺码可增加搜索/导购机会，标准尺码还可填写尺码备注信息（偏大、偏小等）！ 查看详情

通用 中国码 英码 美码 均码

| 145/80A | 150/80A | 155/80A | 160/84A |
|---|---|---|---|
| 165/88A | 170/92A | 175/96A | 175/100A |

自定义尺码

+添加尺码-尺寸对照表

宝贝销售规格

图 3-43 淘宝“宝贝规格”填写与设置页面

9）一口价及总库存

一口价指宝贝的市场原价，设置一口价时一定要为后期市场营销留够打折促销的空间，一口价定价为进货成本价的2.5～3倍。

总库存是指宝贝总库存数量，当库存数量为0时该宝贝自动下架至仓库，如图3-44所示。

* 一口价及总库存

| *价格（元） | *总数量（件） | 商家编码 | 商品条形码 |
|---|---|---|---|
| 100 | 10000 | A001 | |

* 采购地 ◉ 国内 ○ 海外及港澳台

* 付款模式 ◉ 一口价(普通交易模式) ○ 预售设置

图3-44　淘宝宝贝“一口价及总库存”填写界面

10）宝贝视频

宝贝视频指通过宝贝详情页面以视频进行展示的宝贝描述，其展示效果如图3-45所示。

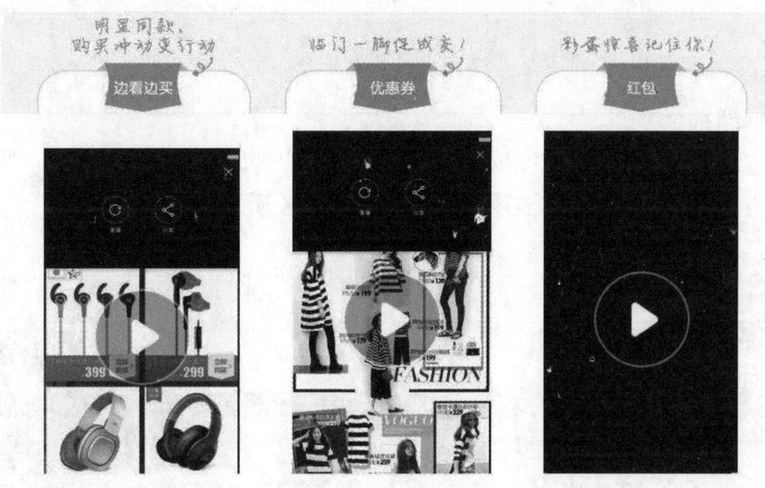


图3-45　淘宝“宝贝视频”前端展示效果

11）如何添加宝贝视频

如图3-46所示，单击“宝贝视频”下方的“＋”按钮即可添加。宝贝视频需要订购，单击“订购视频服务”按钮进入订购页面进行支付订购。

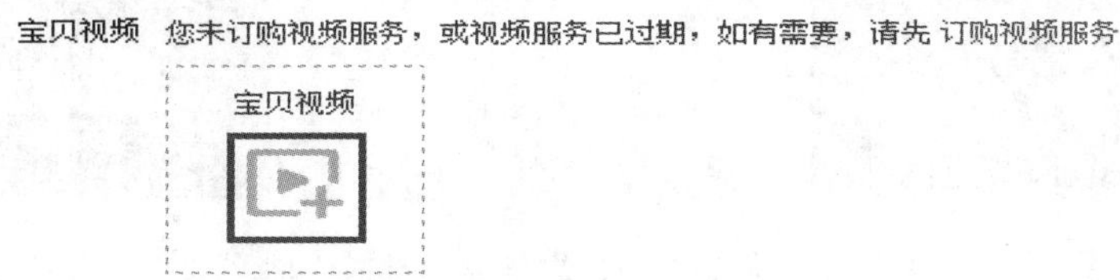


图3-46　淘宝“宝贝视频”上传界面

主要订购手机淘宝（无线视频）即可，电脑端可以不用订购，订购成功后将已经制作好的视频上传即可。

12）电脑端描述

电脑端描述是指以电脑端进行展示的宝贝详情描述，将已经做好的宝贝详情图片上传即可，如图 3-47 所示。电脑端详情图片宽不低于 750 像素，高不限。

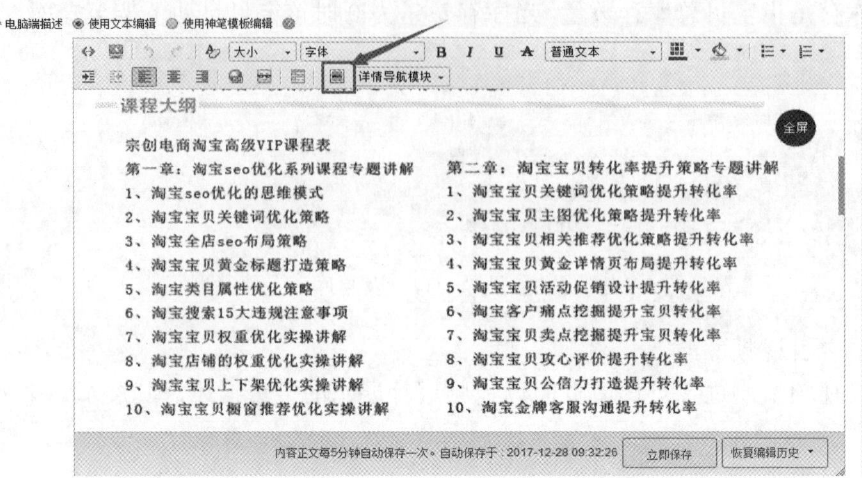


图 3-47　淘宝“电脑端描述”添加界面

13）手机端描述

手机端描述是指以手机进行展示的宝贝详情描述。手机端详情描述的图片系统自适应，可以直接导入手机端的描述图片，如图 3-48 所示。

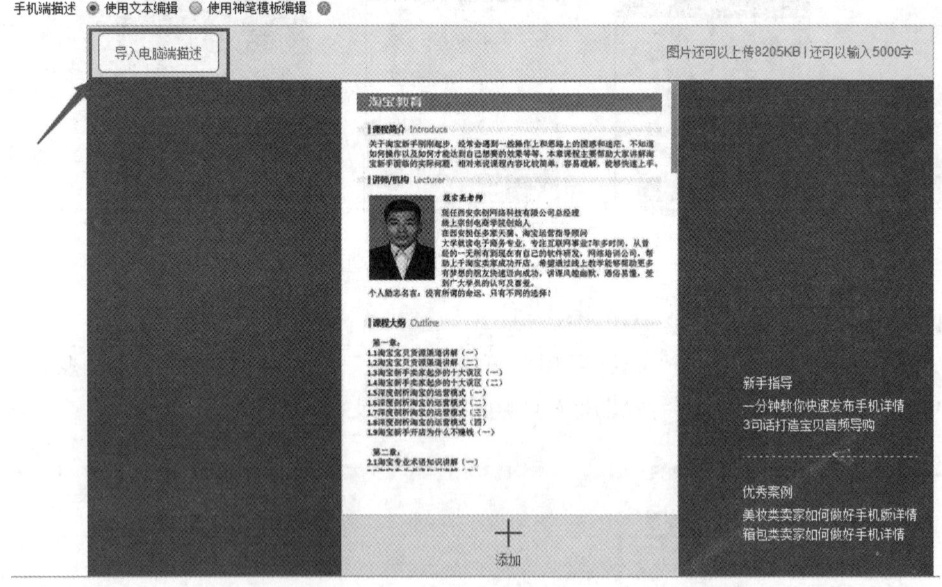


图 3-48　淘宝“手机端描述”导入界面

14）宝贝物流服务

添加“宝贝物流服务”可直接选择已建好的“运费模板”，如果没有新建直接单击“新建运费模板”按钮进行新建即可，如图 3-49 所示。

2. 宝贝物流服务
* 提取方式 使用物流配送
物流设置 为了提升消费者购物体验，淘宝要求全网商品设置运费模板，如何 使用模板，查看 视频教程
* 运费模板
新建运费模板
电子交易凭证 了解详情

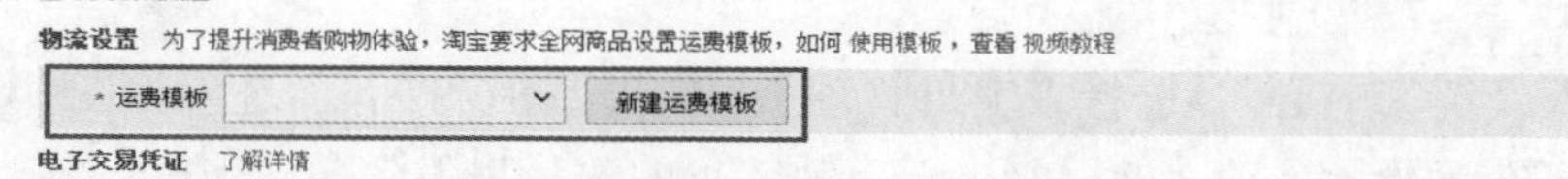

图 3-49　淘宝“宝贝物流服务”设置界面

15）售后保障信息

如家具、家电、3C 数码等大件物品需要提供发票及保修服务等。如图 3-50 所示，以下几项尽量都勾选，可提升搜索权重。

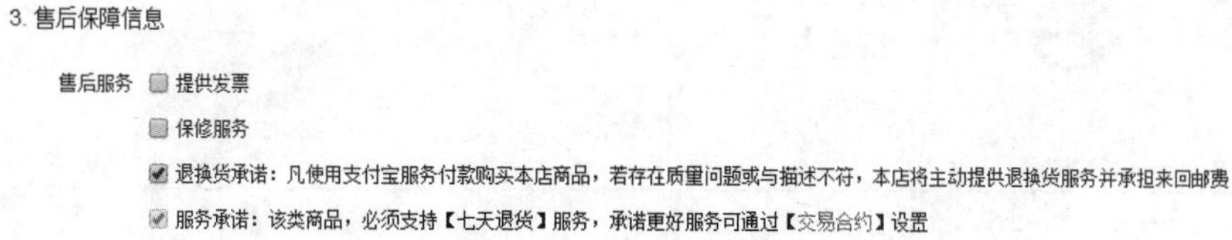
3. 售后保障信息
售后服务 提供发票
保修服务
退换货承诺：凡使用支付宝服务付款购买本店商品，若存在质量问题或与描述不符，本店将主动提供退换货服务并承担来回邮费
服务承诺：该类商品，必须支持【七天退货】服务，承诺更好服务可通过【交易合约】设置

图 3-50　淘宝“售后保障信息”设置界面

16）宝贝其他信息

（1）库存计数分为买家拍下减库存和买家付款减库存两种。买家拍下减库存是指只要提交订单后不付款库存就会减少。买家付款减库存是指只有买家付款了之后库存才会减少，此选项可以减少库存误差。

（2）上架时间分为立即上架、定时上架和放入仓库三种。立刻上架是指当编辑完宝贝信息内容，点击发布宝贝就会立刻上架展示。定时上架是指当提交发布宝贝后不会立刻上架展示，在设定的时间才会上架显示。放入仓库是指当发布宝贝后直接会放入仓库，后期需在“仓库中的宝贝”手动上架。

（3）橱窗推荐，只要有橱窗位就选择“是”，将所有橱窗位全部使用，如图 3-51 所示。

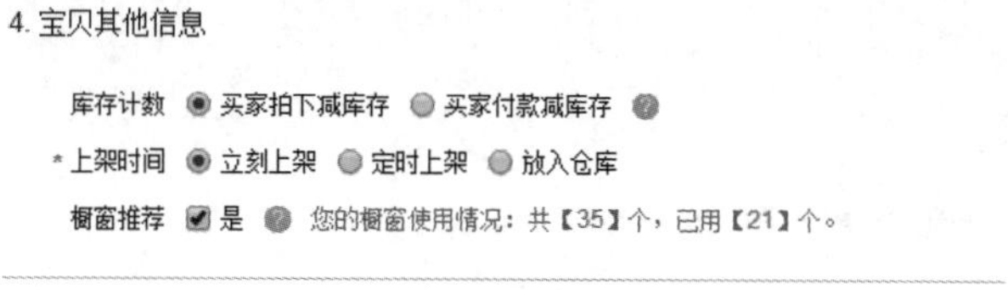
4. 宝贝其他信息
库存计数 买家拍下减库存 买家付款减库存
* 上架时间 立刻上架 定时上架 放入仓库
橱窗推荐 是 您的橱窗使用情况：共【35】个，已用【21】个。

图 3-51　淘宝“宝贝其他信息”设置界面

17）发布宝贝及注意事项

（1）发布宝贝一定要选择正确的类目，类目错了一切都错了。

（2）最好不要使用淘宝助理批量上传宝贝，应分不同时间段使用手动逐一上传。

（3）把握宝贝上下架时间，按照上下架时间来上传宝贝。

（4）新品上架之后淘宝有 14 天的新品加权扶持，把握新品加权机会快速提升权重。

（5）没有准备好的宝贝，上架时直接放入仓库，准备好之后再上架。

（6）如果一键代发的详情图不够规范，整理规范后上传，后期不可频繁更换详情图。

## 3.4.2 橱窗推荐设置与巧妙运用

进入“卖家中心”，选择“宝贝管理”，单击“橱窗推荐”进入如图 3-52 所示页面。淘宝橱窗推荐数量是动态的，取决于店铺宝贝的数量以及销量，因此一定要合理化利用。

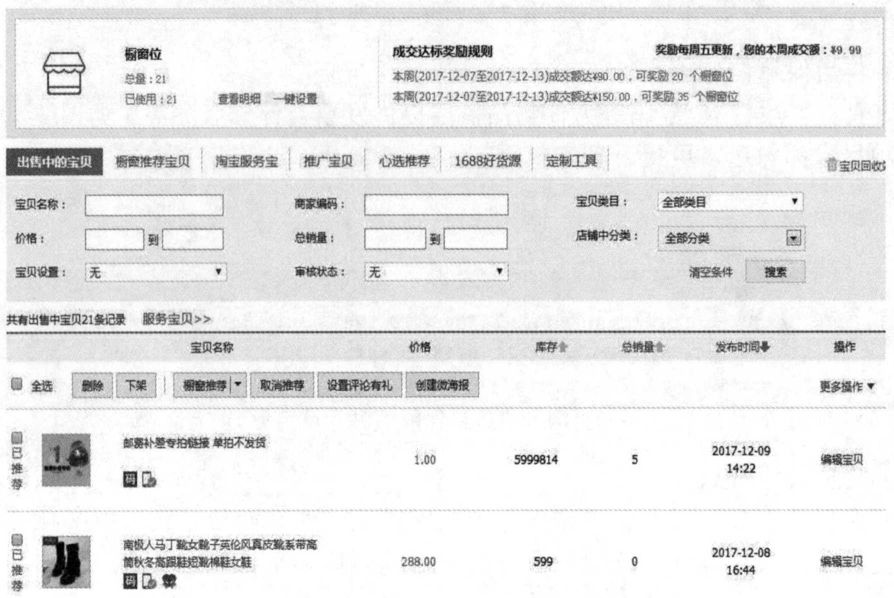


图 3-52 淘宝宝贝“橱窗推荐”设置页面

2016 年淘宝官方新推出“精品橱窗”，如图 3-53 所示，当满足以下准入条件后，精品橱窗就会显示。

**精品橱窗明细**

| 准入条件 | 您的状态 |
| --- | --- |
| A类扣分<12，且无虚假交易 | 符合 |
| 近1年无B类扣分 | 符合 |
| 近1年无C类扣分 | 符合 |
| 卖家信用等级>=1颗钻 | 符合 |
| 卖家主营类目为精品橱窗测试类目,当前主营类目为女装/女士精品 | 符合 |
| 卖家为受邀测试卖家 | 符合 |

| 规则内容 | 您的状态 | 奖励数目 |
| --- | --- | --- |
| 企业店铺奖励1个精品橱窗 | 符合 | 1 |
| 金牌卖家奖励2个精品橱窗 | 不符合 查看规则 | 0 |
| 中国质造卖家奖励3个精品橱窗 | 不符合 查看规则 | 0 |
| 上周成交金额达到目标奖励10个精品橱窗 | 不符合 | 0 |

确定

图 3-53 淘宝宝贝“精品橱窗明细”

# 3.5 淘宝卖家中心店铺管理

店铺管理主要功能包含查看淘宝店铺、宝贝分类管理、视频管理中心、店铺装修、图片空间、手机淘宝店铺等。

## 3.5.1 店铺宝贝分类管理

宝贝分类管理是指将全店宝贝根据宝贝属性进行分类，方便买家搜索。可根据活动、季节、价格、风格、款式、年龄等进行分类，每个主分类下都可建二级分类，分得越细越好，且分类必须包含行业关键词。宝贝分类会在店铺首页显示。

### 1．如何建立宝贝管理

进入“卖家中心”，选择“店铺管理”，单击“宝贝管理”按钮进入宝贝管理界面，如图 3-54 所示。

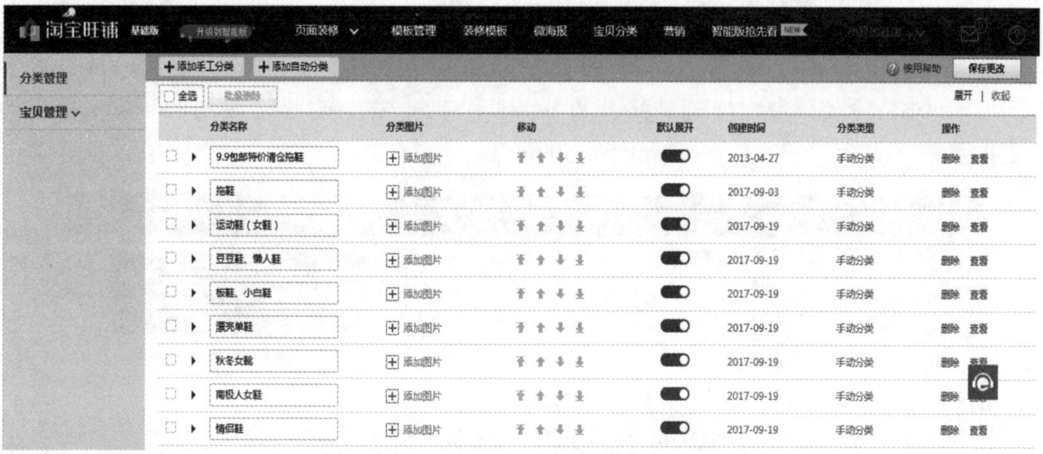

图 3-54　淘宝“宝贝管理”设置页面

### 2．建立宝贝分类注意事项

（1）每个分类必须含有核心关键词，比如韩版连衣裙、欧根纱连衣裙、潮流 T 恤等。

（2）分类越细越好，有助于全店搜索加权。

（3）可以按照价格进行分类，如 9.9 包邮、29 元特价专区等。

（4）可以按照活动进行分类，如优惠券专区、聚划算专区等。

（5）分类按其主次程度依次排序。

## 3.5.2 视频管理中心

所有通过本地上传的主图视频以及宝贝视频都可以在视频管理中心查看，分 PC 视频和无线视频，无线视频需要订购，如图 3-55 所示。

图 3-55　淘宝宝贝视频管理中心界面

## 3.5.3　淘宝 PC 端和手机端店铺装修

进入“卖家中心”，选择“店铺管理”，单击“店铺装修”进入手机端店铺装修界面，如图 3-56 所示。淘宝店铺装修分为 PC 端和手机端。PC 端流量极少，90%以上流量来自手机端，因此应将手机端装修作为重点。

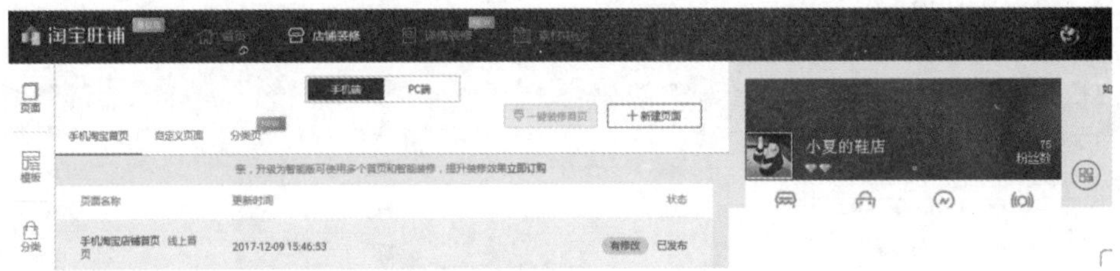


图 3-56　淘宝 PC 端和手机端装修入口

### 1. 淘宝 PC 端店铺装修

PC 端店铺装修模块有 190、750、950 和 1920 四种，如图 3-57 所示。如要实现 1920 的宽屏模块，必须购买智能版。

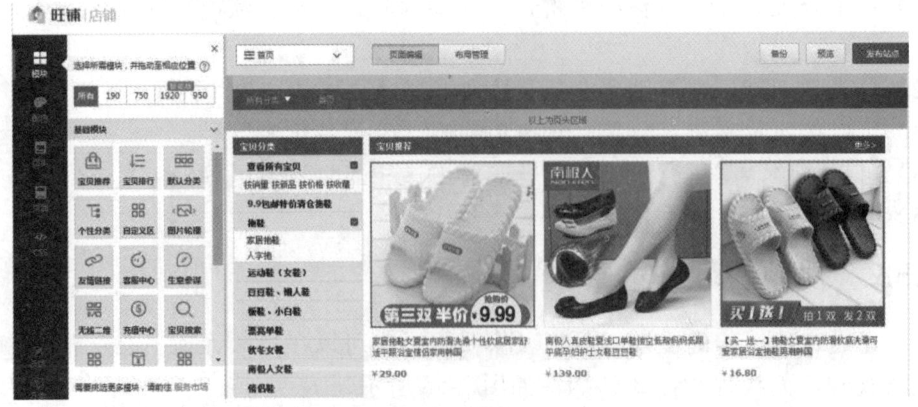


图 3-57　PC 端装修界面

### 2．使用模板装修淘宝 PC 端店铺

进入“店铺装修”，选择“模板”，单击“装修市场”按钮进入 PC 端店铺装修界面，选择“PC 店铺模板”。根据行业分类选择适合自己店铺的模板风格。模板需要购买，如图 3-58 所示。

图 3-58 “PC 店铺模板”界面

### 3．淘宝手机端店铺装修

进入“店铺装修”页面单击选择“手机端”按钮，如图 3-59 所示，智能版需要购买。装修完毕后单击“发布”按钮。

图 3-59　手机端装修界面

### 4．使用模板装修淘宝手机端店铺

进入“店铺装修”，选择“模板”，单击“装修市场”按钮，选择“无线店铺模板”，根据行业分类选择适合自己店铺的模板风格。模板需要购买，如图 3-60 所示。

图 3-60 “无线店铺模板”界面

## 3.6 淘宝卖家中心之营销中心

营销中心是淘宝运营的核心功能之一，营销中心的主要功能包含生意参谋、我要推广、活动报名、淘金币等。通过营销中心相关功能及营销渠道可以获取更多流量入口，同时可对所有的运营营销数据进行分析。

### 3.6.1 淘宝营销中心之生意参谋

生意参谋是淘宝运营和营销必不可少的数据分析工具，所有的数据都可以通过生意参谋来查询和分析，如图 3-61 所示。淘宝运营不做数据分析犹如盲人摸象，数据分析主要针对当前营销状况进行分析，找出当前存在的问题。

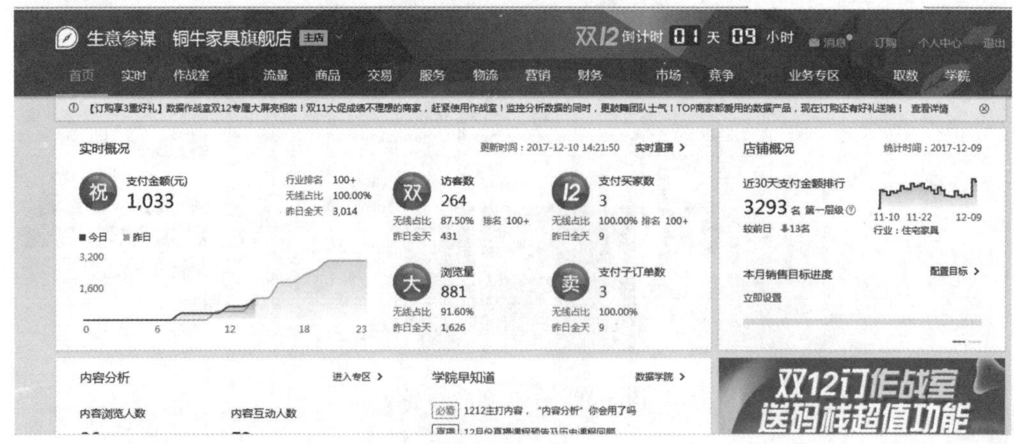


图 3-61 “生意参谋”界面

1．生意参谋功能订购

进入“卖家中心”，选择“营销中心”，单击“生意参谋”进入生意参谋“产品订购”界面，如图 3-62 所示。生意参谋标准版是免费的，其他的功能都需收费。新店建议开始先只订购“市场行情标准版”。店铺信用等级上“1 钻”之后，订购“流量纵横”，店铺信用达到“2 钻”之后开始订购“竞争情报”，信用达到“1 冠”（蓝冠）以上，订购“数据作战室”。

图 3-62 生意参谋“产品订购”界面

### 2. 生意参谋标准版的使用

生意参谋标准版主要功能有实时概况（访客数、浏览量、支付金额、支付子订单数、支付买家数）、整体看板（支付转化率、客单价、退款金额、直通车消耗、加购人数/件数、淘宝客佣金、老买家数/金额、支付件数等）、日/周/月数据、同行数据、流量来源、跳失率、人均浏览量、平均停留时间、访问排行、评价看板、竞争情报、行业排行等。

1）实时概况

在实时概况界面可以实时查看店铺的浏览量、访问量、支付金额、支付买家数、支付订单数等。如图 3-63 所示。可分别查看 PC 端数据和无线端数据。

图 3-63 “实时概况”界面示例

由图 3-63 可以看出当天 87.12%的流量来自无线端，3 个订单均由无线端产生。浏览量是访问量的 3 倍多，说明店内引导推荐做得不错。

2）整体看板

如图 3-64 所示为整体看板的界面示例，从图中可以看出，访客量、支付金额、客单价等数据比上周及去年同期有所上升，但是上升幅度都不是很大。退款金额最近一周大幅度上升，这时应分析总结退货退款的原因，是宝贝质量问题还是物流运输损坏问题，尽快拿出解决方案，降低退货、退款率。直通车相关数据必须通过直通车账户详细分析和调整。从图中还可以看出淘宝客佣金有所下滑，应加强淘宝客的推广。支付转化率与上周及去年同期相比下滑约 5%，分析转化率下降原因。

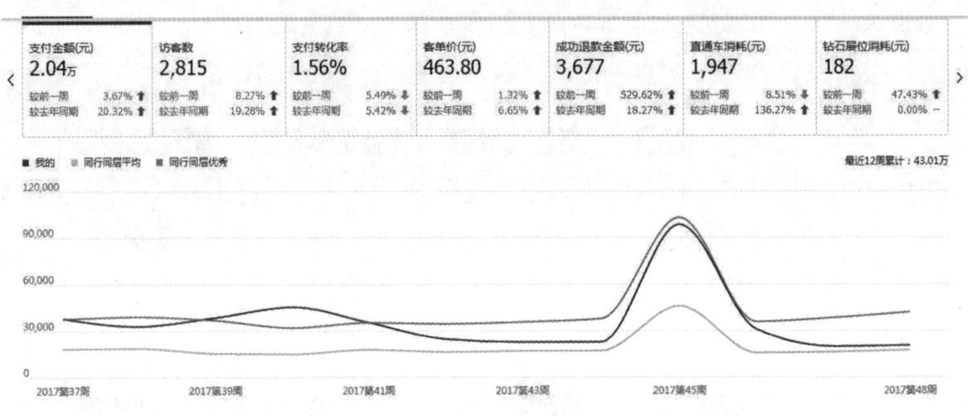


图 3-64　整体看板界面示例 1

如图 3-65 所示为整体看板界面的另一示例，从图中数据可以看出，加购人数有 220 人，可以通过购物车营销激励方式促使成交。且通过数据看出老买家数量较少，可以策划一下老买家营销活动，带动老买家复购。

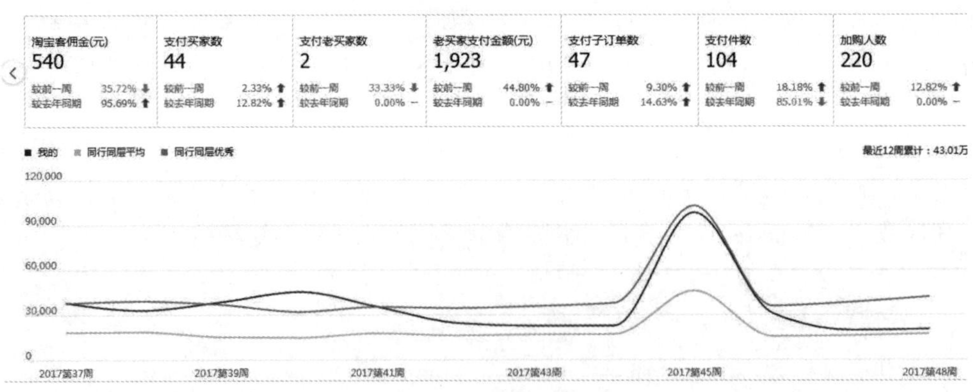


图 3-65　整体看板界面示例 2

3）流量看板

如图 3-66 所示为流量看板界面示例，从图中可以看出此店跳失率较高，停留时间短，深度反映出宝贝详情需要优化提升。本店手机搜索的自然流量正常、可提升空间

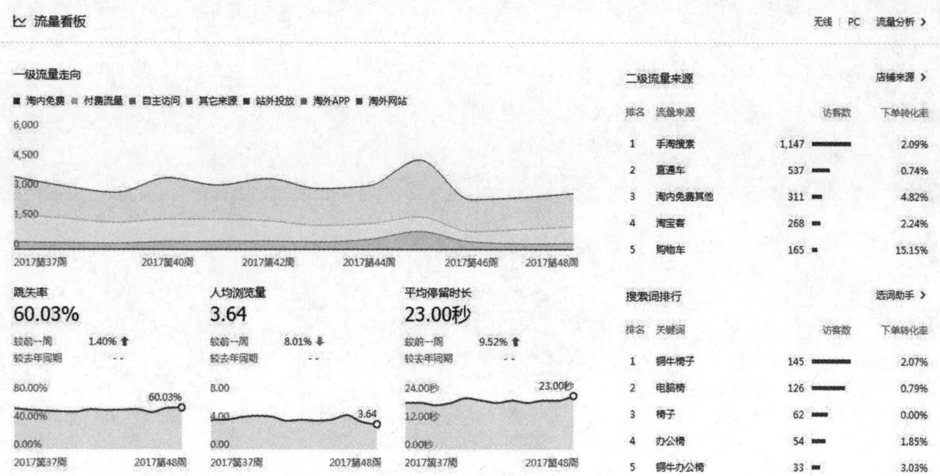


图 3-66 流量看板界面示例

较大。

通过分析搜词排行榜可得出铜牛椅子、电脑椅访问量比较高，但电脑椅的下单转化率很低，说明本词和实际宝贝功能价值相符度低，并非买家所需，因此可在本宝贝详情页多添加几款电脑椅，以此来提升下单支付率。

4）竞争情报

如图 3-67 所示为竞争情报界面示例，从图中可以看出最近一周流失金额 4630 元，流失人数 6 人，可通过竞争情报追寻买家最终下单店铺及宝贝，分析对比弥补自己宝贝的不足。

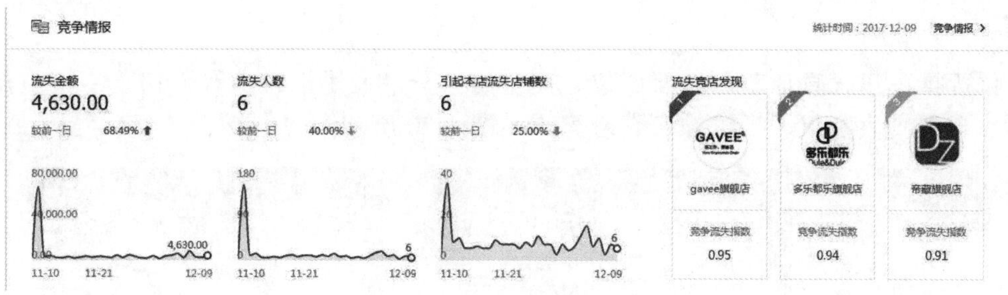


图 3-67 竞争情报界面示例

5）行业排行

行业排行界面如图 3-68 所示，从此界面可以查看当前本类目同行做的好的店铺和宝贝、分析选款及市场发展趋势，可以参考对自身店铺进行合理调整。

## 3.6.2 淘宝营销中心之我要推广

进入“卖家中心”，选择“营销中心”单击“我要推广”可以进入推广界面。我要推广界面包含淘宝高人气的所有大型活动、付费推广、营销工具等。

行业排行　　主营类目：住宅家具　　统计周期：2017-12-03 至 2017-12-09　　市场行情 >

| 店铺 | | | 商品 | | | 搜索词 | | |
|---|---|---|---|---|---|---|---|---|
| 排名 | 店铺 | 交易指数 | 排名 | 商品 | 支付子订单数 | 排名 | 搜索词 | 搜索人气 |
| 1 | 林氏木业家具旗舰店 | 778,656 | 1 | 鞋架简易多层家用防尘组装经济型宿舍寝室小 | 23,742 | 1 | 床 | 177,622 |
| 2 | 双麟家居 | 701,833 | 2 | 简易多层鞋架家用经济型宿舍寝室防尘收纳鞋 | 20,873 | 2 | 沙发 | 168,588 |
| 3 | 拉菲曼尼旗舰店 | 527,636 | 3 | 鞋架多层简易家用经济型防尘组装宿舍寝室小 | 19,299 | 3 | 衣柜 | 137,015 |
| 4 | 全友家居官方旗舰店 | 439,030 | 4 | 简易衣柜布艺布衣柜钢管钢架单人衣橱组装双 | 16,497 | 4 | 床垫 | 122,879 |
| 5 | 南台旗舰店 | 432,812 | 5 | 简约家用卧室经济型衣服架子落地挂衣架简易 | 13,815 | 5 | 鞋柜 | 117,848 |

图 3-68　行业排行界面示例

## 1．淘宝大型活动

淘宝活动包含无线手淘活动、聚划算、天天特价、淘金币、试用中心等，如图 3-69 所示。

图 3-69　淘宝大型活动

## 2．付费推广

付费推广包含直通车、钻石展位、淘宝客、分享、手淘推广等入口、手淘资源位宝贝、自然搜索加权、手机排名靠前等，如图 3-70 所示。

图 3-70　付费推广界面

## 3．营销工具

淘宝营销工具是指实现营销的相关软件工具。营销工具包含基础促销工具、活动工具、人群营销、工具推荐专区等，如图 3-71 所示。

图 3-71　营销工具

## 3.7　如何玩转淘宝客及策略布局

自 2009 年 1 月 12 日起，淘客正式更名为淘宝客。淘宝客是指帮助淘宝卖家推广宝贝赚取佣金的人，淘宝客只要获取淘宝宝贝的推广链接，让买家通过推广链接进入淘宝店铺购买宝贝并确认付款，就能赚取由卖家支付的佣金，无须投入成本，无须承担风险。如图 3-72 所示，当卖家通过淘宝联盟发布佣金宝贝之后，淘宝客通过推广给买家产生交易后，淘宝客获得佣金，卖家获得销量和利润。

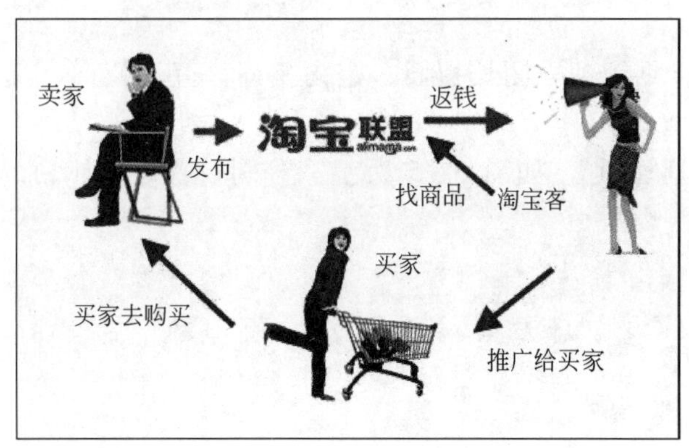


图 3-72　淘宝客工作原理

### 3.7.1　淘宝客后台入口

进入“卖家中心”，选择“营销中心”，单击“我要推广”，找到“淘宝客”单击即可进入淘宝客后台，如图 3-73 所示。

### 3.7.2　淘宝客后台设置

如图 3-74 所示，淘宝客主要包含推广管理、效果报表、账户三项内容，每一项内容的营销技巧和策略都有所不同。

图 3-73　淘宝客后台入口

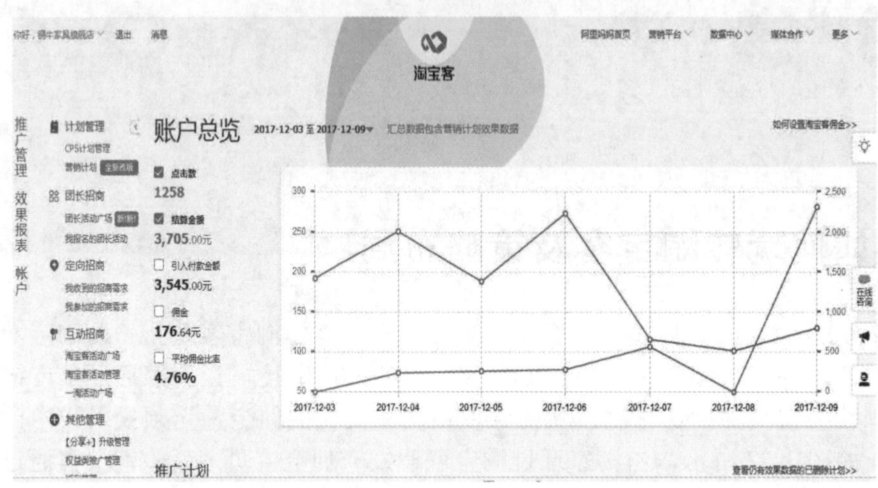


图 3-74　淘宝客后台设置界面

推广管理包含计划管理、团长招商、定向招商、互动招商、其他管理等。接下来重点介绍 CPS 计划管理。

打开“CPS 计划管理”，如图 3-75 所示。分别设置通用计划、活动计划、如意投计划、定向计划。

推广计划　　查看仍有效果数据的已删除计划>

自定义字段　下载

| 状态 | 计划名称 | 产品类型 | 结算佣金 | 结算金额 | 平均佣金比率 | 点击数 | 引入付款笔数 | 引入付款金额 | 点击转化率 | 操作 |
|---|---|---|---|---|---|---|---|---|---|---|
|  | 通用 通用计划 | 淘宝客 | 155.12 | 3,436.00 | 4.51% | 946 | 5 | 1,796.00 | 0.52% |  |
|  | 活动 活动计划 | 淘宝客 | 0.00 | 0.00 | 0.00% | 0 | 0 | 0.00 | 0.00% |  |
|  | 如意投 如意投计划 | 如意投 | 21.52 | 269.00 | 8.00% | 216 | 0 | 0.00 | 0.00% |  |
|  | 定向 定向计划 | 淘宝客 | 0.00 | 0.00 | 0.00% | 96 | 5 | 1,749.00 | 5.20% | 查看 |

图 3-75　CPS 计划管理界面

### 1．通用计划

淘宝客“通用计划”是开通淘宝客推广后默认开启的计划，主要用来方便淘宝客及时获取推广链接帮助卖家推广，所有的淘宝客都可以推广。在通用计划中可以设置全店宝贝佣金比例，也可以针对某些宝贝单独设置佣金比例。单独设置的宝贝按照单独设置的佣金比例计算佣金，没有单独设置的宝贝按照类目下所设置的佣金比例计算。

通用计划开启后，是无法暂停和关闭的，如图 3-76 所示的通用计划，佣金比例为 3%～90%，可根据宝贝利润及运营阶段来适当地调整佣金比例。

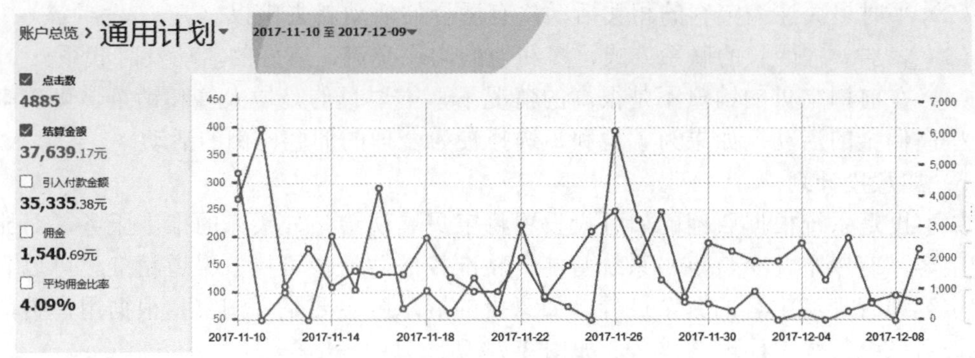


图 3-76 “通用计划”界面示例

### 2. 通用计划设置技巧及注意事项

（1）类目佣金不要设置太高，根据自己的宝贝利润来定，淘宝客成交的单不计入搜索权重，但可以提升宝贝人气、销量、评价等，间接提升宝贝转化。

（2）尽量把宝贝都选择上，淘宝客主推宝贝的佣金设置高一点，其他宝贝（利润大，有自然成交的款或者淘宝上卖得好的款）设置低一点。

（3）宝贝不多的情况下，不需要批量设置佣金，可以单独去设置。

（4）至少找出 3 款宝贝作为淘宝客主推。

（5）其他款最低设置 5%～10%佣金。

（6）主图也需要做好，不要顺便拿一张图，不然淘宝客也很难去给推广。

### 3. 活动计划

活动计划是由各淘宝客自行举办的促销活动，如团长招商、互动招商等招商活动，只要达到活动的相关要求，即可报名参加，活动整体效果较理想。但凡活动效果明显的淘宝客，一般报名要求会相对高，如对宝贝月销量、佣金要求相对高。如图 3-77 所示，佣金必须大于等于活动要求佣金比例。

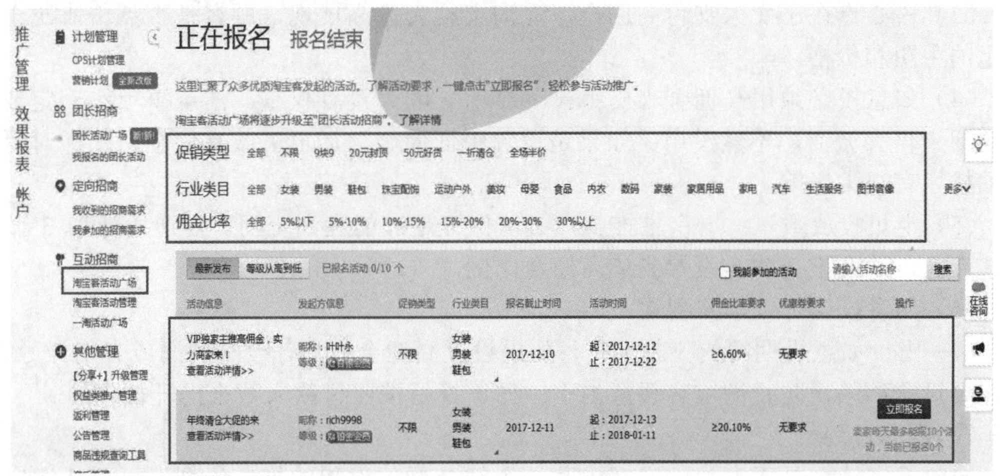


图 3-77 活动计划界面

4．活动计划技巧及注意事项

（1）活动计划大多数都有一定的门槛，需提前准备。

（2）平时多关注淘宝客的相关活动，有适合的活动就去申报。

（3）多加一些团长的联系方式，多和他们沟通交流，有好的活动及时联系。

（4）在前期宝贝的销量不是很高的情况下，主要目的是做人气和销量，可以多参加一些高佣金的活动。如果为了盈利，选择较为合理的佣金比例的活动。

5．如意投计划

如意投是系统根据店铺的如意投设置将宝贝展现给站外买家的推广服务，对比传统淘宝客，有以下几个特点：系统智能、精准投放、流量可控、渠道精准。可以省去找淘宝客和管理淘宝客的繁杂过程。如意投的展示区主要是爱淘宝。根据用户搜的关键词，由系统具体定展现的排名，如图 3-78 所示。

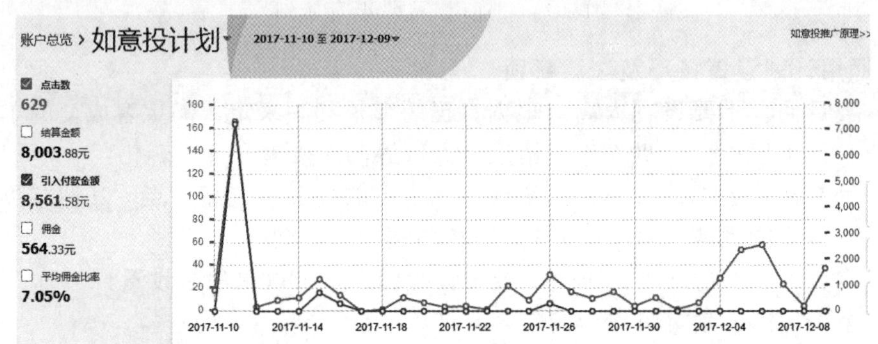


图 3-78 “如意投计划”界面

6．如意投计划解读

（1）如意投是淘宝官方的一个推广平台，所推的宝贝上爱淘宝平台，每天大概有 1800W 访客量。

（2）开通如意淘之后，只有买家在爱淘宝上搜索本店铺宝贝并且购买才会产生佣金。

（3）核心点在于卖家支付高佣金，爱淘宝给卖家高展现。顾客是否点击取决于卖家定的主图和价格。

（4）如意投必须用高佣金来支撑排名靠前，因为没有权重。注意事项：一定要设置高佣金再去激活，不然没用。如果是设置了低佣金激活再去改高佣金，那样对爱淘宝的排序有很大影响。

（5）宝贝投放数量：一个主推款，必须保证足够的利润空间。再通用计划 3 款里面选 2 款，总共推 3 款。设置到最高佣金比例。

（6）如意投也可以拿来测款。

（7）出价如意投期间的 3 款宝贝，如果设置高佣金之后，没有利润或者稍微亏损，一定要设置秒杀，防止淘宝客恶意拍下。如意投是按照付款人数来提升权重的。

7．定向计划

定向推广计划是卖家为淘宝客中某一个细分群体设置的推广计划，可以让淘宝客在阿里妈妈前台看到推广并吸引淘宝客参加，也可由卖家跟某些大型网站协商好不公开，以让卖家获取较大的流量，以及让淘宝客获取较高的佣金，如图 3-79 所示。

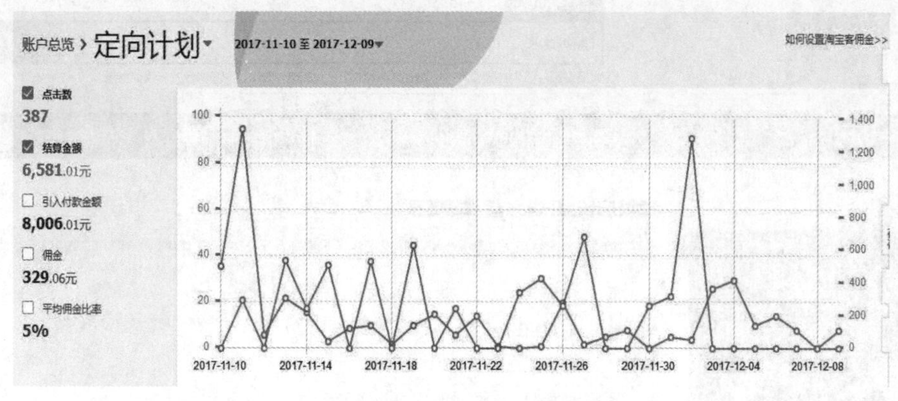


图 3-79 “定向计划”界面

## 3.8 超级店长营销工具专题讲解

超级店长工具经济实惠、功能强大、齐全，是淘宝新手卖家必备营销工具。常用功能主要包含引爆流量、促销转化、装修模板、提升效率、数据分析 5 大模块，如图 3-80 所示。

图 3-80 “超级店长”界面

### 3.8.1 如何订购超级店长

进入“卖家中心”→“我订购的应用”→“服务订购”→搜索“超级店长”→订

购“高级版/一年”，如图 3-81 所示。

图 3-81　超级店长订购界面

### 3.8.2　超级店长引爆流量

引爆流量模块上建议使用的功能有自动上下架、橱窗推荐、短信群发/催付提醒等，其余数据分析型功能使用生意参谋。

1．自动上下架功能

设置自动上下架的方式有手动设置和自动设置，手动设置必须确定好上下架时间之后，在指定的时间发布上架时间。自动设置可通过超级店长来批量设置上架时间。上下架时间设置可以为宝贝临时加权，如图 3-82 所示。

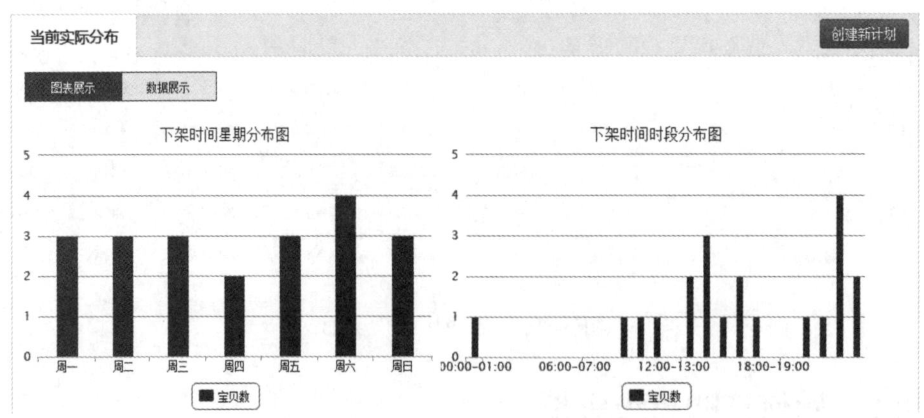


图 3-82　上下架时间分布示例

### 2．橱窗推荐功能

使用超级店长橱窗推荐可实现自动化、智能化推荐，可以设置必推宝贝、不推宝贝、计划中的宝贝等，如图 3-83 所示。核心主推宝贝设为必推计划，无意义的宝贝设置不推计划（如补差价），其余宝贝设置选择性计划，参加活动的宝贝设置临时推荐。

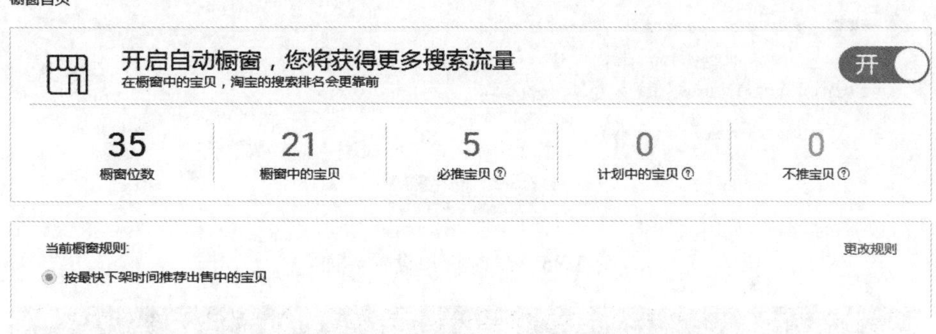


图 3-83　橱窗首页

### 3．短信群发/催付提醒功能

短信群发功能主要用于订单催付提醒、发货提醒、收货提醒、评价提醒、活动通知、老买家关怀问候等作用，如图 3-84 所示。

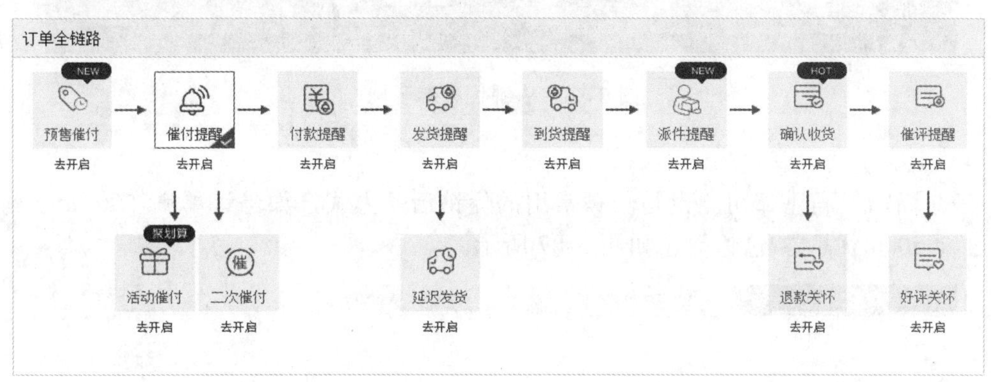


图 3-84　短信群发/催付提醒功能界面

1）促销转化

促销转化模块上建议使用的功能有限时折扣、店铺优惠券、满减满赠、促销水印、关注店铺有礼、满包邮。

2）限时折扣

限时折扣是针对宝贝在某一个时间段进行打折促销活动的营销手段，只能通过软件来实现，如图 3-85 所示。

3）店铺优惠券

店铺优惠券是针对全店宝贝进行发放优惠券的一种活动形式，可设置门槛，如满 100 元可使用 10 元优惠券等，如图 3-86 所示。

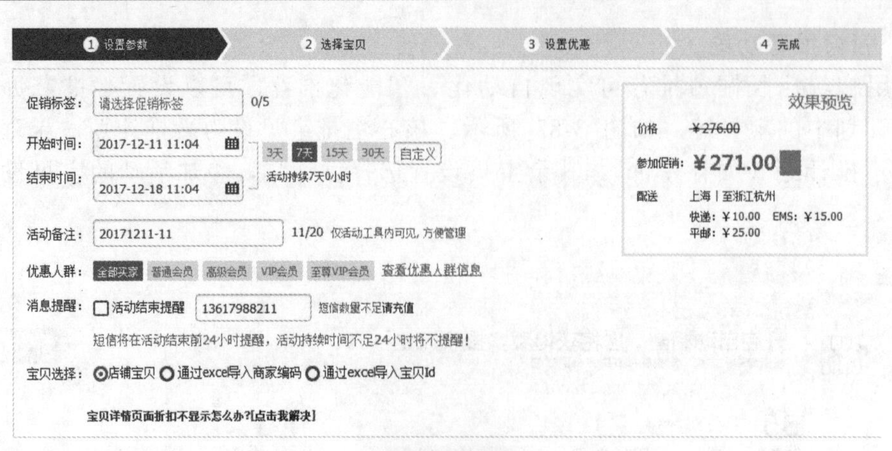


图 3-85　限时折扣设置界面

图 3-86　店铺优惠券示例

4）满减满赠、满包邮功能

满减满赠、满包邮功能也是一种常用的促销活动方式，如当订单满 500 元立刻减 50 元/赠 50 元优惠券/包邮等，如图 3-87 所示。

图 3-87　满减满赠、满包邮活动设置界面

5）关注店铺有礼、分享有礼

关注店铺有礼指当成功关注店铺后可获赠礼品，包含彩票、优惠券、流量包、支付宝红包、淘话费等。分享有礼指当成功分享一个买家后，即可获得以上礼品，如图 3-88 所示。

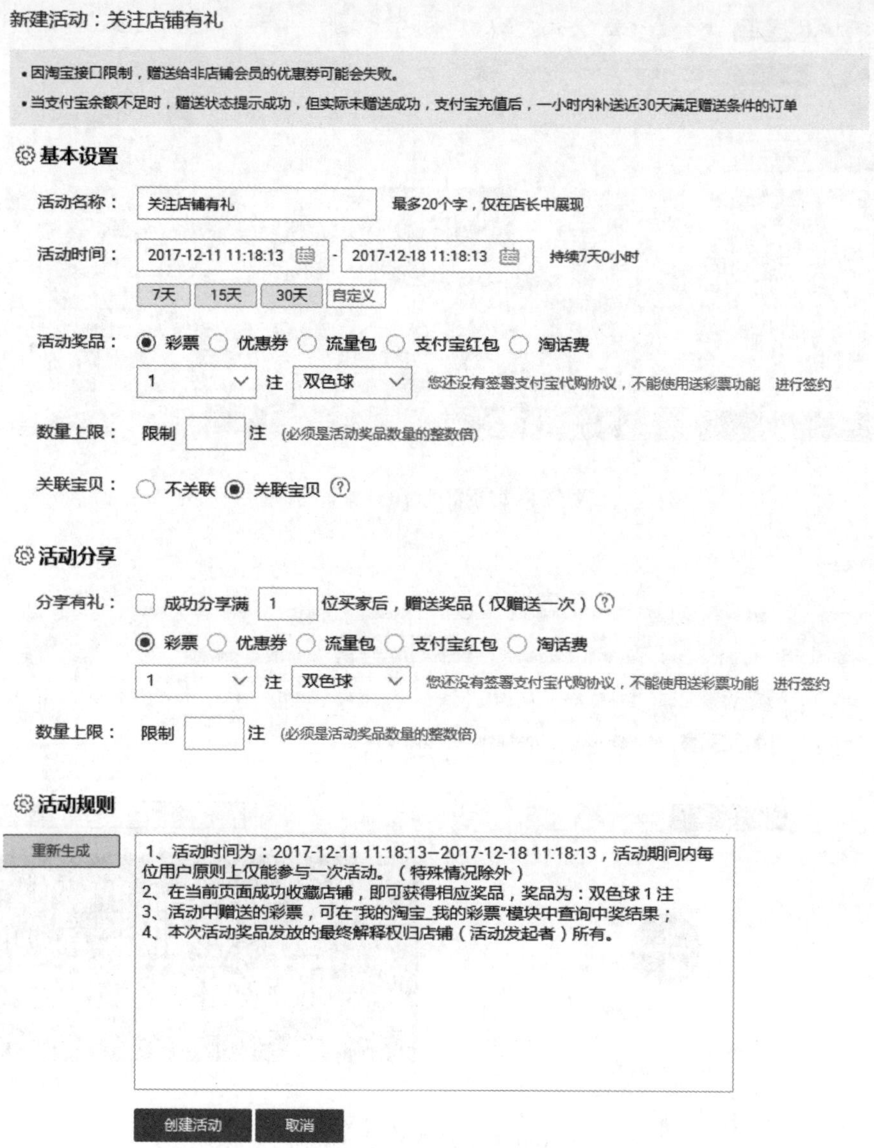

新建活动：关注店铺有礼

• 因淘宝接口限制，赠送给非店铺会员的优惠券可能会失败。
• 当支付宝余额不足时，赠送状态提示成功，但实际未赠送成功，支付宝充值后，一小时内补送近30天满足赠送条件的订单

基本设置

活动名称：关注店铺有礼　最多20个字，仅在店长中展现

活动时间：2017-12-11 11:18:13 - 2017-12-18 11:18:13　持续7天0小时

7天　15天　30天　自定义

活动奖品：◉ 彩票 ○ 优惠券 ○ 流量包 ○ 支付宝红包 ○ 淘话费

1 注 双色球　您还没有签署支付宝代购协议，不能使用送彩票功能　进行签约

数量上限：限制 注 (必须是活动奖品数量的整数倍)

关联宝贝：○ 不关联 ◉ 关联宝贝

活动分享

分享有礼：☐ 成功分享满 1 位买家后，赠送奖品（仅赠送一次）

◉ 彩票 ○ 优惠券 ○ 流量包 ○ 支付宝红包 ○ 淘话费

1 注 双色球　您还没有签署支付宝代购协议，不能使用送彩票功能　进行签约

数量上限：限制 注 (必须是活动奖品数量的整数倍)

活动规则

重新生成

1、活动时间为：2017-12-11 11:18:13–2017-12-18 11:18:13，活动期间内每位用户原则上仅能参与一次活动。（特殊情况除外）
2、在当前页面成功收藏店铺，即可获得相应奖品，奖品为：双色球 1 注
3、活动中赠送的彩票，可在"我的淘宝_我的彩票"模块中查询中奖结果；
4、本次活动奖品发放的最终解释权归店铺（活动发起者）所有。

创建活动　取消

图 3-88　关注店铺有礼、分享有礼活动设置界面

6）促销水印

如图 3-89 所示，可一键添加宝贝的活动促销水印，方便快捷。还可以根据不同的节日和活动性质选择不同的水印风格。

### 4．装修模块中的功能

装修模块中建议使用的功能有活动海报、宝贝推荐、主图视频、搭配套餐、客服

模板等。

1）活动海报

根据活动及节日需要一键生成海报，如图 3-90 所示，海报文案可编辑。

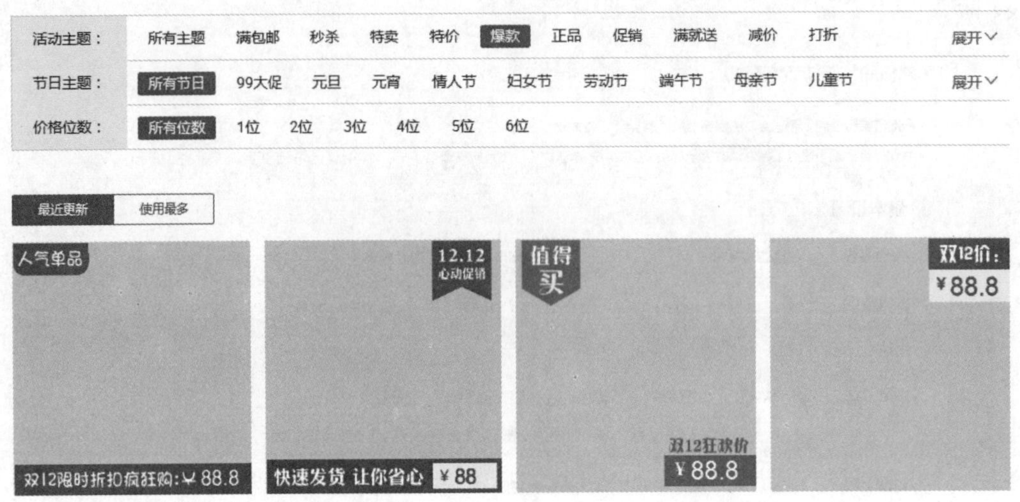


图 3-89　促销水印设置界面

图 3-90　活动海报设计界面

2）宝贝推荐

在宝贝详情页面可以一键推荐相关宝贝，提升宝贝转化率、降低跳失率，如图 3-91 所示。

3）主图视频

如图 3-92 所示，一键生成宝贝主图视频，时长不超过 9 秒，可配背景音乐和视频特效。

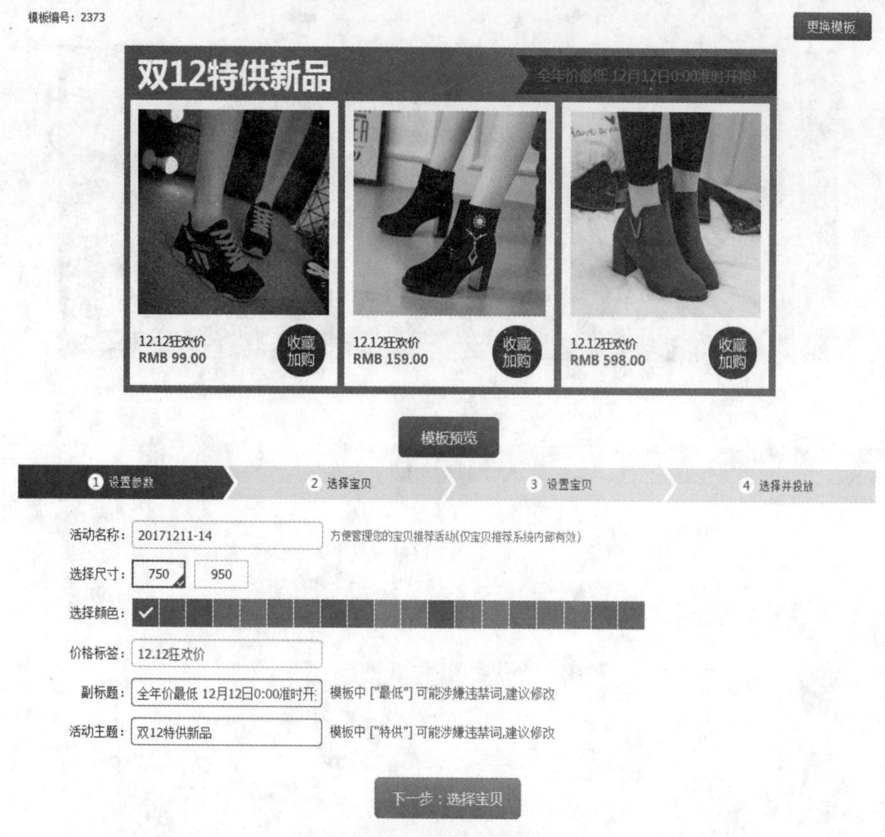


图 3-91 宝贝推荐设置界面

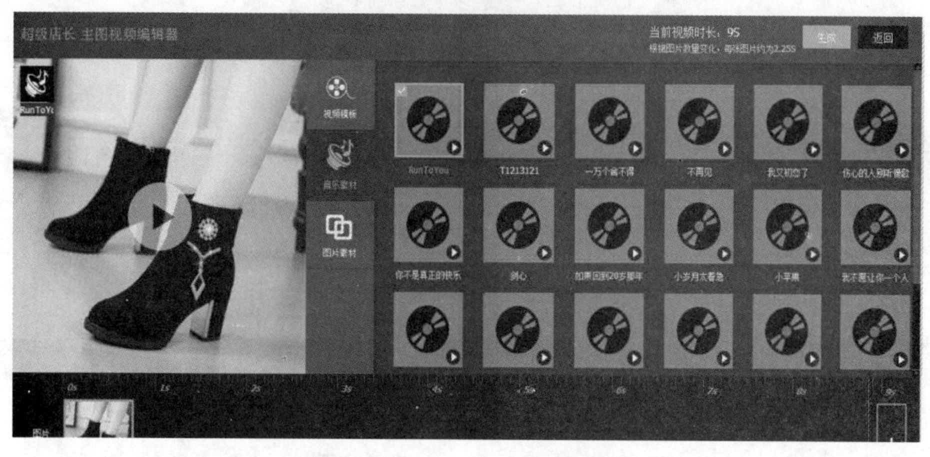


图 3-92 主图视频设置界面

4）搭配套餐

宝贝套餐组合促销界面如图 3-93 所示，可以适当提升宝贝客单价及销量。建议属性相近或互补的宝贝进行组合，如羽绒服+丝巾/围巾、长筒靴+打底裤。

5）客服模板

可以一键创建不同展示效果的客服模板，如图 3-94 所示。

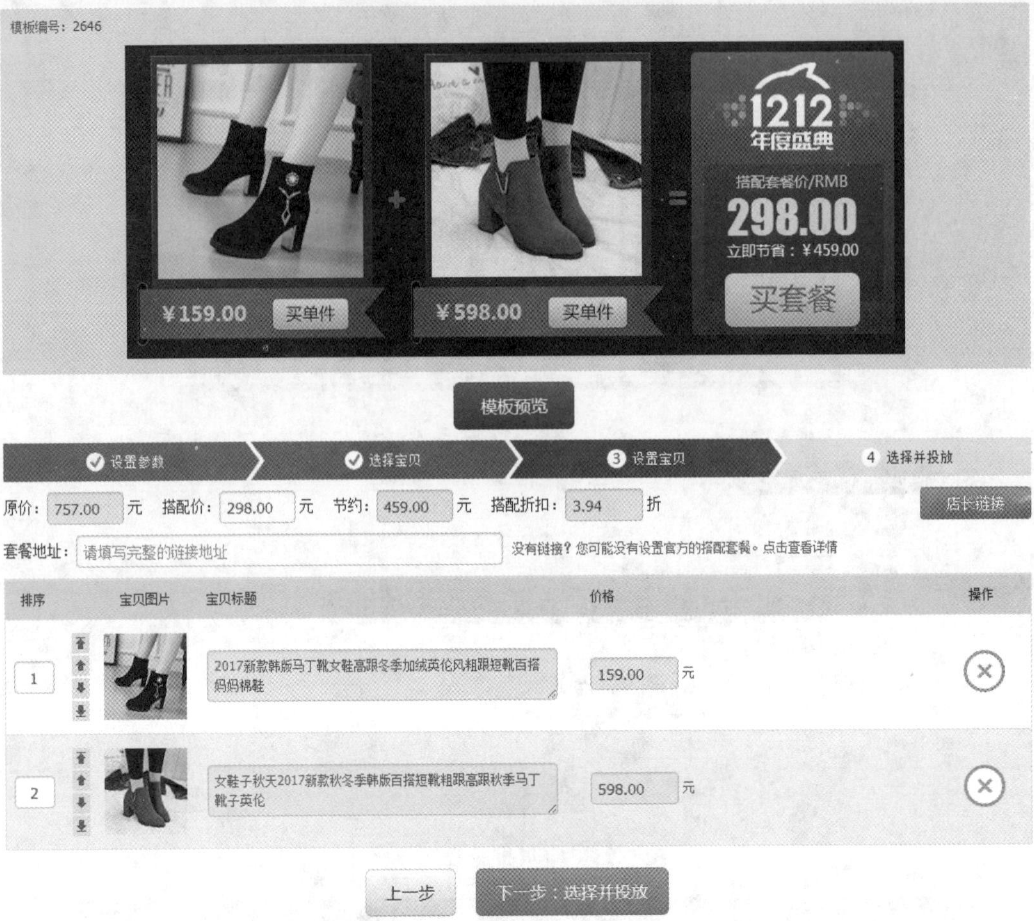

模板编号：2646

1212 年度盛典

搭配套餐价/RMB

298.00

立即节省：¥459.00

买套餐

¥159.00 买单件

¥598.00 买单件

模板预览

设置参数　选择宝贝　3 设置宝贝　4 选择并投放

原价：757.00 元　搭配价：298.00 元　节约：459.00 元　搭配折扣：3.94 折　店长链接

套餐地址：请填写完整的链接地址　没有链接？您可能没有设置官方的搭配套餐。点击查看详情

| 排序 | 宝贝图片 | 宝贝标题 | 价格 | 操作 |
| --- | --- | --- | --- | --- |
| 1 | | 2017新款韩版马丁靴女鞋高跟冬季加绒英伦风粗跟短靴百搭妈妈棉鞋 | 159.00 元 | |
| 2 | | 女鞋子秋天2017新款秋冬季韩版百搭短靴粗跟高跟秋季马丁靴子英伦 | 598.00 元 | |

上一步　下一步：选择并投放

图 3-93　宝贝组合促销设置界面

图 3-94　客服模板创建界面

# 第 4 章 打造淘宝宝贝黄金详情页面

淘宝宝贝详情是指描述宝贝卖点和信息的重要展示页面，也是买家了解和获取宝贝信息最直观、最有效的方式。淘宝详情页面设计布局极为重要，也是淘宝卖家运营淘宝的核心工作，宝贝详情页面设计的优劣直接影响宝贝转化率。

淘宝宝贝详情页面内容包含宝贝主图、宝贝属性、宝贝信息描述、售后保障及物流服务等。其设计和布局遵循整体化、统一化、专业化三大原则。

本章主要介绍打造宝贝黄金详情页面的技巧及布局策略，希望读者能够认真学习。

## 4.1 淘宝宝贝详情页面布局设计的三大原则

买家在购物时，除了客观因素之外，往往会凭借第一感觉来购物。宝贝的整个详情页面能否给买家留下深刻的印象，是打造宝贝详情页面的核心和关键，而并非随意在详情页面放置几张图片。这和房屋装修是同一个道理，讲究的是整体设计和布局。因此，装修宝贝详情页面必须遵循以下三大原则。

### 4.1.1 整体化

整体化是指需根据行业特点及产品属性，全面考虑宝贝自身特点、风格、视觉效果等各项因素，结合市场需求及消费群体综合考虑、整体化布局。比如，童装店铺宝贝详情页面装修应从童趣角度出发进行整体化设计与布局；如果是女装店则需按照市场人群范围、宝贝属性特点、年龄阶段等装修布局，职业女装整体应体现商业化、职场化的风格特点，学生装应体现阳光、青春、活力的特点。总之，整体化考虑设计和布局，目的是让客户眼前一亮，被其独特的风格布局和产品特点所吸引，这就是宝贝详情页面设计布局的“整体化”。

建议读者多参观欣赏一些大店整体装修布局风格，感受一下这些店铺的整体布局风格和魅力，例如 “良品铺子”“三只松鼠”等。

### 4.1.2 统一化

统一化是指店铺装修风格、特点、色调、内容等要保持整体统一性。所有连锁店装修追求统一化标准，给客户的感觉是每家店铺都是同样的设计和风格。

宝贝详情页面设计和布局同样需做到统一化，这样给人的感觉很整齐、很舒服，这就是宝贝详情页面设计布局的“统一化”。

图 4-1 和图 4-2 就是很好案例，图 4-1 统一在宝贝主图左上角放置宝贝品牌(logo)；图 4-2 统一在主图的下方设计了同样风格的活动文案，整体效果也很好。

又如，宝贝详情页第 1 张图是本宝贝横幅（banner），第 5 张图是卖点展示，第 10 张是细节展示，最后一张是包装展示。那么其他所有宝贝详情页面都必须按这样的设计和风格来布局。

图 4-1　主图左上角统一放置 logo

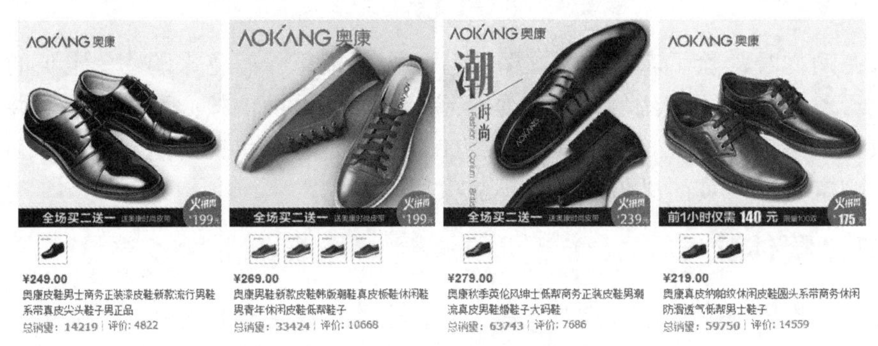


图 4-2　宝贝主图下方统一设计活动文案

### 4.1.3　专业化

专业化是指宝贝设计与布局时应做好每一个细小环节，体现店铺的综合实力及服务态度。如果随意拍图、设计和布局，买家会感觉本店不够专业、没有实力。再好的产品也需要专业化的表现形式来展示，给买家留下深刻的购物印象。

只有专业的设计才能赢得买家的信任和青睐。天猫店铺要比淘宝 C 店做得专业，这也是为什么大多数买家愿意选择天猫店铺的原因。只有专业化的设计和布局，客户才愿意长期光顾。专业是前提，服务是核心，卖家可以没有实力，但必须做到专业，从而彰显实力。下面是一个案例，图 4-3 给人第一感觉是很舒服、很整齐，同时也符合统一化的标准。

图 4-3　宝贝主图专业化设计效果

无论是店铺装修还是详情页装修，都应遵循以上三大原则，符合这三大原则才能算得上一个合格的店铺。否则，就是一个杂货小店，无法给客户留下深刻的购物印象，更难做大做强，形成品牌。

## 4.2　淘宝宝贝主图的优化技巧和点击率提升策略

当宝贝发布上线后，如果没有被买家看到或没有被点击，那么宝贝肯定不会被成交。宝贝主图是买家在搜索页面唯一能看到的宝贝图片，也是吸引买家点击的最大目标信息。因此，宝贝主图最核心的作用是吸引买家点击。

影响访问量的因素包括关键词、价格、销量、评价、信用、促销活动、店铺类型、展示位置等，其核心因素是宝贝主图，因为宝贝主图在众多因素中目标最大，视觉冲击感最强。

淘宝卖家多，商品多，竞争大，同质化严重，因此宝贝主图需精心设计才能脱颖而出。宝贝的主图优化做好了，宝贝点击率自然而然就提升了。点击率与访问量、曝光量的关系如下式：

点击率=访问量/展现量×100%

### 4.2.1　淘宝宝贝主图的优化

宝贝主图是买家访问宝贝的窗口，一张好的宝贝主图可以自然引流。如图 4-4 所示，第 1 张宝贝主图没有展示商品，而是一张美白效果图，使买家产生强烈的点击欲望。第 4 张图是一张效果对比图，文案具有吸引力，同样让买家产生强烈的点击欲望。相比而言，第 1 张图和第 4 张图要比第 2 张图和第 3 张图的点击率要高，所以建议读者在宝贝主图优化上多下功夫。

### 4.2.2　淘宝宝贝主图“牛皮癣”的判断标准

淘宝宝贝主图“牛皮癣”是指宝贝主图的设计效果不符合淘宝规则要求，严重影响了买家的浏览效果和购物体验。淘宝宝贝主图“牛皮癣”的判断标准如下。

（1）多个文字区域，大面积覆盖，干扰正常查看宝贝。

（2）文字区域在图片周围，虽然没大面积铺盖但颜色过于醒目，面积过大分散买家注意力。

图 4-4　淘宝宝贝主图的优化效果

（3）文字区域在图片中央，透明度低，面积大，颜色鲜艳，妨碍正常宝贝浏览。

（4）图片的四周或者两边与主图之间出现空白。

（5）多个图片拼接在一个主图中（情侣装、亲子装类目除外）。

（6）普通食品宣传保健或治疗功效，食品与保健品宣传治疗功效或非授权的保健品功效。

（7）宝贝主图使用杂志图、影视片截图等。

### 4.2.3　宝贝主图常见的 7 种牛皮癣

牛皮癣是指不符合淘宝规则要求的宝贝主图。天猫和淘宝 C 店对牛皮癣现象的限制各不相同，淘宝 C 店最常见的牛皮癣有 7 种，下文将会逐一介绍。

**1．文字区域大面积覆盖**

文字区域大面积覆盖，干扰买家正常查看宝贝的情形，如图 4-5 和图 4-6 所示。其中，图 4-5 文案占的篇幅较大（占比不能超过图片的 1/2），清晰度不高；图 4-6 文案没有意义且宝贝不突出。

图 4-5　文字面积过大

**2．文字遍布图片周边，颜色过于醒目**

文字区域遍布图片周边，颜色过于醒目分散注意力的情形如图 4-7 和图 4-8 所示。其中，图 4-7 的文案篇幅面积较大，颜色过于醒目；图 4-8 宝贝和背景的颜色接近且文字颜色过于醒目，干扰买家正常查看宝贝。

图 4-6　文字表达无意义

图 4-7　文字面积占比过大

图 4-8　文字颜色过于醒目

### 3. 文字放置图片中央，图片透明度低

文字放置于图片中央，透明度低妨碍宝贝视觉效果的情形如图 4-9 和图 4-10 所示。其中，图 4-9 文字覆盖了宝贝且面积过大；图 4-10 加了水印且透明度低不清晰，影响了买家对宝贝的正常浏览效果。

图 4-9　文字放置于图片中央

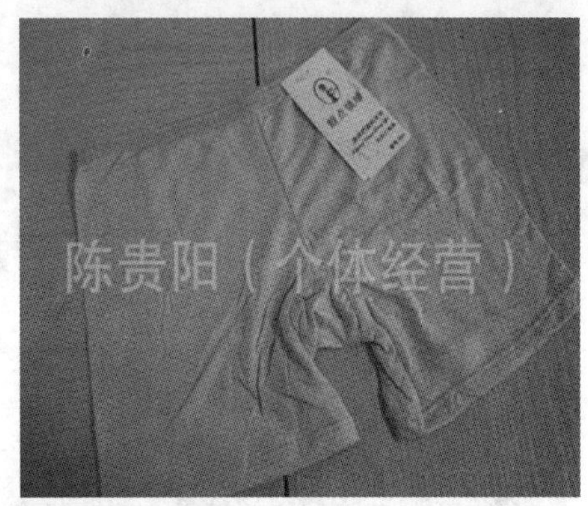


图 4-10　主图透明度较低

**4．图片周边空白**

图片四周或者两边与主图之间出现空白的情形，如图 4-11 和图 4-12 所示。不符合淘宝主图 700 像素×700 像素的规则要求。

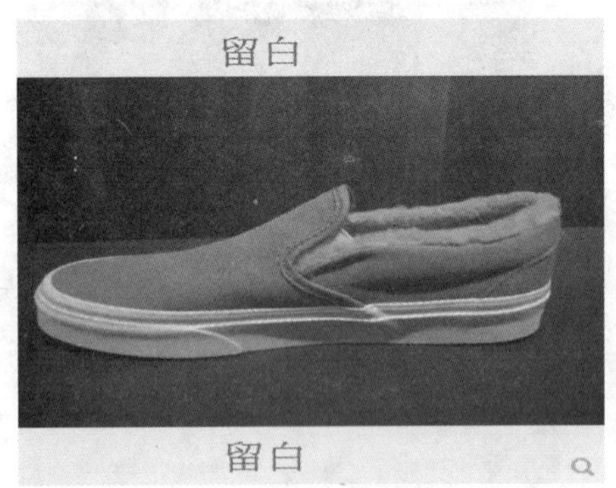

图 4-11　主图上下空白

**5．图片拼接**

多个图片拼接在一个宝贝主图中（情侣装、亲子装类目除外），如图 4-13 和图 4-14 所示，图片均为拼接现象，淘宝 C 店没有严格限制，但这种主图设计效果不佳。

图 4-12　主图左右空白

图 4-13　主图拼接案例

图 4-14　主图拼接案例

**6．夸大文字宣传**

夸大文字宣传的情形如图 4-15 和图 4-16 所示，普通食品宣传保健或治疗功效，干扰和误导买家判断。

**7．非实物图**

杂志图、影视片截图等作为宝贝主图的情形，如图 4-17 和图 4-18 所示。图 4-17 使用杂志封面截图作为宝贝主图，图 4-18 使用影视片截图作为宝贝主图。

图 4-15　夸大普洱茶降血压功效示例

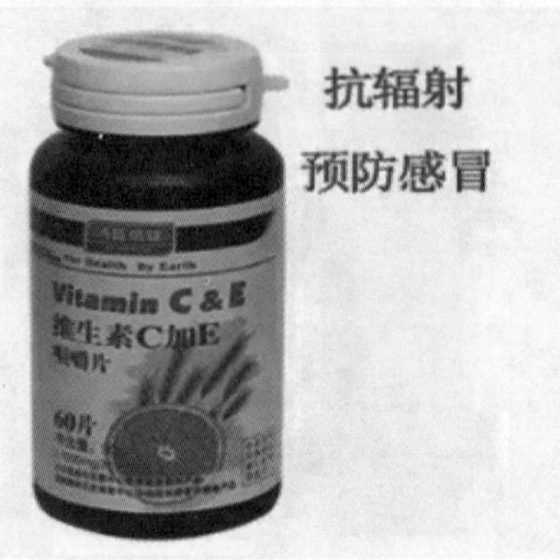


图 4-16　夸大维生素抗辐射、预防感冒功效示例

图 4-17　杂志背景作为主图

图 4-18　影视截图作为主图

上述 7 种宝贝主图设计均属于“牛皮癣”现象，不仅视觉效果差，影响买家购物体验，而且会被淘宝官方进行宝贝降权或下架处理。

### 4.2.4　设计宝贝主图的 5 个参考标准

淘宝卖家如何设计高质量的宝贝主图？这里建议读者参考以下 5 个设计宝贝主图标准，以此提升宝贝主图质量。

**1．背景干净**

干净的宝贝主图能够衬托出宝贝卖点和整体的美观度，如果背景不干净或不协调，会影响宝贝的展示效果。

**2．图片清晰**

宝贝主图清晰是最基本设计要求，如果宝贝主图清晰度很低，会影响买家的浏览体验。

**3．促销信息**

淘宝宝贝促销活动是买家最关注的信息，大多数买家会选择购买活动商品，淘宝卖家需在主图上体现活动信息，吸引买家点击。

**4．卖点文案**

卖点文案是宝贝主图的画龙点睛之举，宝贝主图卖点文案有助于买家获取有效信息。

5．红色边框

如图 4-19 所示，第 2 张宝贝主图设计了红色边框，有助于吸引买家目光。

图 4-19　红色边框设计效果

## 4.2.5　淘宝宝贝主图设计的 6 种常用方法

淘宝宝贝主图设计不仅要图片清晰、简洁、美观和大方，更重要的是能够抓住买家购物心理，突出宝贝卖点及优势，在众多的宝贝中脱颖而出，吸引买家点击访问。

1．突出卖点型

突出卖点型设计方法如图 4-20 和图 4-21 所示，这两张主图用文案的方式将宝贝的核心卖点展示给买家。图 4-20 主要体现宝贝保暖功能和羊毛材质；图 4-21 主要体现宝贝减肥效果及售后承诺，当买家看到“月瘦 20 斤，不瘦不收钱”时，买家愿意点击进入了解。

图 4-20　羊毛雪地靴卖点设计示例

图 4-21　瘦身减肥药卖点设计示例

2．情景渲染型

情景渲染型设计方法如图 4-22 和图 4-23 所示。图 4-22 宝贝文案体现打底裤加绒卖点信息，并使用场景渲染效果突出卖点；图 4-23 宝贝将棉鞋放在雪地里进行情景渲染，增强买家雪地实景体验感。

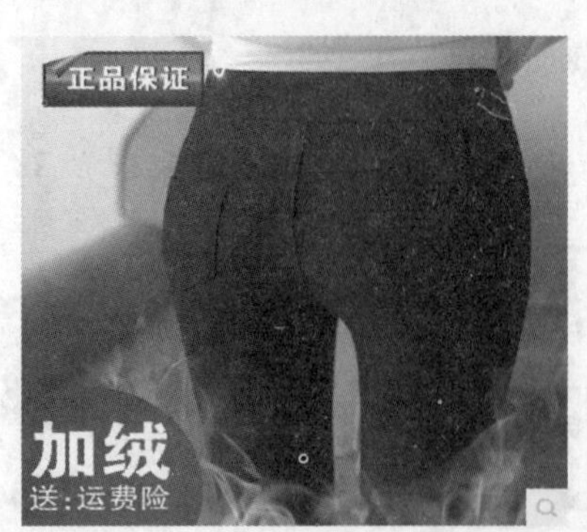


图 4-22　加绒裤情景渲染效果设计示例

图 4-23　雪地靴情景渲染效果设计示例

3．细节展示型

细节展示型的设计方法如图 4-24 和图 4-25 所示。卖家将宝贝细节通过画中画的形式巧妙展现出来，买家既可以看到整体效果，又可以看到局部细节，使买家产生点击欲望。

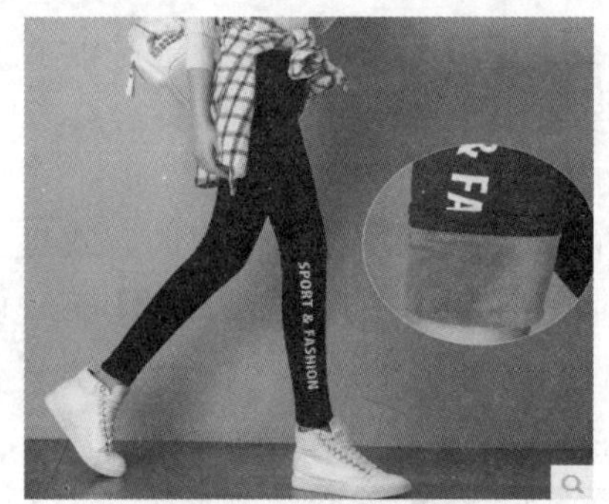


图 4-24　打底裤加绒细节展示设计示例

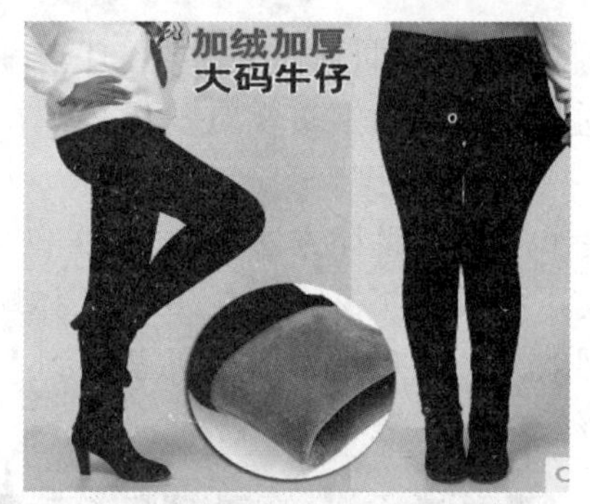


图 4-25　大码牛仔裤细节展示设计示例

4．活动促销型

活动促销型的设计方法如图 4-26 和图 4-27 所示。这两幅宝贝主图都是通过活动促销信息吸引买家点击。

图 4-26　拍下减 10 活动促销设计示例

图 4-27　买 3 送 1 活动促销设计示例

5．特效创意型

特效创意型的设计方法如图 4-28 和图 4-29 所示。图 4-28 大象坐在马桶上设计效果体现了马桶质量好；图 4-29 制作了一个透气喷雾效果，体现鞋子透气性好。

图 4-28　马桶质量好创意设计示例

图 4-29　运动鞋透气性好创意设计示例

6．效果对比型

效果对比型的设计方法如图 4-30 和图 4-31 所示。其中，图 4-30 是一款左旋肉碱减肥茶，图 4-31 是一款祛痘产品，将两者使用前和使用后的效果进行对比，容易抓住买家的需求“痛点”。

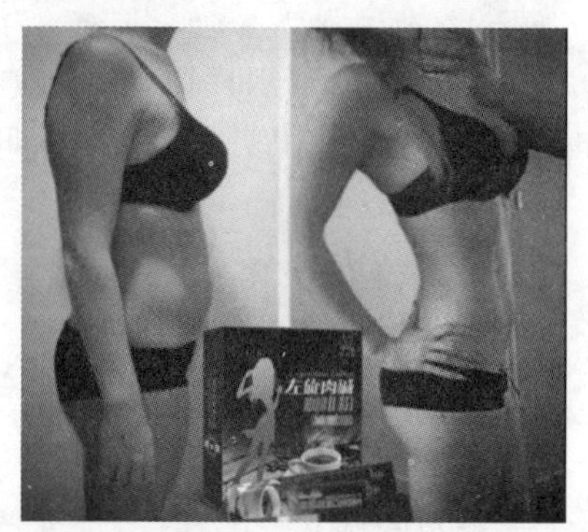

图 4-30　左旋肉碱茶瘦身效果对比示例

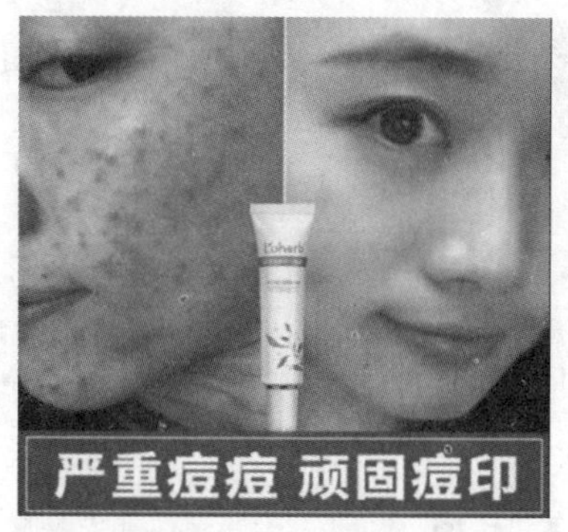


图 4-31　祛痘产品效果对比示例

### 4.2.6　淘宝宝贝主图设计的“五步曲”

宝贝卖点一方面是商品与生俱来的属性和特点；另一方面是通过营销策划人的想象力、创造力进一步提炼出来的商品特点。

不管销售商品还是销售服务，都要给买家一个购买的理由。换位思考，任何商品的卖点提炼都应以商品本身为基础，不能脱离商品本身。

1．宝贝主图卖点表达

一般情况下，每件商品都能提炼出非常多的卖点，但主图篇幅有限，要把买家最关心的、与竞品相比最有优势或最具差异的核心卖点筛选出来，通过宝贝主图表达展示给买家。

2．宝贝主图营销方式

营销手段要根据商品的利润、库存、卖点、功能、效果等，设计打折促销型、买赠型、承诺型、满就减或满就包邮等营销方式。

#### 3. 宝贝主图素材搜集

宝贝主图素材是展现宝贝所有元素的各类图片，包括宝贝背景图、场景图、描述图、促销图等，将所有要表达的元素有机地组合起来就是整个宝贝主图的效果。

#### 4. 宝贝主图展示样式

参照 4.2.5 节的 6 种常用方法和商品自身的各种属性及品牌意识，充分论证和分析商品的各项优势和卖点，做成符合商品本身的宝贝主图样式。

#### 5. 宝贝主图设计步骤

宝贝主图从无到有，主要有四个步骤：

第一步，根据商品属性和特点挖掘提炼商品卖点；

第二步，认真构思和确定宝贝的营销方式；

第三步，结合商品卖点进行拍摄及素材搜集；

第四步，利用 Photoshop 软件处理图片像素、背景、排版、文案、色调等，最终制作出精美的宝贝主图。

## 4.3 宝贝属性重要性及优化技巧

淘宝宝贝属性在详情页面的作用十分重要。当买家浏览宝贝详情页面时，对于不确定的宝贝信息可通过宝贝属性来确认。宝贝属性优化可提升宝贝搜索权重，如图 4-32 所示。

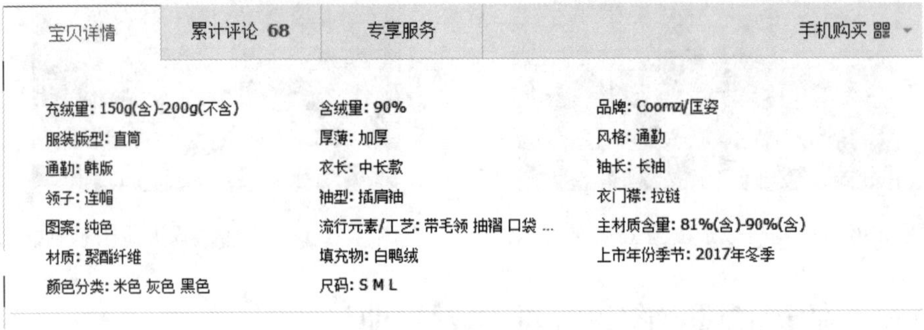

宝贝详情　累计评论 68　专享服务　手机购买

| | | |
|---|---|---|
| 充绒量: 150g(含)-200g(不含) | 含绒量: 90% | 品牌: Coomzi/匡姿 |
| 服装版型: 直筒 | 厚薄: 加厚 | 风格: 通勤 |
| 通勤: 韩版 | 衣长: 中长款 | 袖长: 长袖 |
| 领子: 连帽 | 袖型: 插肩袖 | 衣门襟: 拉链 |
| 图案: 纯色 | 流行元素/工艺: 带毛领 抽褶 口袋 ... | 主材质含量: 81%(含)-90%(含) |
| 材质: 聚酯纤维 | 填充物: 白鸭绒 | 上市年份季节: 2017年冬季 |
| 颜色分类: 米色 灰色 黑色 | 尺码: S M L | |

图 4-32　淘宝宝贝属性前端展示效果

### 4.3.1 淘宝宝贝属性优化原则

淘宝宝贝属性会直接影响宝贝的基础权重，也会直接影响宝贝的搜索排名，因此宝贝属性优化必须遵循以下两个原则。

#### 1. 内容正确

要根据宝贝实际情况填写正确，不能出现错误与实际情况不符的情形。比如，宝贝本身不是加绒的，卖家在填写属性时却写成加绒的，这样不仅会被降权，而且被买家投诉后会被扣分，甚至会被淘宝进行下架删除。

#### 2. 填写齐全

淘宝宝贝属性所有选项必须全部填写，不能漏填或不填，如图 4-33 所示。

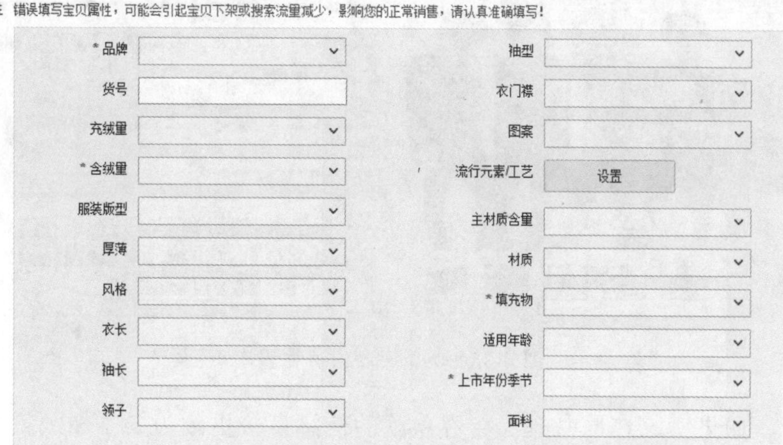


图 4-33　淘宝宝贝属性填写内容选项界面

## 4.3.2　淘宝宝贝属性优化技巧及布局策略

淘宝宝贝属性优化虽然比较简单，但非常重要，希望读者一定要重视起来。通过优化宝贝属性可以间接提升宝贝的销量和权重。

### 1. 淘宝宝贝属性填写要求

（1）必须符合淘宝宝贝属性内容正确、填写齐全两大原则。

（2）填写宝贝属性之前根据宝贝实际属性将特点全部一一列举出来。

（3）填写完毕后必须认真检查，确保正确无误。

（4）宝贝属性选项没有的内容必须通过详情页面表达出来。

### 2. 淘宝宝贝优化技巧及策略

如图 4-34 和图 4-35 所示，宝贝区间价格为 59～69 元。其中图 4-34 是“090 藏青春秋款售卖页面”，而图 4-35 是“090 藏青加绒款售卖页面”。大多数卖家会将这两个春秋款宝贝单独发布，这属于淘宝卖家的常规做法。但此店卖家将春秋款两款宝贝作为同一个宝贝发布，只是通过属性选项将两者区分开，分别定价。这样做的目的是，春秋款的销量会为冬季加绒款宝贝铺垫，春秋款宝贝的权重、销量、评价提升后，冬季加绒款直接借力春秋款的权重、销量和评价继续售卖，无须从零起步，这属于宝贝属性的巧妙用法。

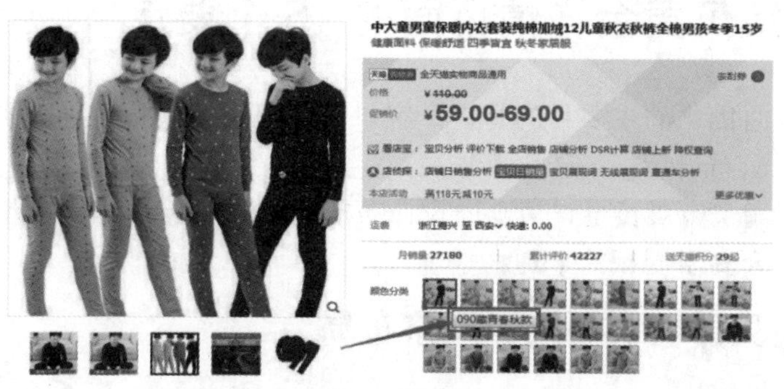


图 4-34　090 藏青春秋款售卖页面

图 4-35　090 藏青加绒款售卖页面

但是，如果卖家在原基础上将春秋款的信息直接更改为冬季加绒款，淘宝则判断为偷换宝贝，会进行降权或下架删除处理。

### 4.3.3　淘宝宝贝属性违规行为

大多数淘宝卖家不了解淘宝属性规则，经常出现淘宝宝贝属性违规操作的行为。以下为常见的 5 种宝贝属性违规行为。

**1．常规商品和尾货配置放在一起**

如手机不能和充电电源放在一个 SKU 里面，不能单独再写一个充电电源的属性。

**2．常规商品和样品放在一起**

如真品手机不能和样品手机放在一个属性里面，更不能填写样机不支持下单。

**3．虚假一口价**

指淘宝卖家发布宝贝时价位为虚假一口价的情形。 比如，一件羽绒服就卖 5 元，邮费却是 150 元，这不符合市场规律或行业标准。正确的做法应该是一件羽绒服价格是 150 元，邮费是 5 元。

**4．常规商品和批发商品放在一起**

如羽绒服一件单卖价格是 268 元，批发价格是 150 元。

**5．常规商品和赠品放在一起**

如卖鞋送袜子，不能直接在鞋的属性里面填写袜子信息，但可在详情页面发布赠送袜子信息。

## 4.4　打造宝贝黄金详情页面的 16 个要点

宝贝详情页面优化的主要目的是提升宝贝转化率。宝贝主图越吸引人，点击率越高；宝贝详情页面布局越好，转化率越高。

下文将介绍淘宝宝贝黄金详情页面设计布局的 16 个要点，读者认真做好这 16 点，宝贝的转化率定会高于同行的平均水平。

### 4.4.1　宝贝详情页面统一风格布局

淘宝卖家进行全店设计宝贝详情页面时，需站在美学的角度来审视，做到色彩统

一、样式统一、排版统一等。从上到下整体化布局从而抓住买家浏览心理需求和购物习惯。这里建议卖家多参观一些知名淘宝店铺布局风格。如图 4-36 所示为“三只松鼠”全店布局风格。

图 4-36 “三只松鼠”全店布局设计风格

## 4.4.2 宝贝相关推荐降低店铺跳失率

首先分析一下买家浏览宝贝详情页面的心理和习惯，当买家搜索关键词“中长款羽绒服”时，说明买家就想购买一件“中长款羽绒服”。买家进入店铺后，会快速从上往下浏览宝贝信息（买家浏览页面平均停留时间 30 秒左右），如果宝贝详情页面描述或卖点不够吸引买家，买家就会关闭页面，选择其他淘宝店铺。如果卖家在详情页面推荐了其他款式“中长款羽绒服”，此时买家看到推荐后有可能选择点击浏览，这样做就防止了买家的直接跳失，同时也提升了转化率，如图 4-37 所示。

如果店铺跳失率太高就会影响搜索权重，搜索权重下降后访问量也会随之下滑，因此做好宝贝相关推荐非常重要。

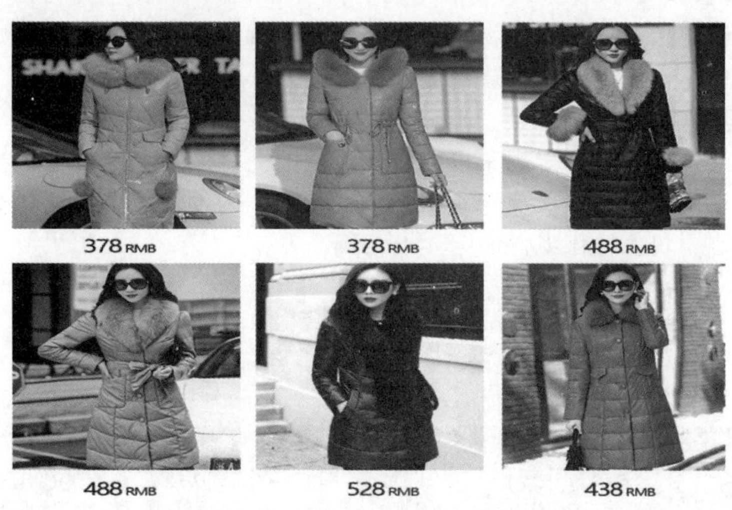


图 4-37 宝贝详情页面相关推荐效果展示

## 4.4.3 促销活动提升买家购买冲动

常用的淘宝促销活动有打折促销、满就减、满就送、优惠券、购物车营销、运费险等。

### 1．打折促销、满就减、满就送、优惠券等活动设计

打折促销、满就减、满就送、优惠券都需要借助淘宝营销工具来实现，建议卖家使用“超级店长”，“超级店长”功能齐全，经济实惠，完全可以满足一般淘宝店铺常规活动需求，如图 4-38 和图 4-39 所示。

图 4-38　买就送活动展示

图 4-39　优惠券领券活动界面

### 2．购物车营销

购物车营销是指买家加入购物车后的一种活动营销方式。当买家看好一个宝贝后首先会加入购物车，通过购物车营销促使买家快速付款。

### 3．淘宝运费险

淘宝运费险是指专为淘宝买家退换货而设立的一种风险保障服务。当买家对本次购物不满意申请退换货时，买家无须承担退换货产生的物流运费，这样会降低买家购买的顾虑，提高宝贝的转化率，如图 4-40 所示。

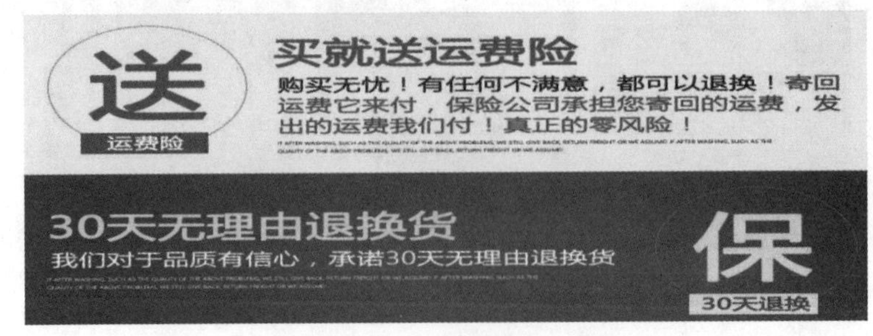


图 4-40　淘宝运费险活动海报

4．活动海报

活动海报是指在宝贝详情页面制作一个关于降价、最后一天、活动特价、聚划算等活动宣传海报。目的是为了吸引买家进入活动专区快速下单，如图 4-41 所示。

图 4-41　活动海报设计

## 4.4.4　宝贝视频增强买家视觉冲击

编者通过深度调查发现，在所有的页面展示形式中，视频的视觉冲击力大于图片，图片的视觉冲击力大于文字。只要详情页面有视频，98%以上的买家都会点击播放，如图 4-42 所示。

图 4-42　宝贝视频展示

## 4.4.5　买家痛点挖掘

买家痛点挖掘的核心目的是与买家购物心理达成共鸣，同时突出宝贝卖点及效果案例，形成一悲一喜的强烈反差，使买家更容易相信和认可，促使买家快速成交，如图 4-43 所示。

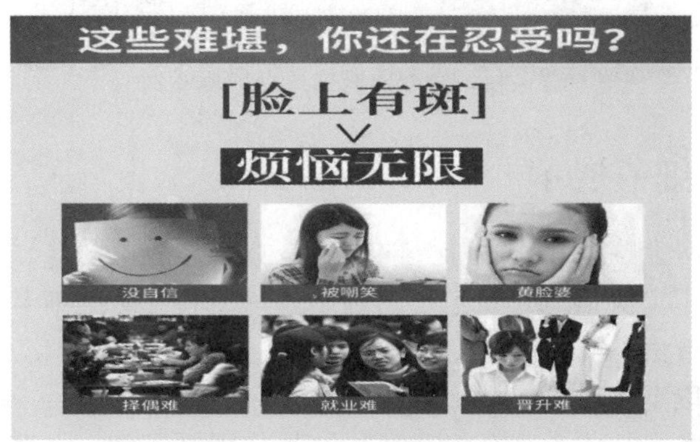


图 4-43　买家痛点挖掘

### 4.4.6 宝贝卖点提炼

宝贝卖点提炼是指将商品的优势、特点、功效、功能等深度提炼，通过视频、图片、文字的方式表达出来，增强买家购买的信心。一个优质宝贝一定有很多可以挖掘的特质，一个优秀的淘宝店铺也一定可以提供很多优质的服务，然而很多淘宝卖家都没有把这些特质和服务展示在宝贝详情页。因此，一定要在卖点上下功夫，卖点不止商品的优良特质，还包含企业的综合实力和店铺服务能力。

下面介绍一个关于眉县徐香猕猴桃卖点提炼的案例，如图 4-44 所示。

（1）眉县是中国猕猴桃之乡，全国有名，集所有猕猴桃之优；

（2）相比黄心猕猴桃肉嫩清甜；

（3）比红心猕猴桃皮薄多汁；

（4）由于眉县徐香猕猴桃是高山自然生长，关照时间长，虽然外貌丑陋，但绝对天然绿色，品质绝佳。

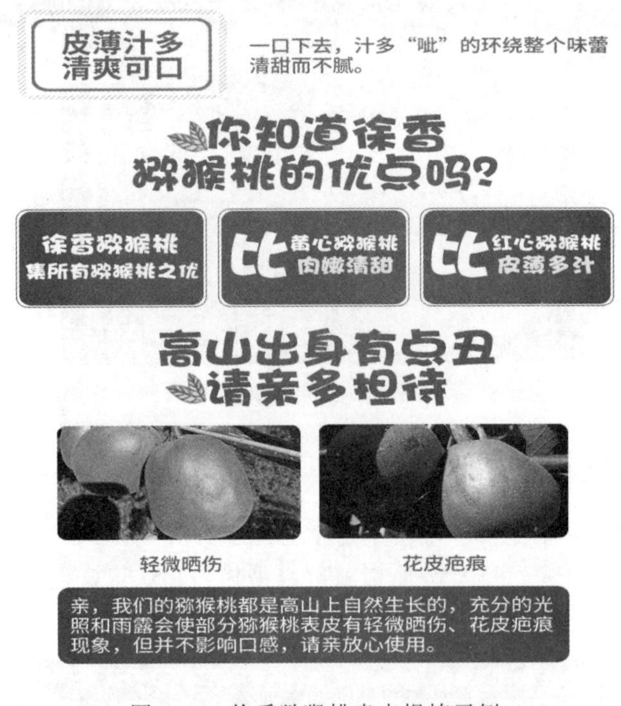


图 4-44 徐香猕猴桃卖点提炼示例

### 4.4.7 宝贝细节展示

对买家而言，网上购物和线下唯一的不同是真实体验感欠缺。线上主要是通过图片和文字的方式展示宝贝信息。卖家可通过不同角度将宝贝的细节放大展示，让买家近距离了解宝贝细节信息，加强真实感和触摸感。同时加以数字化及文案化信息描述，使买家能够快速获取宝贝相关信息。

数字化指的是本商品或者某个细节部位的具体规格尺寸；文案化是指整个商品或

者部位的功能、作用及价值等，如图 4-45 所示。

图 4-45　宝贝细节展示效果

## 4.4.8　宝贝优势对比

宝贝质量的优劣可通过对比的方式展示出来。如果只是卖家单一说好，买家不一定觉得好，两者之间无法形成对比，展现不出该宝贝的特点和魅力。同价位比质量，同质量比价位，从而提升宝贝竞争优势。对比的方式一般有两种，第一种是参考物对比，如图 4-46 所示，新疆和田枣与鸡蛋的对比体现和田枣个大；第二种是同行宝贝对比，如图 4-47 所示，河阴软籽石榴与普通石榴对比体现河阴软籽石榴品质好。

图 4-46　新疆和田枣与鸡蛋大小对比展示

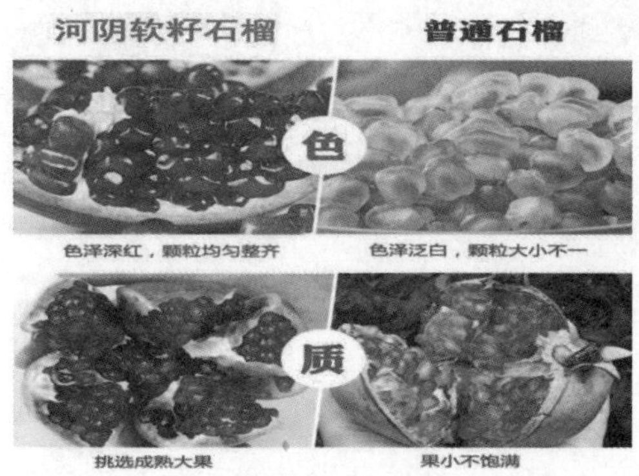


图 4-47　同行宝贝品质对比展示

### 4.4.9 宝贝攻心评价

攻心评价是指将已成交买家最有说服力的好评信息展示出来。宝贝质量好，买家不一定相信，买家更愿意相信其他买家的购买评价，所以建议卖家把最有说服力的评价展示出来，进一步提升新买家的信任度，如图 4-48 所示。

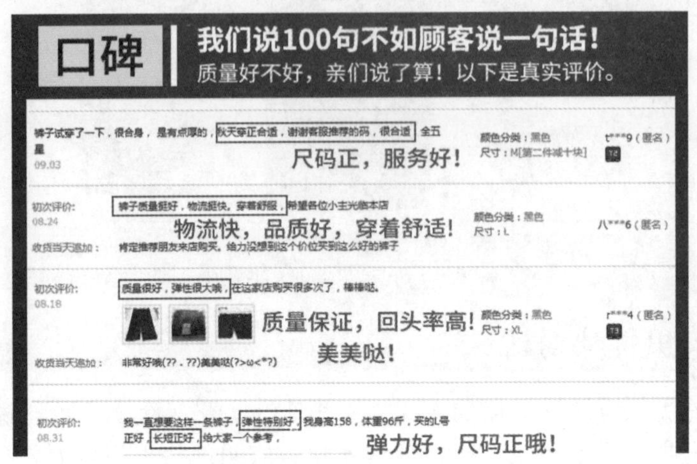


图 4-48 宝贝攻心评价展示效果

### 4.4.10 店铺综合实力展示

虽然所有的淘宝店铺都缴纳了消费保证金，但对于买家而言依然比较担心小卖家的宝贝质量和服务，买家购物时总会有各种顾虑。因为实力决定品质和服务，所以买家宁可出高价也不愿意选择小卖家。能够体现卖家综合实力的信息含括厂家、店面、团队、货源、仓储等，如图 4-49 所示为新疆和田枣晾晒情景。

图 4-49 新疆和田枣晾晒情景

### 4.4.11 宝贝资质信息展示

将商品检验报告、认证证书、荣誉证书等资质信息展示给买家，提升宝贝的品牌价值及市场竞争力，如图 4-50 所示。

图 4-50　资质证书展示

## 4.4.12　专家点评及明星代言

专家点评和明星代言是指商品被某一个知名人士点评或明星代言。这样可以起到很好的广告宣传作用及名人效应。例如，绿瘦减肥产品明星代言信息展示，如图 4-51 所示。

图 4-51　绿瘦减肥产品明星代言信息展示

## 4.4.13　宝贝售后温馨提示

宝贝售后温馨提示可提升与买家之间的亲和力。例如，真皮沙发可以提醒买家如何保养；鲜花可以提醒到货后如何插养等。如图 4-52 所示，提醒猕猴桃到货后如何储存及食用。宝贝售后温馨提示容易被卖家所忽视，因此建议卖家在运营中多注意营销细节。

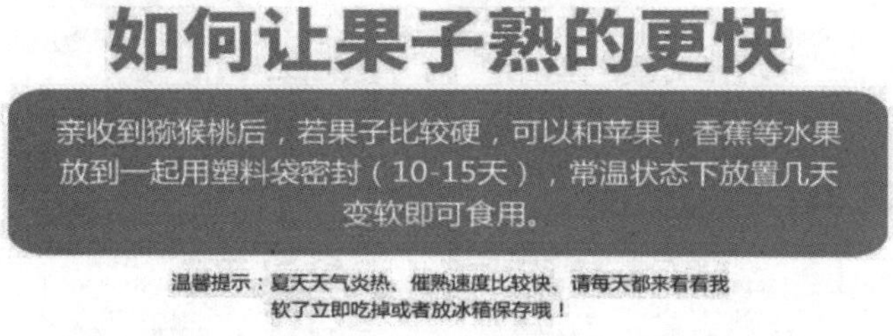

如何让果子熟的更快

亲收到猕猴桃后，若果子比较硬，可以和苹果，香蕉等水果放到一起用塑料袋密封（10-15天），常温状态下放置几天变软即可食用。

温馨提示：夏天天气炎热、催熟速度比较快、请每天都来看看我软了立即吃掉或者放冰箱保存哦！

图 4-52　猕猴桃温馨提示

### 4.4.14 解除买家下单顾虑

当买家支付时，应在最短的时间内解除买家的售后顾虑，让买家放心购买，快速下单，如图 4-53 所示。

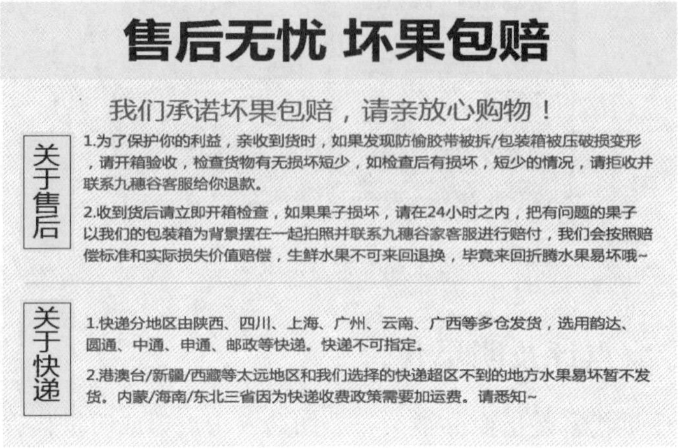

售后无忧 坏果包赔
我们承诺坏果包赔，请亲放心购物！
关于售后
1.为了保护你的利益，亲收到货时，如果发现防偷胶带被拆/包装箱被压破损变形，请开箱验收，检查货物有无损坏短少，如检查后有损坏，短少的情况，请拒收并联系九穗谷客服给你退款。
2.收到货后请立即开箱检查，如果果子损坏，请在24小时之内，把有问题的果子以我们的包装箱为背景摆在一起拍照并联系九穗谷家客服进行赔付，我们会按照赔偿标准和实际损失价值赔偿，生鲜水果不可来回退换，毕竟来回折腾水果易坏哦~
关于快递
1.快递分地区由陕西、四川、上海、广州、云南、广西等多仓发货，选用韵达、圆通、中通、申通、邮政等快递。快递不可指定。
2.港澳台/新疆/西藏等太远地区和我们选择的快递超区不到的地方水果易坏暂不发货。内蒙/海南/东北三省因为快递收费政策需要加运费。请悉知~

图 4-53　售后承诺展示

### 4.4.15 宝贝物流包装展示

有的商品非常易碎、易损，买家在下单时就会担心商品包装问题。最好能将包装的细节展示出来，让买家无后顾之忧，如图 4-54 所示。

GOOD PACKAGING IS MORE AT EASE
好包装 更放心
特别筛选好果发货 质量保证
多层加厚防护包装 安全放心
九穗谷专业物流包装 坚固提供好服务
5 层加厚瓦楞纸 安全放心
抽查质检 严格把关
关于箱子空格我们一箱净重 5 斤，按斤不按个，果子大了数量就少，就会出现空格现象，净重 5 斤不会差的，望亲知悉！
友情提示：收获后请在 24 小时内检查是否有损坏，有问题的以我们包装箱为背景拍摄图片，我们给您赔付，轻微碰伤请理解担待，1/4 以下碰伤赔偿 0.5 元，1/3 以下赔付 1 元，1/2 以上的赔偿！

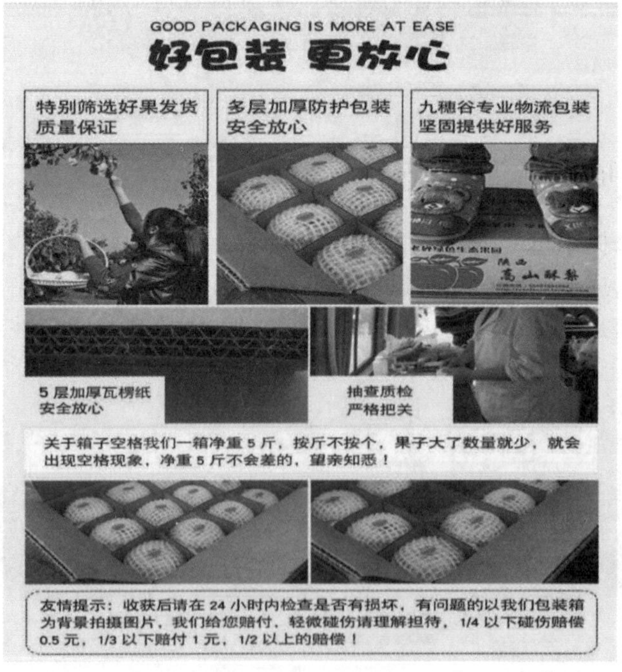

图 4-54　宝贝物流包装展示

### 4.4.16　售后感谢信

售后感谢信的作用有两点，第一使买家及时好评，第二建立与买家之间的情感，提升买家复购率，如图 4-55 所示。

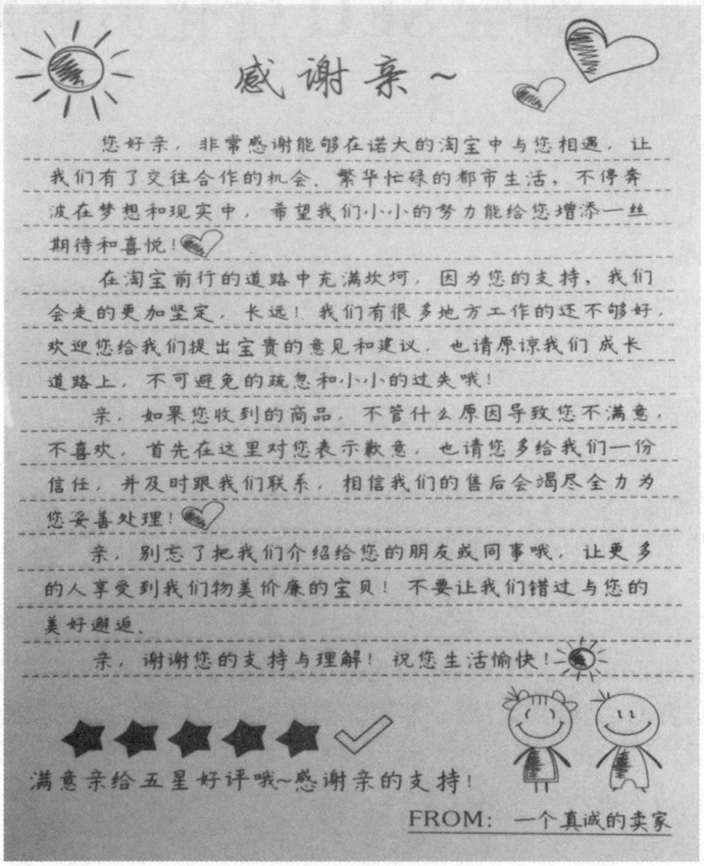

感谢亲~

您好亲，非常感谢能够在诺大的淘宝中与您相遇，让我们有了交往合作的机会。繁华忙碌的都市生活，不停奔波在梦想和现实中，希望我们小小的努力能给您增添一丝期待和喜悦！

在淘宝前行的道路中充满坎坷，因为您的支持，我们会走的更加坚定，长远！我们有很多地方工作的还不够好，欢迎您给我们提出宝贵的意见和建议，也请原谅我们成长道路上，不可避免的疏忽和小小的过失哦！

亲，如果您收到的商品，不管什么原因导致您不满意，不喜欢，首先在这里对您表示歉意，也请您多给我们一份信任，并及时跟我们联系，相信我们的售后会竭尽全力为您妥善处理！

亲，别忘了把我们介绍给您的朋友或同事哦，让更多的人享受到我们物美价廉的宝贝！不要让我们错过与您的美好邂逅。

亲，谢谢您的支持与理解！祝您生活愉快！

满意亲给五星好评哦~感谢亲的支持！

FROM：一个真诚的卖家

图 4-55　售后感谢信示例

第 5 章

# 淘宝 SEO 优化策略解密

SEO 是 Search Engine Optimization 的缩写，中文译为“搜索引擎优化”。SEO 作为一门单独的技术，最早被用于网页检索领域，其作用是关键词在搜索引擎上的排名优化。在电子商务的各大平台，由于网络商品呈爆炸式增长，排名的优化常常是一个网店是否能够脱颖而出的重中之重。在淘宝平台，SEO 的最终目的是排名靠前，以便买家在搜索某一个关键词时，能迅速找到网店的单品。换言之，也就是为了曝光率和流量。“网店成败看爆款，爆款成败看流量”已经成为所有电商从业者的共识。

下面我们从销售的角度来理解流量的重要性，销售额的计算公式如下：

销售额=访客量×转化率×客单价

从公式中很明显可以看出访客量、转化率和客单价越高，销售额就会越高。客单价和转化率往往由商品本身的属性和市场规律决定，虽然也可以通过营销手段对其进行提升，但是提升的幅度十分有限。然而，访客量却可以呈几何倍数的提升。

从上述分析可以得出，网店并不是仅仅有了好的产品、好的美工、好的服务就一定可以做好，还需要娴熟的 SEO 技术。甚至可以说 SEO 技术是网店成败的决定性因素。

## 5.1 淘宝 SEO 是什么

淘宝搜索引擎是通过计算机系统自动化、智能化进行计算的一种搜索排名机制，只要符合搜索引擎的规则，系统会自动筛选展示一个合理的搜索结果。

淘宝 SEO 是指通过对淘宝商品的关键词、属性及淘宝的搜索机制进行优化的一门技术，其目的是让淘宝宝贝有排名和曝光率。淘宝搜索引擎机制主要包含相关性筛选、违规宝贝过滤、优质宝贝筛选、宝贝下架时间、橱窗推荐筛选 5 大核心因素，淘宝首先会通过这 5 大核心机制层层筛选，将优质宝贝展现推荐给买家，如图 5-1 所示。

## 5.2 淘宝宝贝相关性优化

宝贝相关性是指宝贝的行业、分类等各种属性特点是否符合买家搜索需求，宝贝相关性越高买家搜索的结果就越精准。因此淘宝为了给买家提供更为精准的搜索体验，推出相关性筛选机制，如类目相关性、属性相关性、标题相关性、店铺相关性等。

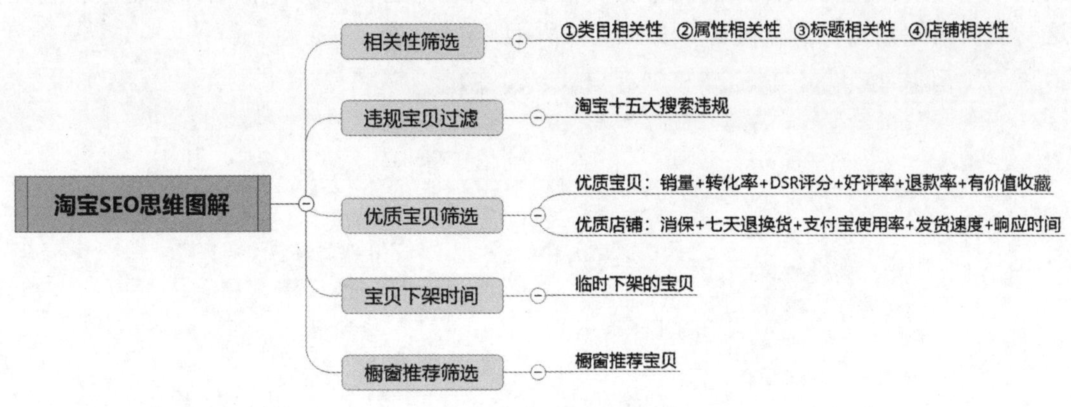


图 5-1　淘宝 SEO 思维图解

## 5.2.1　类目相关性

淘宝按宝贝的行业分类将宝贝分为 13 大类目。如果将女式羽绒服发布到男装类目了，当买家搜索“女式羽绒服”关键词时此宝贝不可能被展现，因为淘宝首先会将所有和买家搜索需求无关的类目排除掉，所以发布宝贝一定要选择正确的宝贝类目。发布宝贝类目方法如图 5-2 所示。通过类目搜索宝贝核心关键词进行筛选，一般第一个就是正确的宝贝类目。

图 5-2　淘宝宝贝正确类目选择方法

## 5.2.2　属性相关性

宝贝属性相关性是指宝贝的材质、风格、规格等属性特点是否符合买家的搜索需求。当买家搜索“甜美短款羽绒服”关键词时，淘宝搜索机制就会将与“甜美短款羽绒服”无关的属性排除掉，因此宝贝属性必须填写齐全、正确，否则你的宝贝将会在这一层被淘宝搜索机制排除掉，如图 5-3 所示。

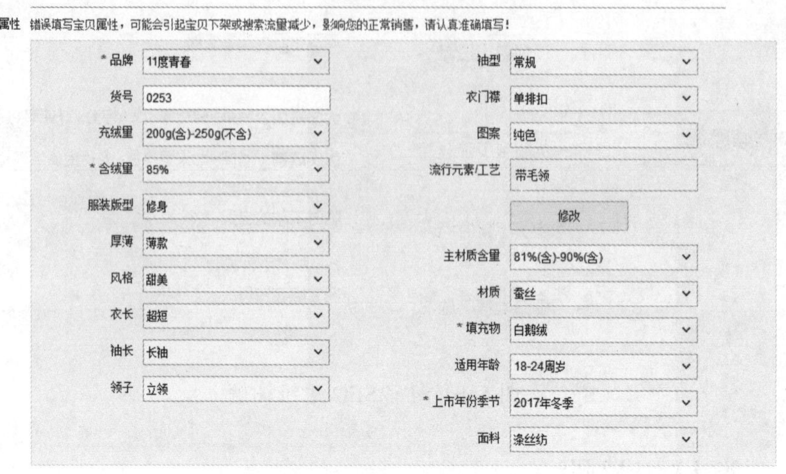


图 5-3　淘宝宝贝属性

### 5.2.3　标题相关性

标题相关性是指标题关键词是否符合买家的搜索需求。当客户搜索“短款羽绒服女”关键词时，淘宝搜索机制将会把标题中含有“短款羽绒服女”的商品优先展现出来。如图 5-4 所示。

图 5-4　淘宝宝贝标题

### 5.2.4　店铺相关性

店铺的相关性是指淘宝搜索机制会根据店铺名称、店铺简介、宝贝主营行业占比等综合判断是否符合买家搜索需求。

### 1．店铺名称相关性

如图 5-5 所示，店铺名称含有女装类目核心词“女装”。当客户搜索与“女装”相关的关键词时，淘宝搜索机制优先选取。

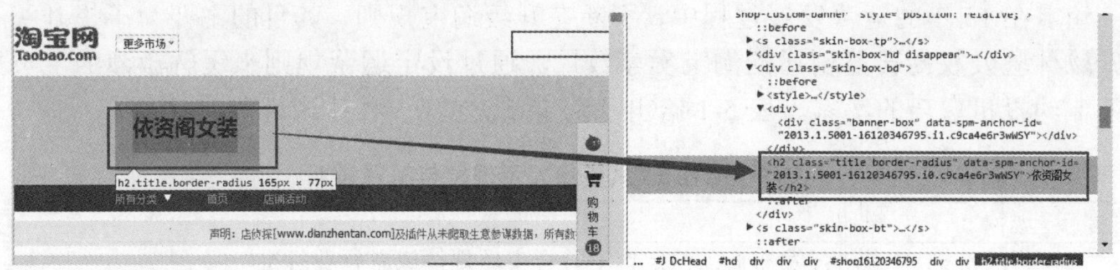


图 5-5　淘宝店铺名称相关性

### 2．店铺简介相关性

如图 5-6 所示，店铺简介内容含有“女装”相关信息，当客户搜索与“女装”相关的关键词时，淘宝搜索机制优先选取。

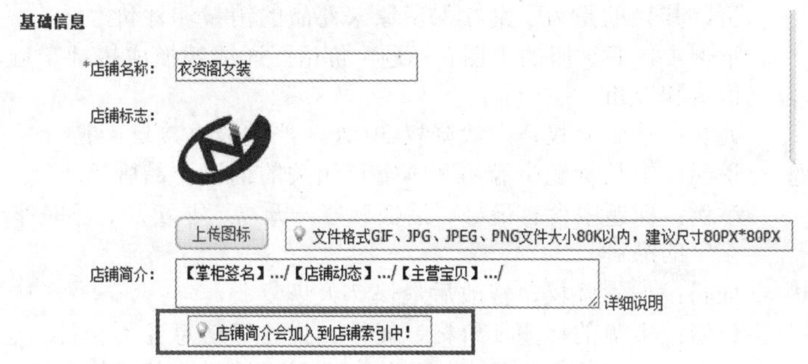


图 5-6　淘宝店铺简介相关性

### 3．主营行业占比相关性

如图 5-7 所示，主营行业占比越高，当客户搜索相关的关键词时，淘宝搜索机制越会优先选取。因此店铺主营行业不要轻易更改，请勿上架与主营行业无关的宝贝，否则会降低主营行业占比，如图 5-8 所示。

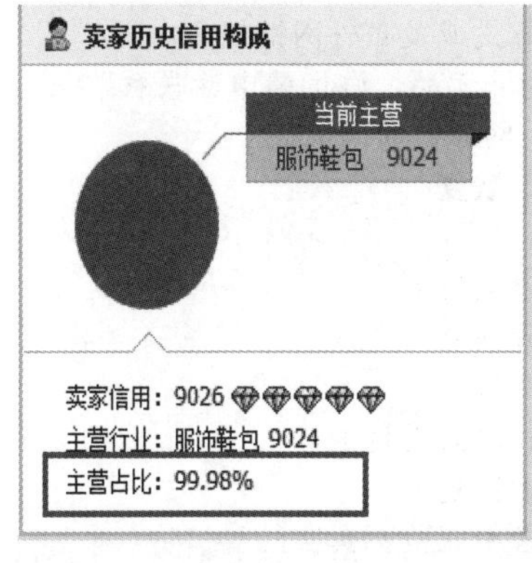


图 5-7　淘宝宝贝主营行业占比高

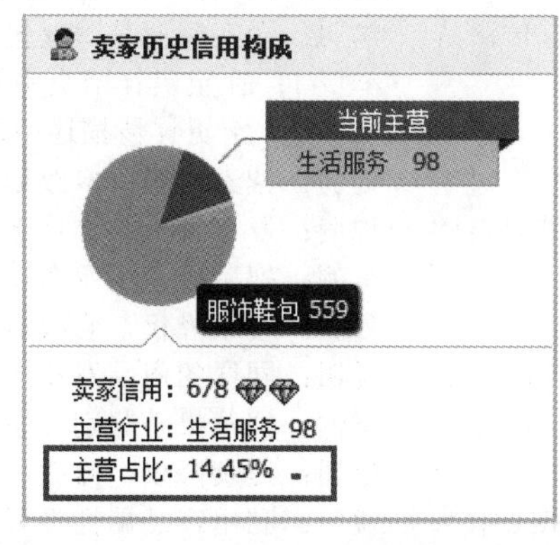


图 5-8　淘宝宝贝主营行业占比低

## 5.3 淘宝搜索降权的 15 个违规警示

淘宝在 15 年的运营发展过程中，不断在升级淘宝规则，其目的主要为了提升买家的购物体验及权衡日益剧增的淘宝卖家数量，通过设定运营规则来缓解激烈的宝贝排名及制约投机取巧的卖家。表 5-1 给出了淘宝常见的 15 种违规现象。

**表 5-1 淘宝 15 大违规警示现象与解释说明**

| 序号 | 现象 | 说明 |
|---|---|---|
| 01 | 超低价格 | 说明：发布商品的定价不符合市场规律或者行业标准<br>举例：一件羽绒服的价格定为 5 元<br>处罚：搜索降权，修改后最快 7 天恢复 |
| 02 | 超高邮费 | 说明：发布商品的邮费不符合市场规律或者行业标准<br>举例：一件衬衫的邮费设置为 150 元<br>处罚：搜索降权，修改后最快 7 天恢复 |
| 03 | 偷换宝贝 | 说明：通过一定的方法将宝贝的主图、标题、价格、详情等替换成另一个宝贝，其目的是为了继续保留原来商品的销量和评价<br>举例：将羽绒服的主图、标题、价格、详情替换成短袖 T 恤，保留羽绒服的销量和评价<br>处罚：搜索降权，一般降权 30 天，严重的直接屏蔽搜索 |
| 04 | 滥用标题 | 说明：宝贝标题中滥用和本宝贝无关的词语、品牌等<br>举例：标题中含有最好、最低、独一无二、非卖品、不是李宁的产品却使用李宁的品牌<br>处罚：搜索降权，修改后最快 7 天恢复 |
| 05 | 宝贝不符 | 说明：宝贝的标题、价格、属性、描述等信息互不相符<br>举例：宝贝的实物是宽松型的，宝贝详情描述却是修身型<br>处罚：搜索降权，修改后最快 7 天恢复 |
| 06 | 违规商品 | 说明 1：发布禁止发布的商品，例如：枪支弹药、毒品、身份证、假证<br>说明 2：发布限制发布的商品，例如：酒精饮料、车票、文物、古币<br>处罚：搜索降权或删除，严重者直接封店 |
| 07 | 重复铺货 | 说明：相同的宝贝，发布多次<br>举例：A 商品发布成两个宝贝，一个宝贝带赠品，另一个不带赠品<br>处罚：搜索降权，修改后最快 7 天恢复 |
| 08 | 宣传商品 | 说明：无实际商品，仅提供联系方式或发布外网链接<br>举例 1：在宝贝详情页中写到“为非卖品，咨询请电话联系”<br>举例 2：宝贝详情描述中出现站外网站链接地址<br>处罚：搜索降权，修改后最快 7 天恢复 |
| 09 | 错放类目 | 说明：发布宝贝时类目选错<br>举例：把苹果手机发布在水果苹果类目下<br>处罚：搜索降权，修改后最快 7 天恢复 |
| 10 | 商品重复 | 说明：同样的商品发布在不同的类目<br>举例：把苹果干分别发布在干果和水果类目下<br>处罚：搜索降权，修改后最快 7 天恢复 |
| 11 | SKU 作弊 | 说明：利用商品属性设置超低或者不规范不真实的一口价<br>举例 1：常规货和尾货放置在一起<br>举例 2：常规商品和样品放在一起 |

续表

| 序号 | 现象 | 说明 |
|---|---|---|
| 11 | SKU 作弊 | 举例 3：常规商品和二手货放一起<br>举例 4：虚假一口价<br>举例 5：常规商品和批发商品放一起<br>举例 6：常规商品和赠品放一起<br>处罚：搜索降权，修改后最快 7 天恢复 |
| 12 | 虚假交易 | 说明：通过非真实交易提升店铺信用及宝贝的销量、评价、收藏等<br>举例：虚假刷单<br>处罚：搜索降权，删除产品，严重者会被封店 |
| 13 | 重复开店 | 说明：同时开两个类目完全相同或者类目相近的店铺<br>举例：利用亲属身份证开第二个店铺，发布完全一样的产品<br>处罚：被发现后，会关闭信誉低的店铺 |
| 14 | 滥用商标 | 说明：使用的商标和品牌未经过持有人授权<br>举例：店铺发布 NIKE 产品，但没有网络授权<br>处罚：搜索降权或下架，严重者删除宝贝 |
| 15 | 不良评级 | 说明：虚假评价，强迫、威胁买家评价<br>举例 1：通过刷单的方式刷评价<br>举例 2：通过骚扰电话强迫、威胁买家评价<br>处罚：不计分，或者搜索降权，严重者删除宝贝，屏蔽店铺 |

## 5.4　淘宝优质宝贝筛选机制

当买家在淘宝上搜索店铺或宝贝时，淘宝优先选择优质店铺或宝贝展示推荐给买家。淘宝判断优质店铺或宝贝的标准如图 5-9 所示。

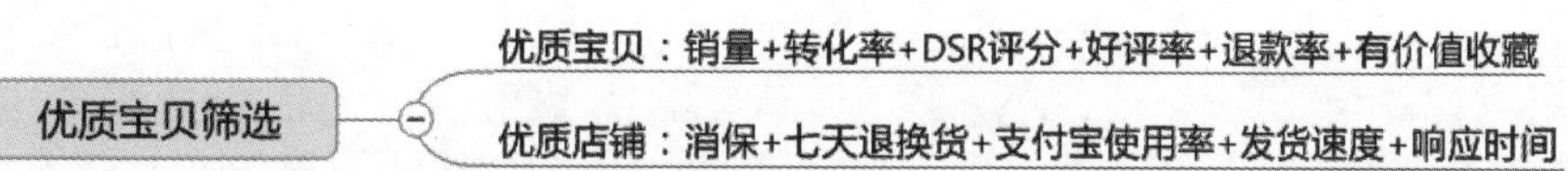


图 5-9　淘宝优质宝贝筛选机制图解

### 5.4.1　优质宝贝

优质宝贝是指销量高、转化率高、DSR 评分高、好评率高、退货率低、有价值收藏多的宝贝。

**1．宝贝的销量**

宝贝的销量是指销售额，并非交易笔数。例如，羽绒服 A 宝贝售价 200 元，羽绒服 B 售价 100 元，两者交易笔数都为 20 笔，说明 A 宝贝的销量优质于 B 宝贝，A 宝贝销量权重高于 B 宝贝。

**2．DSR 评分**

DSR 评分是指淘宝店铺的动态评分，如图 5-10 所示。分别有描述相符、服务态度、物流服务等，满分为 5.0 分，分数的高低取决于行业的平均值，DSR 评分越高，宝贝权重越高。

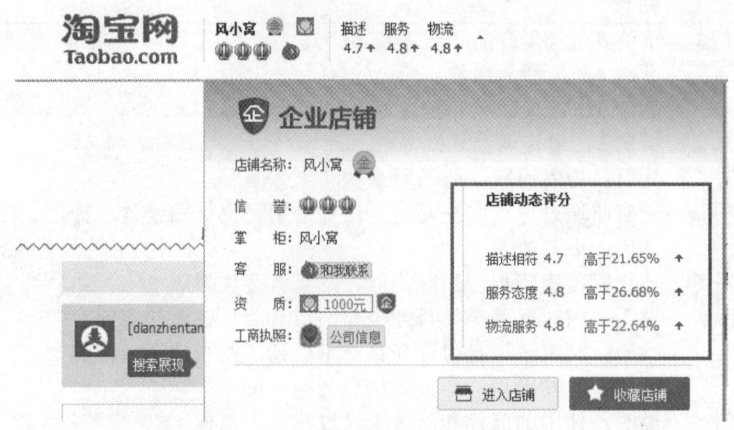


图 5-10 淘宝店铺 DSR 评分

### 3. 宝贝好评率

宝贝好评率是指宝贝成交后好评数量与总评价数量的占比。如图 5-11 所示，好评率越高宝贝的权重越高。

卖家信用评价展示 好评率：98.92%

最近一周 最近一月 最近半年 半年以前

| | 好评 | 中评 | 差评 |
|---|---|---|---|
| 总数 | 44127 | 295 | 279 |
| 家居用品 | 29898 | 181 | 169 |
| 非主营行业 | 14229 | 114 | 110 |

图 5-11 淘宝卖家信用评价展示

### 4. 宝贝退款率

宝贝退款率是指成功退款宝贝数量与总成交宝贝数量的占比。如图 5-12 所示，退款率越低宝贝权重越高。

图 5-12 淘宝宝贝退款率数据信息

**5．有价值收藏**

有价值收藏是指可以产生二次访问的商品收藏次数。如图 5-13 所示，收藏数量越高宝贝的权重越高。

图 5-13　淘宝宝贝收藏

## 5.4.2　优质店铺

优质店铺是指缴纳消费保障金、加入 7 天无理由退换货、全店支付宝使用率高、发货速度快、旺旺响应时间短的店铺。

**1．消费者保障金、7 天无理由退货**

如图 5-14 所示，基础消保和 7 天无理由退货为淘宝官方权重，目前店铺一律默认开通。

图 5-14　淘宝消费保证金及 7 天无理由退换货服务

**2．支付宝使用率**

支付宝使用率是指通过支付宝完成支付订单的比例，计算公式如式 5-2 所示。

支付宝使用率=订单完成支付金额/订单拍下金额×100%　　(5-2)

影响支付宝使用率的情况有拍下未付款、拍下多笔只支付一笔、货到付款、拍下减价等。支付宝使用率越高权重越高。

**3．发货速度**

发货速度是指当买家下单支付成功至卖家发货的时长。如图 5-15 所示，发货速度越快、时间越短，权重越高。

| 平均支付-发货时长 | 平均发货-揽收时长 | 平均揽收-签收时长 | 平均发货-签收时长 | 平均支付-签收时长 |
|---|---|---|---|---|
| 19.73小时 | 0.91小时 | 44.85小时 | 38.97小时 | 64.66小时 |
| 较前1日 - | 较前1日 - | 较前1日 47.52% ↓ | 较前1日 57.04% ↓ | 较前1日 36.74% |
| 同行平均 35.40小时 | 同行平均 14.39小时 | 同行平均 76.14小时 | 同行平均 91.20小时 | 同行平均 116.02小时 |

| 物流差评率 | 物流详情完整度 | 拒签率 | 签收成功率 |
|---|---|---|---|
| 0.00% | 90.00% | 0.00% | 100.00% |
| 较前1日 100.00% ↓ | 较前1日 10.00% ↓ | 较前1日 - | 较前1日 0.00% - |
| 同行平均 22.19% | 同行平均 78.45% | 同行平均 0.63% | 同行平均 99.37% |

图 5-15　淘宝宝贝发货速度数据信息

### 4．旺旺响应时间

旺旺响应时间是指当买家发起旺旺咨询至卖家回复的时长，旺旺响应时间越短宝贝的权重越高。当买家发起咨询后卖家应第一时间回复买家。设置自动回复不计权重。

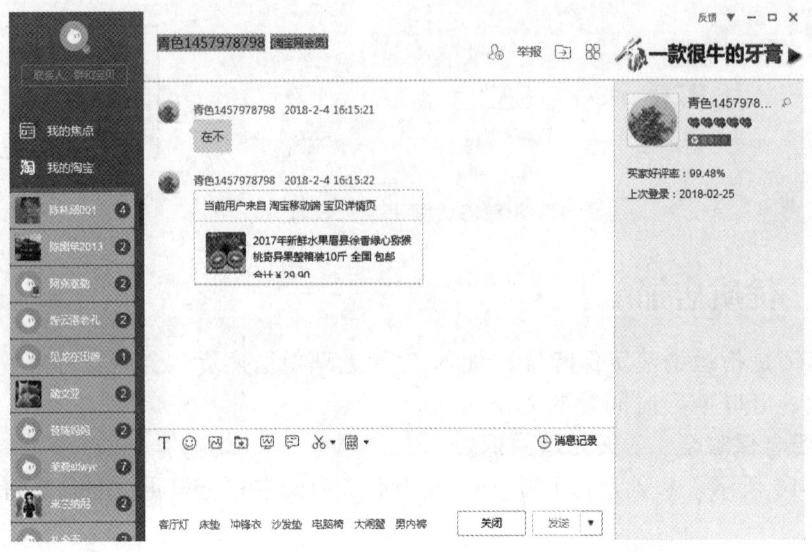


图 5-16 淘宝旺旺响应时间

### 5．淘宝店铺层级

淘宝店铺层级是以淘宝商家最近30天的支付宝成交金额计算的一种宝贝权重排名方式，店铺层级级别越高，店铺的权重则越高，如图 5-17 所示。

第一层级 第二层级 第三层级 第四层级 第五层级

0.0元 4500.0元 2.7万元 10.3万元 37.1万元 ∞

以上层级与排名根据淘宝集市商家最近30天的支付宝成交金额计算

图 5-17 淘宝店铺层级信息

### 6．金牌卖家

淘宝金牌卖家是对一段时间内成交好、服务好、口碑好的卖家的一种激励手段，淘宝运用数据、通过给卖家打标的方式完成，如图 5-18 所示。

成为金牌卖家的条件如下：

（1）开店时长≥183 天；

（2）信用分值≥251 分；

（3）缴纳淘宝网消费者保障服务保证金(含保证金计划)；

（4）二手商品订单数比例≤5%；

（5）无虚拟在线商品；

（6）自然年内一般规则处罚累计分值＜12 分；

（7）自然年内无严重违规处罚；

（8）无有效售假处罚扣分(包含 0 分)；
（9）上一年受到售假处罚扣分≤24 分；
（10）店铺正常经营；
（11）买家喜爱度≥80 分。

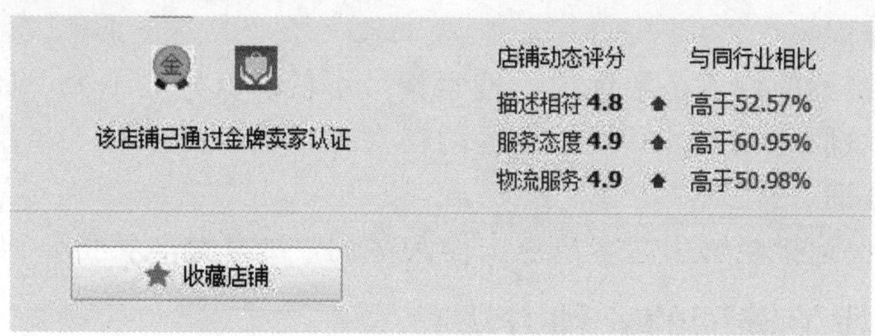


图 5-18　淘宝金牌卖家

## 5.5　淘宝关键词优化步骤及策略

通过关键词搜索是淘宝买家搜索宝贝的一种重要搜索方式，关键词的优化是一个长期的过程，其流程包括查询关键词→分析关键词→整理关键词→测试关键词→优化关键词 5 大步骤。

在产品的零销量阶段、起量阶段、爆款阶段等不同阶段关键词的优化策略各不相同。总而言之，关键词的优化贯穿于店铺经营的整个过程，并非设置好关键词后就一劳永逸了。

### 5.5.1　关键词优化的重要性

关键词搜索是淘宝买家最重要的宝贝搜索方式，关键词也是宝贝标题的核心组成元素。

### 5.5.2　淘宝关键词种类

淘宝关键词的种类分为常规关键词、长尾关键词、黄金关键词、促销关键词四种，如图 5-19 所示。

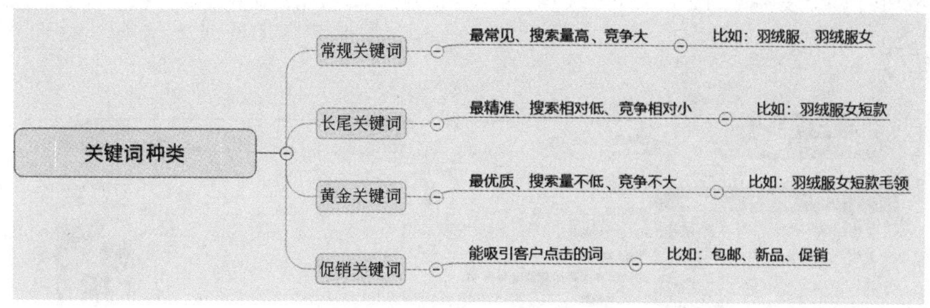


图 5-19　淘宝宝贝关键词

#### 1．常规关键词

淘宝常规关键词最常见，搜索指数最高，竞争度最大，如连衣裙、羽绒服、运动鞋等。

#### 2．长尾关键词

淘宝长尾关键词的特点是最精准，搜索指数相对较低，竞争度相对较小，如雪纺连衣裙、中长款羽绒服、学生运动鞋。

#### 3．黄金关键词

淘宝黄金关键词的特点是最优质，搜索指数不低，竞争度不大，如小清新雪纺连衣裙、中长款羽绒服毛领女、轻便学生运动鞋女。

#### 4．促销关键词

淘宝促销关键词指能够引起客户点击的关键词，如新品、特价、包邮等。

### 5.5.3 查找关键词的 6 种方法

查找关键词是优化关键词的第一步，通过查词平台可以获取大量常规关键词信息。淘宝关键词的查找方式有淘宝排行榜、淘宝搜索下拉框、您是不是想找、阿里指数、生意参谋及直通车宝贝查词等。

#### 1．淘宝排行榜

淘宝排行榜是淘宝官方提供的关键词排行查询工具，地址为 www.top.taobao.com，分为今日数据和周数据。单击“完整榜单”按钮查询更多关键词数据，如图 5-20 所示。

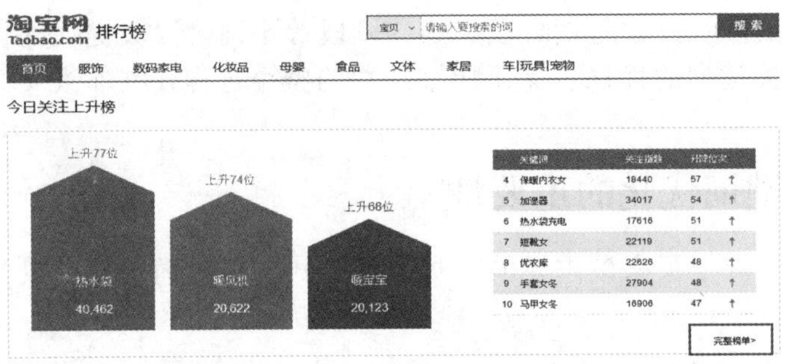


图 5-20 通过淘宝排行榜查词

#### 2．淘宝搜索下拉框

通过淘宝首页搜索栏搜索常规关键词会自动弹出当前搜索人气较高的长尾词关键词，如图 5-21 所示。

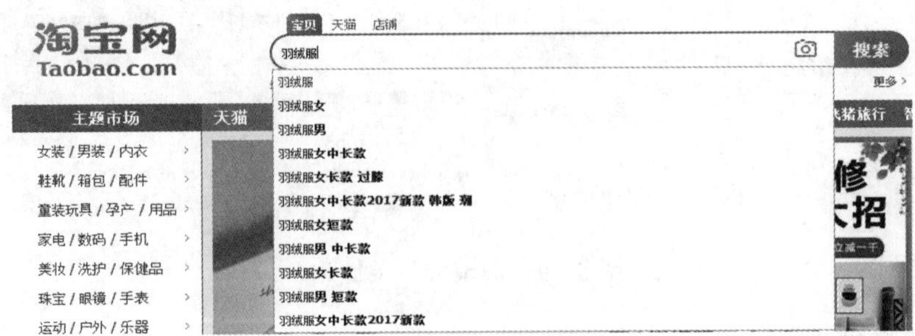


图 5-21 通过淘宝搜索下拉框查词

### 3．您是不是想找

如图 5-22 所示，在淘宝搜索展示页面查找“您是不是想找”，淘宝系统自动推荐当前热搜关键词。

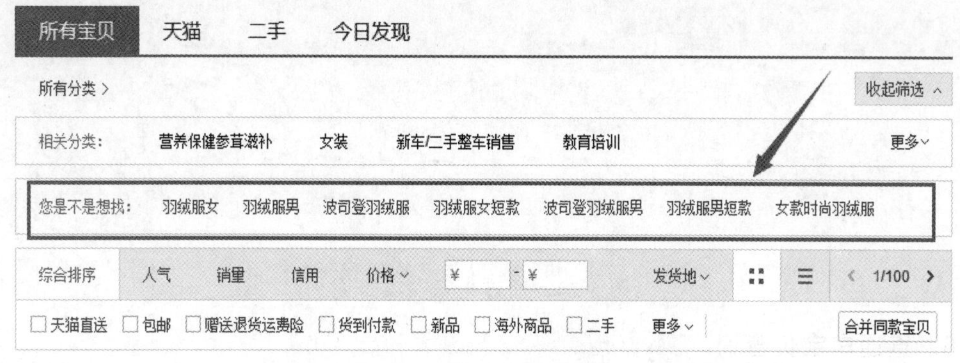


图 5-22　通过“您是不是想找”查词

### 4．阿里指数

如图 5-23 所示，登录阿里指数，点击行业排行可查询当前热搜关键词，也可导出完整榜单进一步分析和筛选。

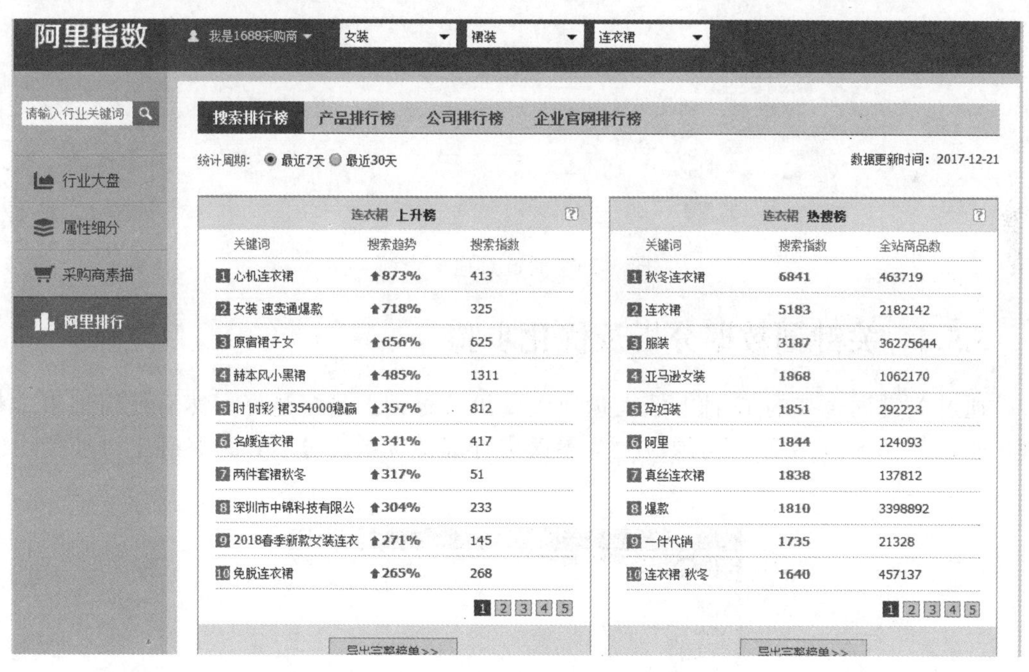


图 5-23　通过“阿里指数”查词

### 5．生意参谋

需订购市场行情标准版才能使用生意参谋查词，行业热词榜与搜索词查询两者均可查看，搜索词查询可查询行业之外的关键词，最多显示 500 个关键词，如图 5-24 所示。

搜索词查询

最近1天（2017-12-21~2017-12-21） 所有终端

当前搜索词：羽绒服女

| 类目名称 | 点击人气 | 点击人数占比 | 点击热度 | 点击次数占比 | 点击率 |
|---|---|---|---|---|---|
| 羽绒服 | 80,095 | 53.80% | 319,574 | 68.49% | 92.64% |
| 棉衣/棉服 | 62,776 | 35.42% | 193,429 | 28.41% | 38.42% |
| 毛呢外套 | 11,492 | 2.06% | 23,776 | 0.79% | 1.06% |
| 毛衣 | 7,423 | 1.01% | 13,250 | 0.30% | 0.40% |
| 毛针织衫 | 6,858 | 0.89% | 12,162 | 0.26% | 0.35% |
| 连衣裙 | 6,683 | 0.86% | 12,473 | 0.27% | 0.36% |
| 短外套 | 6,517 | 0.82% | 10,934 | 0.22% | 0.29% |

图 5-24 通过生意参谋查词

**6．直通车宝贝查词**

使用直通车宝贝查词查找关键词如图 5-25 所示。

宝贝推词 搜索关键词 电脑椅

所有推荐词 > 移动设备 共推荐 199 个关键词

选择设备：全部 计算机 移动设备

推荐理由：全部 热搜词 潜力词 同行词 飙升词 手机标 更多 指数筛选：全部

| 关键词 | 推荐理由 | 相关性 | 展现指数 | 市场平均出价 | 竞争指数 | 点击率 | 点击转化率 |
|---|---|---|---|---|---|---|---|
| << 办公椅 | | | 92277 | 2.71元 | 1274 | 4.75% | 2.67% |
| << 电脑椅家用椅 | | | 1686 | 1.50元 | 300 | 4.78% | 2.12% |
| << 椅子电脑椅 | | | 18055 | 2.08元 | 693 | 4.71% | 1.82% |
| << 电脑椅 转椅 椅 | | | 531 | 2.15元 | 103 | 4.30% | 3.84% |
| << 电脑椅家用 | | | 62496 | 1.86元 | 1084 | 3.56% | 1.14% |
| << 家用椅 | | | 26417 | 1.63元 | 847 | 3.80% | 1.85% |
| << 电脑椅、 | | | 1757 | 2.23元 | 74 | 4.44% | 3.29% |
| << 电脑电脑椅 | | | 19 | 0元 | 6 | 0% | 0% |
| << 网布椅 | | | 605 | 1.78元 | 89 | 3.76% | 3.84% |

<< 添加当前页 广泛匹配 精确匹配

图 5-25 通过直通车查词

## 5.5.4 关键词数据分析及优化步骤

通过关键词查找的 6 种方法大量获取宝贝关键词，越多越好，然后使用记事本整理出来，如图 5-26 所示。再通过生意参谋进行关键词数据分析，最终确定可被使用的关键词。

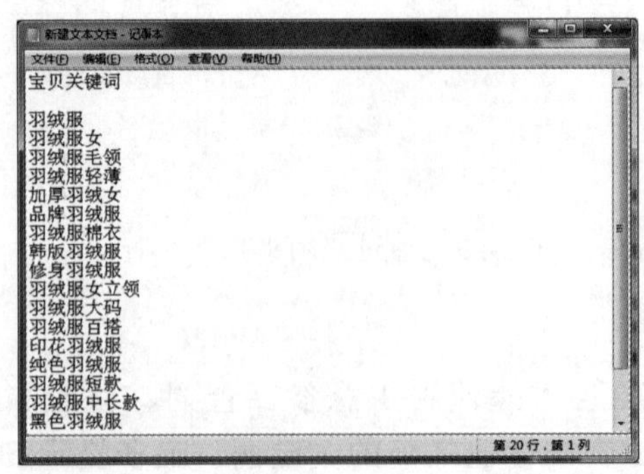

新建文本文档 - 记事本

文件(F) 编辑(E) 格式(O) 查看(V) 帮助(H)

宝贝关键词

羽绒服
羽绒服女
羽绒服毛领
羽绒服轻薄
加厚羽绒女
品牌羽绒服
羽绒服棉衣
韩版羽绒服
修身羽绒服
羽绒服女立领
羽绒服大码
羽绒服百搭
印花羽绒服
纯色羽绒服
羽绒服短款
羽绒服中长款
黑色羽绒服

第 20 行，第 1 列

图 5-26 淘宝宝贝关键词库整理

## 1. 关键词优化的 4 大步骤

（1）通过查词的 6 大方法大量获取淘宝核心关键词。

（2）通过 Excel 表格建立核心关键词库。

（3）通过生意参谋市场行情功能分析关键词数据信息，筛选有价值的关键词。

（4）将有价值的关键词通过优先原则进行排列组合形成宝贝标题。

## 2. 相关关键词筛选整理

关键词数据分析是关键词优化的核心，所分析的信息有搜索人气、搜索热度、点击率、支付转化率、在线商品数等。

（1）如图 5-27 所示，进入生意参谋单击“市场”按钮，再单击“搜索词查询”按钮，将图 5-26 所示整理的所有关键词搜索一遍，如“羽绒服女”，此时关于羽绒服女的所有相关的关键词都会展示出来，最多可展示 500 个关键词。

| 关键词 | 搜索人气 | 搜索热度 | 点击率 | 在线商品数 | 点击热度 | 交易指数 | 支付转化率 |
|---|---|---|---|---|---|---|---|
| 羽绒服女 | 869,089 | 2,550,766 | 171.34% | 3,153,543 | 3,436,897 | 3,947,909 | 3.02% |
| 羽绒服女中长款 | 525,442 | 1,574,714 | 161.73% | 1,730,582 | 2,057,662 | 2,329,385 | 3.44% |
| 羽绒服女中长款2017新.. | 504,187 | 1,403,409 | 127.18% | 247,314 | 1,604,729 | 1,902,986 | 2.96% |
| 羽绒服女长款 过膝 | 457,216 | 1,320,389 | 150.27% | 266,469 | 1,656,974 | 1,368,933 | 2.79% |
| 羽绒服女短款 | 336,781 | 973,681 | 142.88% | 768,330 | 1,188,850 | 955,861 | 3.71% |
| 2017新款羽绒服女 | 274,871 | 776,395 | 145.59% | 1,510,059 | 958,496 | 1,266,954 | 2.58% |
| 短款羽绒服女 | 258,983 | 815,422 | 154.12% | 722,485 | 1,039,184 | 674,639 | 2.45% |

图 5-27 淘宝宝贝关键词筛选查询界面

（2）将图 5-27 所查询到的相关关键词复制粘贴至 Excel 表格中，将搜索热度一列数据从高到底降序排列，如图 5-28 所示。

|  | A | B | C | D | E | F | G | H |
|---|---|---|---|---|---|---|---|---|
| 1 | 关键词 | 搜索人气 | 搜索热度 | 点击率 | 在线商品数 | 点击热度 | 交易指数 | 支付转化率 |
| 2 | 羽绒服女 | 869,089 | 2,550,766 | 171.34% | 3,153,543 | 3,436,897 | 3,947,909 | 3.02% |
| 3 | 羽绒服女中长款 | 525,442 | 1,574,714 | 161.73% | 1,730,582 | 2,057,662 | 2,329,385 | 3.44% |
| 4 | 羽绒服女中长款2017新款 韩版 潮 | 504,187 | 1,403,409 | 127.18% | 247,314 | 1,604,729 | 1,902,986 | 2.96% |
| 5 | 羽绒服女长款 过膝 | 457,216 | 1,320,389 | 150.27% | 266,469 | 1,656,974 | 1,368,933 | 2.79% |
| 6 | 羽绒服女短款 | 336,781 | 973,681 | 142.88% | 768,330 | 1,188,850 | 955,861 | 3.71% |
| 7 | 短款羽绒服女 | 258,983 | 815,422 | 154.12% | 722,485 | 1,039,184 | 674,639 | 2.45% |
| 8 | 2017新款羽绒服女 | 274,871 | 776,395 | 145.59% | 1,510,059 | 958,496 | 1,266,954 | 2.58% |
| 9 | 长款羽绒服女 | 209,448 | 664,429 | 169.50% | 1,919,908 | 893,680 | 898,894 | 2.61% |
| 10 | 长款羽绒服女 长过膝2017新款 | 171,072 | 561,485 | 140.21% | 203,227 | 679,234 | 614,458 | 2.43% |
| 11 | 波司登羽绒服女 | 226,734 | 536,510 | 123.06% | 33,811 | 603,104 | 545,253 | 1.38% |
| 12 | 羽绒服 女 | 179,783 | 526,881 | 142.58% | 3,143,916 | 643,506 | 530,701 | 2.06% |
| 13 | 轻薄羽绒服女 | 198,321 | 525,902 | 140.98% | 480,230 | 638,243 | 563,884 | 4.46% |
| 14 | 羽绒服女中长款2017新款 | 183,721 | 514,429 | 146.39% | 953,308 | 637,734 | 1,195,601 | 3.18% |
| 15 | 羽绒服女长款 | 169,364 | 506,006 | 164.09% | 1,769,240 | 668,949 | 926,840 | 3.33% |
| 16 | 中长款羽绒服女 | 154,326 | 485,227 | 161.84% | 1,733,514 | 636,607 | 834,969 | 2.96% |
| 17 | 轻薄羽绒服女中长款 | 139,774 | 437,999 | 139.26% | 134,710 | 528,145 | 418,623 | 3.34% |
| 18 | 女羽绒服中长款 | 146,800 | 434,709 | 148.00% | 1,725,052 | 542,508 | 802,173 | 3.22% |
| 19 | 女羽绒服 | 145,273 | 430,882 | 148.08% | 3,148,180 | 537,896 | 694,659 | 2.94% |
| 20 | 东大门羽绒服女 | 148,985 | 404,171 | 161.19% | 29,635 | 529,411 | 587,225 | 2.36% |
| 21 | 超大毛领羽绒服女 | 132,058 | 387,497 | 152.05% | 3,565 | 491,180 | 477,911 | 2.38% |

图 5-28 淘宝宝贝关键词筛选整理示例

（3）排查筛选所有的关键词，筛选搜索热度高、在线商品数量少、点击率高、支付转化率高的词，如图 5-29 所示。

| | A | B | C | D | E | F | G | H |
|---|---|---|---|---|---|---|---|---|
| 1 | 关键词 | 搜索人气 | 搜索热度 | 点击率 | 在线商品数 | 点击热度 | 交易指数 | 支付转化率 |
| 17 | 轻薄羽绒服女中长款 | 139,774 | 437,999 | 139.26% | 134,710 | 528,145 | 418,623 | 3.34% |
| 18 | 女羽绒服中长款 | 146,800 | 434,709 | 148.00% | 1,725,052 | 542,508 | 802,173 | 3.22% |
| 19 | 女羽绒服 | 145,273 | 430,882 | 148.08% | 3,148,180 | 537,896 | 694,659 | 2.94% |
| 20 | 东大门羽绒服女 | 148,985 | 404,171 | 161.19% | 29,635 | 529,411 | 587,225 | 2.36% |
| 21 | 超大毛领羽绒服女 | 132,058 | 387,497 | 152.05% | 3,565 | 491,180 | 477,911 | 2.38% |
| 22 | 白色羽绒服女 | 115,478 | 384,250 | 157.08% | 315,839 | 496,119 | 346,896 | 2.02% |
| 23 | 儿童羽绒服女 | 135,611 | 378,180 | 157.92% | 355,899 | 489,787 | 442,501 | 5.81% |

图 5-29　淘宝宝贝有效关键词摘取示例

读者必须明白优化关键词的目的是为了让更多的买家能够搜索到宝贝，同时在线商品数一定要少，在线商品数越少说明该关键词的竞争度越小。

分析为什么选择“超大毛领羽绒服女”关键词，最近 30 天搜索热度为 387497，平均每天的搜索热度为 12916，点击率为 152.05%，支付转化率为 2.38%，在线商品数量为 3565，竞争度非常小。如图 5-30 所示，最近 30 天关键词“超大毛领羽绒服女”的搜索人气不断增长。

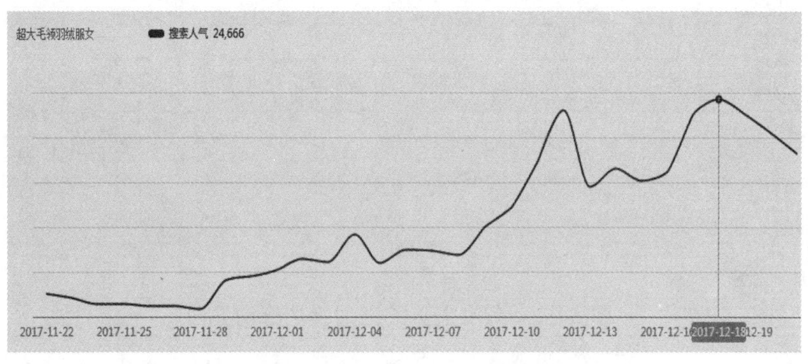


图 5-30　关键词搜索人气曲线图分析

# 5.6　淘宝宝贝标题优化策略及步骤

淘宝宝贝标题由 60 个字符组成，其核心元素为关键词。优化标题的核心是在有限的标题字符中尽量添加多的关键词，当买家搜索某关键词时，如果标题中含有该关键词，则该宝贝会被淘宝搜索机制检索到，进而展示给买家。

如图 5-31 所示，当买家搜索 “轮椅”关键词时，淘宝的搜索引擎就会从全网商品库中优先选取标题中含有“轮椅”关键词的宝贝，搜索结果页一共出现了 100 页的宝贝。除去直通车的广告位，第一页有 44 个产品，其他 99 个页面，每页都是 40 个宝贝，共会展现 4004 个宝贝。

## 5.6.1　淘宝宝贝标题优化策略

宝贝标题包含的关键词越多，被买家搜索到的几率就越大。但是淘宝的宝贝标题字符个数是有限的，最多只能添加 60 个字符，一个汉字占 2 个字符，一个英文字母或符号占用 1 个字符。如何实现对关键词科学有效的筛选和组合是标题优化的核心。

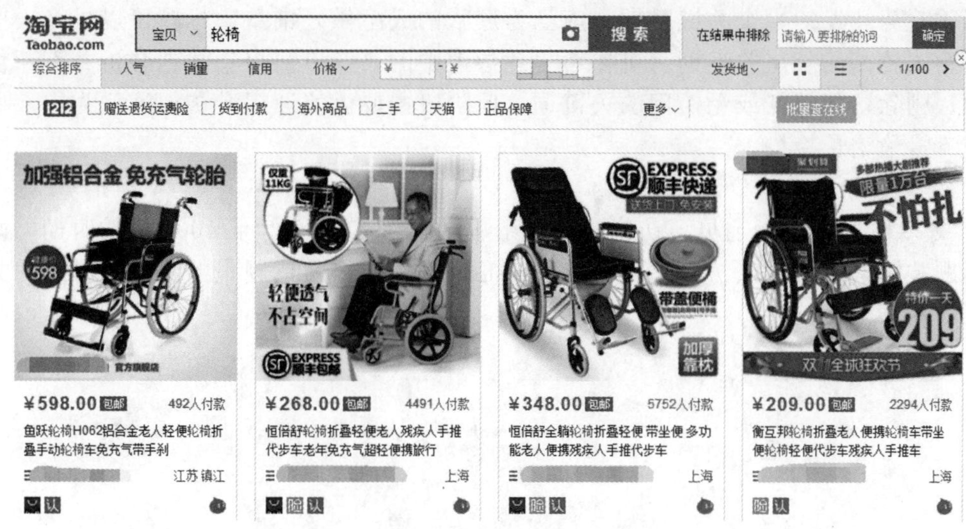


图 5-31　淘宝宝贝标题示例展示

在宝贝运营的不同阶段，宝贝标题优化策略也有所不同，应循序渐进，层层递推。其优化策略归纳为以下三个阶段。

**1．新品阶段**

“新品阶段”是指宝贝发布时间在 7～14 天以内，且销量低于 50 笔的时期，这时应当以支付转化率高于行业平均值为核心选取关键词。

宝贝新品阶段综合权重较低，竞争力弱。因此此阶段不宜选用搜索指数高、竞争度高的关键词，避免与大店高销量宝贝的正面竞争。主要选用搜索指数不低，转化率高，竞争度低的长尾关键词，如图 5-32 所示。

行业热词榜　累计值　最近7天（2017-11-26~2017-12-02）　住宅家具>坐具类>电脑椅　所有终端

| 热搜排名 | 搜索词 | 搜索人气 | 商城点击占比 | 点击率 | 点击人气 | 支付转化率 | 直通车参考价 |
|---|---|---|---|---|---|---|---|
| 443 | 椅电脑椅 | 1,011 | 10.90% | 98.52% | 887 | 18.00% | 2.00 |
| 292 | 美容椅子 | 1,411 | 7.71% | 104.55% | 1,026 | 16.76% | 2.52 |
| 303 | 椅子+电脑椅 | 1,352 | 100.00% | 112.89% | 1,022 | 14.13% | 0.00 |
| 354 | 眷恋电脑椅 | 1,223 | 87.47% | 136.04% | 1,003 | 13.97% | 3.16 |
| 466 | 多乐都乐电脑椅 | 968 | 89.76% | 153.00% | 833 | 13.87% | 0.00 |
| 281 | 布艺电脑椅 | 1,449 | 24.76% | 130.60% | 1,174 | 13.33% | 2.18 |
| 314 | 电脑椅弓形 | 1,325 | 41.22% | 142.65% | 1,105 | 13.11% | 2.66 |
| 438 | 办公转椅电脑椅 | 1,018 | 51.92% | 85.36% | 785 | 12.70% | 2.82 |
| 37 | 升降椅 电脑椅 | 6,142 | 40.74% | 120.09% | 4,786 | 12.11% | 1.94 |

图 5-32　新品阶段宝贝标题优化选词策略

### 2．中期阶段

“中期阶段”是指宝贝运营时间在 14 天以上，且销量不低于 200 笔的时期。此阶段属于蓄势待发的一个关键时期，应当为爆款的成型做好铺垫，标题可以扩充一些访问指数比较高的长尾关键词。可参考生意参谋中的“竞争情报”数据分析并不断优化标题，删除访问较低或无访问的关键词。此阶段主要以快速提升访问流量为主，保证每日流量呈增长趋势。

### 3．爆款阶段

“爆款阶段”是指宝贝日访问量不低于 1000，月销量不低于 1000 笔的时期。此阶段标题关键词主要选取访问指数较高的核心词，去掉之前标题里的流量相对小的关键词，如图 5-33 所示。

行业热词榜 累计值　　最近7天（2017-11-26~2017-12-02）　住宅家具>坐具类>电

| 热搜排名 | 搜索词 | 搜索人气 | 商城点击占比 | 点击率 | 点击人气 | 支付转化率 |
|---|---|---|---|---|---|---|
| 1 | 电脑椅 | 78,904 | 59.75% | 116.41% | 62,964 | 7.47% |
| 2 | 办公椅 | 45,331 | 45.65% | 112.10% | 36,288 | 8.98% |
| 3 | 电竞椅 | 36,814 | 81.16% | 129.97% | 31,153 | 5.97% |
| 4 | 椅子 | 28,464 | 39.83% | 98.47% | 19,878 | 5.99% |
| 5 | 电脑椅家用 | 26,247 | 56.09% | 117.70% | 21,168 | 7.46% |
| 6 | 老板椅 | 25,188 | 68.79% | 112.11% | 20,657 | 7.50% |
| 7 | 椅子 电脑椅 | 24,369 | 56.75% | 104.78% | 18,085 | 7.36% |
| 8 | 转椅 | 18,616 | 51.80% | 108.55% | 14,413 | 6.50% |
| 9 | 椅子 家用 | 18,454 | 34.47% | 84.98% | 11,248 | 4.64% |

图 5-33　爆款阶段宝贝标题优化选词策略

## 5.6.2　淘宝宝贝标题优化准则

一个完整的宝贝标题必须符合规范性、完整性、有效性三大标准，否则达不到标题优化的目的。

“规范性”是指宝贝标题的写法必须符合淘宝标题优化的相关规则要求，否则会被淘宝进行降权或者下架删除处理。

“完整性”是指宝贝标题中必须含有核心关键词、促销关键词和属性关键词等信息，同时必须写满 60 个字符。

“有效性”是指宝贝标题优化后必须达到高访问量的目的，通过优化标题快速提升访客流量。

### 1．淘宝宝贝标题规范写法

如图 5-34 所示为淘宝宝贝标题的规范写法指导。淘宝宝贝标题必须含有“核心关键词”“促销关键词”“属性关键词”等关键词信息。

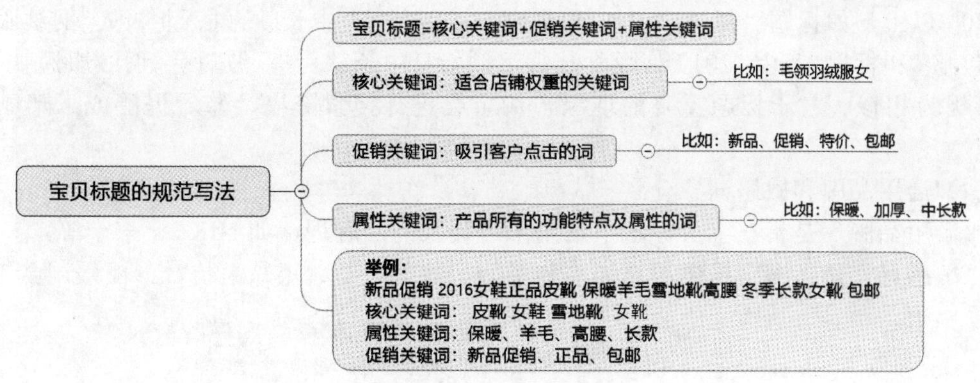


图 5-34 淘宝宝贝标题规范写法图解

1）核心关键词

“核心关键词”是指适合店铺或宝贝权重的关键词，比如“毛领羽绒服女”。“毛领羽绒服女”与“羽绒服女”关键词相比访问指数、竞争度相对较低，当店铺或宝贝权重较低时更有利于宝贝排名。

2）促销关键词

“促销关键词”是指能够吸引买家点击的关键词，如新品、促销、特价、包邮等。这类关键词能够引起买家的点击欲望。

3）属性关键词

“属性关键词”是指能够描述宝贝属性及特点的关键词，如保暖、加厚、中长款等。此类关键词可提升标题关键词的属性相关性及权重。

例如“新品促销 2017 女鞋正品皮靴 保暖羊毛雪地靴高腰 冬季长款女靴 包邮”，该标题中核心关键词包含皮靴、女鞋、雪地靴、女靴等；属性关键词包含保暖、羊毛、高腰、长款等；促销关键词包含新品促销、正品、包邮等。

**2．淘宝宝贝标题的错误写法**

淘宝宝贝标题的错误写法是指淘宝标题不符合相关规则要求，主要错误有堆砌关键词、滥用符号、重复标题、滥用品牌和敏感词，如图 5-35 所示。

1）关键词堆砌

“关键词堆砌”是指同一个宝贝标题中重复出现多个类目核心关键词，如牛仔裤、商务裤、直筒裤、短裤、打底裤等。淘宝对于关键词堆砌处罚很严格，会进行宝贝搜索降权处理。

2）滥用符号

“滥用符号”是指在宝贝标题中出现各种淘宝搜索引擎无法识别的特殊符号，如@、#、￥、%、……、&、*、() 等。淘宝搜索引擎可识别的符号为半角状态下的“空格”和英文状态下的左斜线“/”。标题中的符号不会被降权，但是标题中的符号使用无任何意义，并占用标题有限的字符数量，造成标题字符的浪费。

3）标题重复

“标题重复”是指在店铺中不同属性的宝贝使用完全相同的标题或者标题的相近度

在 80%以上，如标题“新品 2017 韩版女装大毛领修身中长款百搭 北极人 羽绒服短款 包邮”和标题“新品 2017 韩版女装大毛领修身中长款百搭 波司登 羽绒服短款 包邮”极为相似。对于标题重复的现象，淘宝会进行搜索降权、警告提醒或下架删除处理。

4）滥用品牌和敏感词

“滥用品牌”是指在宝贝标题中使用未经授权的品牌词，如 NIKE、李宁等。

“敏感词”是指淘宝搜索敏感词，如最好、独一无二、正品高仿、彭丽媛同款等。

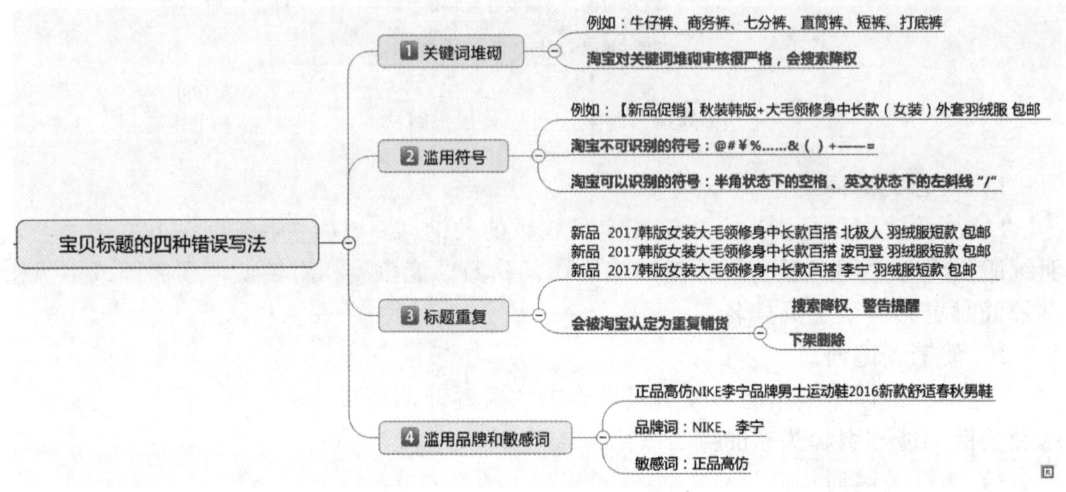


图 5-35 淘宝宝贝标题错误写法图解

## 5.6.3 淘宝宝贝标题的组词原则

如图 5-36 所示，淘宝宝贝标题组词原则包含精密排列优先、排列顺序无关、标题分词符号三大原则。

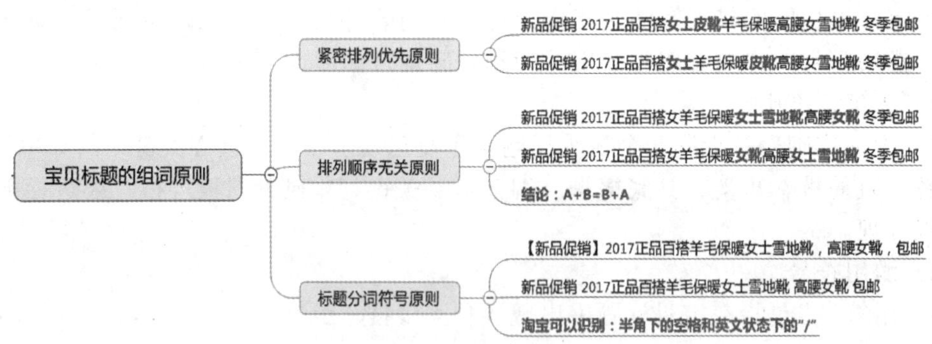


图 5-36 淘宝宝贝标题组词的原则图解

### 1．精密排列优先原则

“精密排列优先”原则是指宝贝关键词在组合时必须遵循精密排列方式，这样容易被淘宝搜索引擎优先抓取。比如标题 A“新品促销 2017 正品百搭女士皮靴羊毛保暖高

腰女雪地靴 冬季包邮”和标题 B“新品促销 2017 正品百搭女士羊毛保暖皮靴高腰女雪地靴 冬季包邮”相比，标题 A 中的关键词“女士皮靴”比标题 B 中的关键词“女士皮靴”更容易被搜索引擎所抓取。

**2．排列顺序无关原则**

“排列顺序无关”原则是指标题中关键词在排列组合时和排列顺序无关。比如标题 A“新品促销 2017 正品百搭羊毛保暖女士雪地靴高腰女靴 冬季包邮”和标题 B“新品促销 2017 正品百搭羊毛保暖女靴高腰女士雪地靴 冬季包邮”中的关键词“女士雪地靴高腰女靴”和“女靴高腰女士雪地靴”被淘宝搜索抓取难易程度相同。

**3．标题分词符号原则**

“标题分词符号”原则是指标题中要避免使用淘宝搜索引擎无法识别的符号。比如符号！、@、#、￥、%、……、&、*、()、【】、{}等。淘宝搜索引擎所能识别的符号为“空格”和英文状态下的“/”。

## 5.7 淘宝宝贝橱窗推荐优化技巧及运用策略

淘宝宝贝橱窗推荐是淘宝店铺的一种推广工具，使用得当可以增加宝贝被展现的机会。淘宝系统根据淘宝店铺宝贝数量、店铺信用、开店时间、消保、店铺周成交额、金牌卖家、违规扣分等维度自动分配淘宝宝贝橱窗推荐数量。淘宝橱窗位推荐分为普通橱窗位和精品橱窗位。

### 5.7.1 普通橱窗位

要获得淘宝普通橱窗位需要达到一定的基础条件，如图 5-37 所示。新开淘宝店铺达到“1 心”以上等级即可获得 10 个橱窗位，随着店铺信用等级的提升及开店时间增长，宝贝橱窗位数量也会随之增加。

| 日常规则发放橱窗位数量 | | 活动奖励橱窗位数量 | | 实际发放橱窗位总数量 |
|---|---|---|---|---|
| 5 日常规则应发：35个<br>发放上限（店铺在线商品数）：5 | + | 0 | = | 5 |

| 规则纬度 | 规则内容 | 你的状态 | 新橱窗数量 |
|---|---|---|---|
| 信用等级 | 星级卖家奖励10个橱窗位<br>钻级卖家奖励20个橱窗位<br>冠级卖家奖励30个橱窗位 | ♥♥ | 20 |
| 开店时间 | 开店时间少于90天内，奖励10个橱窗位<br>开店时间满1年奖励2个橱窗位<br>开店时间满2年奖励5个橱窗位<br>开店时间满3年奖励10个橱窗位 | 2012-06-19 | 10 |
| 消保 | 缴纳消保保证金的，奖励5个橱窗位 | 是 | 5 |
| 店铺周成交额 | 周成交额是指上周的周成交额，计算周期为周四0点至周三23:59:59<br>如果近30天无成交，或店铺不满1星，或主营类目不符合要求，或上周处于惩罚状态,没有奖励橱窗位。<br>成交额奖励橱窗的使用有效期为1周，每周五老的奖励失效，新的奖励生效。 | 0.00 | 0 |
| 金牌卖家 | 金牌卖家奖励：5个橱窗位 | 否 | 0 |
| 违规扣分 | 一般违规扣分（A类扣分）满12分及以上，扣除5个橱窗位<br>严重违规扣分（B类扣分）满12分及以上，扣除10个橱窗位<br>出售假冒商品被违规扣分（C类扣分）满24分及以上，扣除20个橱窗位 | A类扣分:0;B类扣分:0;C类扣分:0;<br>去体检中心查看违规扣分详情> | 0 |

图 5-37 淘宝宝贝橱窗位数量计算方法图解

## 5.7.2 精品橱窗位

淘宝网在 2016 年推出精品橱窗位，其目的是进一步提升宝贝权重。如图 5-38 所示，精品橱窗位必须达到一定的准入条件后才能准入，其条件如下。

（1）A 类扣分小于 12 分，且无虚假交易；

（2）近 1 年无 B 类扣分；

（3）近 1 年无 C 类扣分；

（4）卖家信用等级大于等于“1 颗钻”；

（5）卖家主营类目为精品橱窗测试类目；

（6）卖家为受邀测试卖家。

精品橱窗的规则内容如下：

（1）企业店铺奖励 1 个精品橱窗；

（2）金牌买家奖励 2 个精品橱窗；

（3）中国制造买家奖励 3 个精品橱窗；

（4）上周成交额达到目标奖励 10 个精品橱窗。

精品橱窗明细

| 准入条件 | 您的状态 |
| --- | --- |
| A类扣分<12，且无虚假交易 | 符合 |
| 近1年无B类扣分 | 符合 |
| 近1年无C类扣分 | 符合 |
| 卖家信用等级>=1颗钻 | 符合 |
| 卖家主营类目为精品橱窗测试类目,当前主营类目为女装/女士精品 | 符合 |
| 卖家为受邀测试卖家 | 符合 |

| 规则内容 | 您的状态 | | 奖励数目 |
| --- | --- | --- | --- |
| 企业店铺奖励1个精品橱窗 | 符合 | | 1 |
| 金牌卖家奖励2个精品橱窗 | 不符合 | 查看规则 | 0 |
| 中国质造卖家奖励3个精品橱窗 | 不符合 | 查看规则 | 0 |
| 上周成交金额达到目标奖励10个精品橱窗 | 不符合 | | 0 |

确定

图 5-38 淘宝宝贝精品橱窗位准入条件

## 5.7.3 橱窗推荐的优化技巧及运用策略

橱窗推荐的目的是给搜索加权。2016 年前，淘宝店铺橱窗位的数量是相对固定的，店铺的信誉达到多少，一般就会有相应个数的橱窗位。现在无论是橱窗推荐还是精品橱窗都是动态的。橱窗数量的多少和违规扣分、信誉、交易额等数据相关。

### 1．橱窗推荐位数量提升优化准则

（1）店铺信用等级越高，橱窗位数量越多；

（2）开店时间越久，橱窗位数量越多；

（3）必须缴纳消保；

（4）周成交额越高，橱窗数量越多（以周为单位，稳定提升全店宝贝销量）；

（5）成为金牌卖家后奖励 5 个橱窗位。

**2．橱窗推荐运用策略**

（1）所有橱窗位必须全部使用，不可浪费；

（2）主推宝贝优先使用；

（3）无意义的宝贝不要使用，如赠品、补差价等；

（4）参加活动的宝贝优先使用；

（5）临近下架宝贝优先使用。

## 5.8　淘宝宝贝上下架优化技巧及策略

淘宝宝贝上下架是淘宝系统为了让更多商品有展现排名的机会而推出的一种系统加权机制。上下架时间周期为 7 天，越临近下架时间，宝贝的权重越高，排名越靠前。

淘宝宝贝上下架并非实际宝贝下架，当宝贝到了下架时间淘宝系统会自动将宝贝下架同时会将宝贝上架，相当于淘宝系统以 7 天为周期将宝贝上架时间刷新一次。

### 5.8.1　淘宝宝贝上下架时间优化技巧

淘宝宝贝上下架是优化排名的重要权重指标，在店铺整体运营中作用极为重要，需把握好 7 天为一个周期的时间布局，获得更多展现机会。

**1．宝贝发布注意事项**

（1）宝贝不可同一时间发布或者批量发布，否则所有宝贝的下架时间为同一时间，引起店铺内部宝贝权重互相竞争。

（2）宝贝最好采用手动方式一件一件上传发布，按照同行宝贝竞争时间规律合理选择发布时间。

（3）宝贝以 7 天为周期平均分布到每一天的各个时间段，获取最大下架权重。新品发布会获得 7～14 天的新品加权，应预留足够的运营时间。

（4）不要频繁修改宝贝下架时间。

**2．宝贝上下架时间优化技巧**

（1）通过生意经、生意参谋、店透视等工具对同行竞争宝贝下架时间进行数据分析，得出最佳下架时间段。

（2）白天 00:00～19:00 期间，淘宝首页界面平均 15 分钟刷新一次，晚上 19:00～24:00 期间，淘宝首页界面 30 分钟刷新一次。因为淘宝同一页面同一店铺最多可以展现两个宝贝，为了避免同一店铺宝贝互相竞争，上架宝贝时间白天最少间隔 15 分钟，晚上最少间隔 30 分钟。

（3）以 7 天为周期平均分配布局商品数量，使每天都有宝贝下架，从而增大宝贝的展现机会。

### 5.8.2 淘宝宝贝上下架时间运营策略

（1）临近下架时间的宝贝必须配合使用橱窗推荐，使得临近下架宝贝的权重得到最大程度的发挥。

（2）尽量选择临近下架的宝贝作为申请参加活动的宝贝。

（3）对临近下架宝贝做好流量导向及转化工作。

（4）在临近下架宝贝流量快速上升阶段必须做好补单工作。

（5）在临近下架宝贝流量快速上升阶段多设置优惠券等促销活动。

# 第 6 章

# 淘宝活动申报技巧及策略

淘宝活动是指为淘宝卖家提供的各类促销活动，协助淘宝卖家通过打折、满减、买赠等营销手段提升商品销量。淘宝活动分为官方的和非官方的两种。

淘宝官方活动是指淘宝官方组织的促销活动。淘宝官方活动又分为日常活动和定时活动。日常活动主要有聚划算、天天特价、淘抢购等。卖家随时都可以报名这类活动，无时间限制，只要满足官方活动平台申报条件及要求即可。由于这类活动是淘宝官方组织的，所以流量巨大，活动效果明显。通常情况下，卖家如果能操作成功一次大型的官方活动，便可使淘宝店铺迅速崛起，脱颖而出，很快进入稳定经营的阶段。所以淘宝卖家应重视淘宝官方日常大型活动。淘宝官方定时活动一般通过淘宝后台的站内信进行招商，比如双"十一""双十二""年终大促"，以及春节、开学季、中秋节、教师节、国庆节等特殊的节日。

淘宝非官方活动是指一些淘宝站外独立的网站或者 APP，虽然这类活动平台并不隶属于淘宝网管制，但是由于特殊的商业模式及市场需求，也需依靠淘宝网发展。淘宝站外活动平台经过长时间的经营，已经有了大量固定流量及特殊的市场需求，比如折 800 和卷皮网等。此类活动平台内相对淘宝官方活动而言，要求及条件少、门槛低、申报成功率高，效果也十分理想。对于大多数新开淘宝店而言，是较为理想的选择。

## 6.1 淘宝官方活动申报及技巧

淘宝官方的活动很多，6.1 节重点介绍淘宝官方的天天特价、淘抢购和淘宝卖家后台官方活动这三个重要活动的申报技巧及活动策略。

每个活动平台的规则和申报条件各不相同，申报活动前要详细了解活动要求。

### 6.1.1 天天特价

天天特价活动的网站地址为 www.tejia.taobao.com。天天特价活动可以在活动页面右上角的"商家中心"进行报名，活动包括"十元包邮""今日爆款"和"特惠囤"三种活动形式，如图 6-1 所示。

图 6-1 淘宝天天特价首页

### 1. 店铺要求

（1）符合《淘宝网营销规则》。

（2）报名“类目活动”“10 元包邮”的店铺信用等级要达到“三钻”及以上。

（3）开店时间大于等于 90 天。

（4）在线商品大于等于 10 件。

（5）已加入淘宝网消费者保障服务且消费者保证金余额大于等于 1000 元，且需加入“7 天无理由退换货”服务。

（6）实物宝贝交易大于等于 90%，虚拟类目指生活服务、教育、房产、卡券类等。

（7）近半年店铺非虚拟交易的 DSR 评分三项指标均不得低于 4.6（开店不足半年的自开店之日起算）。

（8）因严重违规（B 类）被处罚的卖家，禁止参加活动。

（9）因出售假冒商品（C 类）被处罚的卖家，禁止参加活动。

（10）魔豆妈妈资质要求：招商卖家必须为魔豆妈妈卖家，其余卖家不可报名。报名此类活动时，魔豆妈妈的店铺信用等级为“1 心至 5 钻”，且不受店铺实物交易占比限制。

磨豆妈妈是“魔豆爱心工程”的简称。“魔豆爱心工程”是淘宝公益基金的品牌公益项目，是一项旨在帮助自强自立的困难母亲改变命运的创业项目。它为身处困境的母亲提供资金支持、电脑捐助、系统培训、创业辅导等系统援助，帮助她们在淘宝上创就业，获得维持正常生活的稳定收入，以“授之以渔”的永续方式替代“授之以鱼”的一次性捐助。原线下被扶持的淘宝创业型魔豆妈妈，将得到项目提供的 1 万元创业基金、1 台电脑、及系统的创业培训。2015 年 7 月，魔豆妈妈的申请从原来的线下选拔改为线上申请，扶持政策也有所调整。符合资质的困难妈妈将得到淘宝平台的相关扶持：赠送旺铺专业版、满就送等 4 款淘宝官方软件，以及淘宝大学公益创业进修课程等服务，销售额符合要求的魔豆妈妈还有机会获得直通车专款。截止 2015 年年底，

“魔豆爱心工程”已经帮助了 1012 位魔豆妈妈。2011 年，魔豆爱心工程荣获由国家民政部颁发的政府最高慈善奖项“中华慈善奖”。

**2．商品要求**

（1）商品库存：50 件及以上。

（2）报名商品最近 30 天交易成功的订单数量大于等于 10 件。

（3）活动价格低于最近 30 天最低拍下价格，商品不得有区间价格（多个 SKU 时必须是同一价格）。

（4）报名商品必须全国包邮（港澳台除外）。

（5）活动结束后的 30 天内，不得以低于天天特价活动价报名其他活动或在店铺里促销。若有违反，将按照《天天特价卖家管理细则》进行相应处罚。

（6）特殊资质要求：①运动户外类目商品需要符合《淘宝网运动户外类行业标准》；②食品类商品需要有 QS 资质或中字标或授字标。

（7）商品报名信息应清晰、规整，商品标题和图片符合特定的格式要求：报名商品图片大小为 800 像素×800 像素，格式为 JPG，主题明确且美观，不拉伸变形，不拼接，无水印，无 logo，无文字信息，图片背景为白底、纯色或者浅色。

（8）报名商品标题必须在 13 个汉字或者 26 个字符以内且描述准确清晰，严禁堆砌关键字。

（9）所有提交报名的商品及活动页面素材要确保不存在任何侵犯他人知识产权及其他合法权益的信息。

**3．活动前的准备工作**

当收到活动申报审核通过的通知后，卖家需要做好以下准备工作。

（1）设置库存大于活动报名数量。因为当二审通过后，天天特价后台会从商家报名的商品总库存中划走报名的库存，因此要保证库存总数。对于不同属性的宝贝库存系统会校验总库存数。比如卖家报名了一款眼影，眼影总共 8 款颜色，报名数量为 300 件。这就表示应设置这 8 款颜色的眼影总库存数为 300 件。注意，设置库存的时候不要设置秒杀和付款减库存。买家拍下 30 分钟不付款卖家可以自行关闭交易，然后天天特价频道自动恢复库存。

（2）若卖家使用其他优惠工具打折，宝贝打折后的价格不得低于天天特价活动价格，所有活动冲突标签必须取消，包括聚划算等活动平台的促销价格。

（3）保持一个价格，取消区间价。参加活动的折扣价格由天天特价系统设置，不需要商家自动修改。由于多个价格会使天天特价的优惠价格出错，所以参加活动的商品需保持一个价格，可以有多个 SKU，但是必须是一个价格。活动结束后 30 天内不得以更低价格销售。

（4）参加天天特价的宝贝要在标题前面增加【天天特价】4 个字。在活动结束后卖家应及时去掉【天天特价】关键字，以免被系统处罚。

例如，原标题为“睫毛膏 7ml 防水纤长卷翘浓密”，修改为“【天天特价】 睫毛膏 7ml 防水纤长卷翘浓密”。建议添加中文中括号，且中间不要有空格。

（5）天天特价是全场免邮的，所以报名的商家需要设置 “卖家承担运费”。（除港澳台地区，全国包邮。如卖家指定的快递不到，请选择 E 邮宝或者其他快递，不得让买家贴补邮费）。涉及退换货需求的，要参照淘宝网“退货承诺”规定处理。参加活动后，卖家拒绝包邮，或提出宝贝N件包邮（N>1），或非港澳台的大陆地区要求增加邮费（买家主动指定快递除外），或卖家主动选择发平邮的，将取消卖家活动参与资格365天。

（6）报名活动后商品需要保持始终在线状态。二审通过后（活动开始前两天15点）商品锁定，不得修改标题、主图、价格、库存及邮费，活动期间如果商品是未售罄下架的，系统会自动屏蔽展示直到卖家恢复上架。

（7）做好店铺装修工作和上线准备工作。目前不强制要求设置店铺 logo，但是部分主题活动需要近30天内有无线店铺装修动作，若近30天内未操作过，建议卖家对无线店铺进行一定的操作。

（8）消费者保证金的“可用余额”必须大于等于1000元，如不足，卖家报名的宝贝会被系统清退。

特别注意，以上准备如不及时完成，或未按照上述要求修改，天天特价会根据情况取消活动资格。

### 6.1.2 淘抢购活动介绍

淘抢购是目前影响力仅次于聚划算的日常官方活动。由于这个活动在手机淘宝的首屏就可以看到，所以它的影响力非常大。本节重点介绍淘抢购的使用方法。淘抢购的网页域名为 www.qiang.taobao.com。进入页面之后，单击右上角的“商家报名”，就可以进入到报名页面。淘抢购一共有6种主要的活动方式，分别为早起好时光、日常单品、抢洋货、今日必抢、新品活动和场景购。淘抢购的活动方式变化比较频繁，官方经常会加入新的活动方式。每一种活动方式都有其各自不同的规则。下面详细介绍这些活动方式，以便卖家根据自己的实际情况在这些种活动中做出选择。

**1．场景购**

场景购是站在消费者的角度上组建不同的购物场景，结合淘抢购特色的官方玩法，将多品类、多品牌的商品聚合在一起售卖的活动形式。

1）商家条件

（1）商家应符合《营销平台基础招商标准》要求。

（2）仅由主营一级类目为“厨房电器”“生活电器”或“个人护理/保健/按摩器材”的店铺组成的单个场景购活动，可展现的店铺数量上限为25个（含），其他情形下，单个场景购活动可展现的店铺数量上限为5个（含）。

（3）报名单个店铺场景购活动的商家需要为天猫卖场型旗舰店。

（4）淘宝店铺开店时长满足90天以上。

（5）主营一级类目为消费卡、购物提货券、餐饮美食的淘宝店铺信用等级要求在“一钻”及以上，其他淘宝店铺信用等级要求在“三钻”及以上。

（6）除主营一级类目为消费卡、购物提货券、餐饮美食的淘宝店铺外，其他淘宝店铺半年正常计分评论数在200个及以上。

（7）主营类目为“女装/女士精品”的，近30天淘抢购订单金额退款率不超过40%，其他店铺近30天淘抢购订单金额退款率不超过30%。

（8）主营类目为“女士内衣/男士内衣/家居服”“箱包皮具/热销女包/男包”的，近 30 天淘抢购订单未发货金额退款率不超过 40%，其他店铺近 30 天淘抢购订单未发货金额退款率不超过 30%。

（9）“新车/二手车”“整车（经销商）”“医疗及健康服务”类目的商家，参加淘抢购必须支持售中未使用退款和过期自动退款。

2）商品条件

（1）商品符合《营销平台基础招商标准》要求。

（2）品牌商品必须有品牌方提供的售卖证明、或者商品以报名库存为要求的购买发票、或者有品牌渠道商的资质证明；自有品牌商品提供自有品牌的相关证明。

（3）多个店铺的场景购活动中，仅由主营一级类目为“厨房电器”“生活电器”“个人护理/保健/按摩器材”或“美容美体仪器”的店铺组成的场景购活动，每个店铺可展现的商品数量上限为 8 个（含），其他情形下，每个店铺可展现的商品数量上限为 40 个（含）。

（4）由主营一级类目为“女装/女士精品”“运动包/户外包/配件”“运动/瑜伽/健身/球迷用品”“运动鞋 new”“运动服/休闲服装”“箱包皮具/热销女包/男包”“服饰配件/皮带/帽子/围巾”“男装”“女鞋”“女士内衣/男士内衣/家居服”“零食/坚果/特产”的店铺组成的场景购活动，每个活动可展现的商品数量上限为 200 个（含）。

（5）报名商品必须为一口价，若同一商品同期参加淘抢购活动及天猫活动，两边活动价格必须保持一致，否则淘抢购活动将无法发布。若同期活动商品价格不一致导致商品无法正常参与活动，商家需要取消天猫活动或更改活动价格，保证两边活动价格一致。

（6）除符合以上商品基本资质外，报名商品图片大小应为 640 像素×640 像素、白底，商品需摆放在 600 像素以内的方框内，不得出现任何文字标识与促销信息，左上角 180 像素×160 像素区域内不要出现图片重要信息。图片清晰，主题明确且美观，不拉伸变形，不拼接，无水印，支持 JPG、JPEG、PNG 格式。

（7）报名商品图片需保证取得有效版权人或肖像权人等第三方权利人明确授权并有可转授权权利证明；且权利证明文件必须真实完整，确保合作期内持续有效。

（8）“传统滋补营养品”“保健品/膳食营养补充剂”“服饰配件/皮带/帽子/围巾>制衣面料>毛线”“特色手工艺>少数民族特色工艺品>柯尔克孜族特色>约尔麦克(毛线编)”“美容护肤/美体/精油”，这 5 个类目在报名商品团时，限购数量最多可以设置为 20 件。

（9）“消费卡”“购物提货券”“餐饮美食”“零食/坚果/特产”“粮油米面/南北干货/调味品”“酒类”“茶”“咖啡/麦片/冲饮”“水产肉类/新鲜蔬果/熟食”“孕妇装/孕产妇用品/营养”“玩具/模型/动漫/早教/益智”“童装/童鞋/亲子装”“尿片/洗护/喂哺/推车床”“奶粉/辅食/营养品/零食”“彩妆/香水/美妆工具”“家居饰品”“床上用品”“居家布艺”“3C 数码配件”“珠宝/钻石/翡翠/黄金>黄金首饰（新）”，这 20 个类目在报名商品团时，限购数量最多可以设置为 10 件。

（10）“五金/工具”“电子/电工”“基础建材”，这 3 个类目在报名商品团时，限购数量最多可以设置为 100 件。

（11）“家装主材”“家装灯饰光源”“全屋定制”，这 3 个类目在报名商品团时，限购数量最多可以设置为 500 件。

**2．早起好时光**

“早起好时光”是淘抢购致力于打造品质早餐的消费场景，通过自主招商的方式每日为消费者提供主题式的品质早餐商品，满足消费者对品质早餐的需求。

1）商家条件

报名早起好时光场景购活动的商家，应当符合《淘抢购场景购招商标准》要求。

2）商品条件

（1）报名商品的“宝贝与描述相符”评分达 4.7 及以上。

（2）每个店铺可展现的商品数量上限为 8 个（含）。

（3）商品符合《淘抢购场景购招商标准》要求。

**3．品类夜抢**

“品类夜抢”是淘抢购打造的品类线购物场景，通过自主招商的方式每天为消费者精选一个品类相关的优质商品并提供实惠的价格，满足消费者对某一品类的需求。

1）商家条件

（1）报名品类夜抢日常单品活动的商家，应符合《淘抢购日常单品招商标准》要求。

（2）报名品类夜抢场景购活动的商家，应符合《淘抢购场景购招商标准》要求。

2）商品条件

（1）报名品类夜抢日常单品活动的商品，应符合《淘抢购日常单品招商标准》要求；报名品类夜抢场景购活动的商品，应符合《淘抢购场景购招商标准》要求。

（2）报名品类夜抢日常单品活动的商品库存要求：报名库存数量大于等于 6 万元/抢购价，活动开始时，商品实际库存不得小于商品报名库存。

**4．抢洋货**

洋货是指从中华人民共和国（除香港、澳门、台湾）境关外（包括保税区、香港、澳门、台湾及海外）进口的商品。

1）商家条件

商家应符合《淘抢购日常单品招商标准》要求。

2）商品条件

（1）商品应符合《淘抢购日常单品招商标准》要求。

（2）针对洋货商品，淘宝/天猫商家应提供参加活动商品的完整进货链路或完整的品牌（商标）授权链路证明，及近 1 年内海关报关单据；食品类还需要提供相应的卫生检疫证明。进口商品的完整进货链路证明，即报关单上的进口商至淘宝/天猫/天猫国际商家的逐级进货链路凭证，如增值税专用发票或购货合同及进货发票；进口商品的完整品牌（商标）授权链路证明，即商家提供品牌商标注册证，及商标注册人至该商家的完整销售授权凭证，品牌商直接授权商家为最佳。

（3）特殊进口商品还需提供如下资质凭证：进口化妆品需提供进口化妆品备案凭证；进口保健品需提供进口保健品批注文件；进口酒类或进口食品需提供检验检疫合格证明。

（4）进口商品系从国内大型商超专柜渠道进货的，需要提供近半年的购货方为参团商家的大型商超增值税专用发票、国内专柜小票以及贴有中文标签的商品图片。

（5）跨境直邮的商品，商家作为海外代购服务提供者，在接受消费者代购服务委托后，应确保代购商品自境外发货、运输、入境至中国大陆过程中符合相关国家的法律法规，特别是入境至中国大陆并寄送至消费者的过程始终符合中华人民共和国有关商品进出口、商品检验检疫的法律法规要求。

### 5. 今日必抢

“今日必抢”分为今日必抢和特色好货两种活动类型。今日必抢活动是通过展示当前场次具有成交爆发力的商品，为大众消费者提供更具性价比商品的活动。特色好货是通过展示符合一定主题，如“明星同款”“原创设计师系列”“食令抢先”等的商品，为消费者提供更加潮流、稀缺货品的活动。

1）商家条件

（1）商家应符合《淘抢购日常单品招商标准》要求。

（2）淘宝卖家店铺信用等级要求：“五钻”及以上。

（3）近半年店铺非虚拟交易的 DSR 评分三项指标均不得低于 4.7（开店不足半年的自开店之日起算）。

2）商品条件

（1）商品应符合《淘抢购日常单品招商标准》要求。

（2）商品价格在 500 元（含）以下的，报名商品近 30 天的历史销售记录必须在 30 笔及以上。

（3）商品价格在 500 元以上，3000 元（含）以下的，报名商品近 30 天的历史销售记录必须在 20 笔及以上。

（4）商品价格在 3000 元以上的，报名商品近 30 天的历史销售记录必须在 10 笔及以上。

（5）报名特色好货活动的商品库存数量下限为 5 万元/抢购价。

（6）报名今日必抢活动的商品库存数量下限为 30 万元/抢购价。

（7）活动开始时，商品实际库存不得小于商品报名库存。

（8）0 点场次及 12 点场次的报名商品应符合特色系列要求，具体以报名场次要求为准。

### 6. 日常单品

“日常单品”适用于所有类目的单品促销活动。

1）商家条件

（1）商家应符合《营销平台基础招商标准》要求。

（2）店铺开店时长在 90 天及以上。

（3）主营一级类目为消费卡、购物提货券、餐饮美食的淘宝店铺信用等级在“一钻”及以上，其他淘宝店铺信用等级在“三钻”及以上。

（4）除主营一级类目为消费卡、购物提货券、餐饮美食的淘宝店铺外，其他淘宝店铺半年正常计分评论数在 200 个及以上。

（5）主营类目为女装/女士精品的，近 30 天淘抢购订单金额退款率不超过 40%，其他店铺近 30 天淘抢购订单金额退款率不超过 30%。

（6）主营类目为“女士内衣/男士内衣/家居服”“箱包皮具/热销女包/男包”的，近 30 天淘抢购订单未发货金额退款率不超过 40%，其他店铺近 30 天淘抢购订单未发货金额退款率不超过 30%。

（7）“新车/二手车”“整车（经销商）”“医疗及健康服务”类目的商家，参加淘抢购必须支持售中未使用退款和过期自动退款。

2）商品条件

（1）商品应符合《营销平台基础招商标准》要求。

（2）品牌商品必须有品牌方提供的售卖证明，或者商品以报名库存为要求的购买发票，或者有品牌渠道商的资质证明；自有品牌商品需要提供自有品牌的相关证明。

（3）商品价格在 500 元（含）以下的，报名商品近 30 天的历史销售记录必须在 20 笔及以上。

（4）商品价格在 500 元以上 3000 元（含）以下的，报名商品近 30 天的历史销售记录必须在 10 笔及以上。

（5）商品价格在 3000 元以上的，报名商品近 30 天的历史销售记录必须在 5 笔及以上。

（6）除类目为有价优惠券的商品外，其他类目商品报名库存数量下限为 5 万元/抢购价。

（7）类目为有价优惠券的商品，报名库存数量下限为 100 元/抢购价。

（8）活动开始时，商品实际库存不得小于商品报名库存。

（9）报名商品必须为一口价，若同一商品同期参加淘抢购活动及天猫活动，两边活动价格必须保持一致，否则淘抢购活动将无法发布。若同期活动商品价格不一致导致商品无法正常参与活动，商家需要取消天猫活动或更改活动价格，保证两边活动价格一致。

（10）除符合以上商品基本资质外，报名商品图片大小为 640 像素×640 像素，白底，商品需摆放在 600 像素以内的方框内，不得出现任何文字标识与促销信息，左上角 180 像素×160 像素区域内不能出现图片重要信息。图片清晰，主题明确且美观，不拉伸变形，不拼接，无水印，支持 JPG、JPEG、PNG 格式。图片右上角必须有品牌 logo，且距离右、上边距 20 像素。

（11）报名商品图片要保证取得有效版权人或肖像权人等第三方权利人明确授权并有可转授权权利证明；且权利证明文件必须真实完整，确保合作期内持续有效。

（12）“传统滋补营养品”“保健品/膳食营养补充剂”“服饰配件/皮带/帽子/围巾>制衣面料>毛线”“特色手工艺>少数民族特色工艺品>柯尔克孜族特色>约尔麦克（毛线编）”“美容护肤/美体/精油”这 5 个类目在报名活动时，限购数量最多可以设置为 20 件。

（13）“消费卡”“购物提货券”“餐饮美食”“零食/坚果/特产”“粮油米面/南北干货/调味品”“酒类”“茶”“咖啡/麦片/冲饮”“水产肉类/新鲜蔬果/熟食”“孕妇装/孕产妇用品/营养”“玩具/模型/动漫/早教/益智”“童装/童鞋/亲子装”“尿片/洗护/喂哺/推车床”“奶粉/辅食/营养品/零食”“彩妆/香水/美妆工具”“家居饰品”“床上用品”“居家布艺”“3C 数码配件”“珠宝/钻石/翡翠/黄金>黄金首饰（新）”这 20 个类目在报名活

动时，限购数量最多可以设置为 10 件。

（14）“五金/工具”“电子/电工”“基础建材”这 3 个类目在报名活动时，限购数量最多可以设置为 100 件。

（15）“家装主材”“家装灯饰光源”“全屋定制”这 3 个类目在报名活动时，限购数量最多可以设置为 500 件。

（16）“有价优惠券”在报名活动时，限购数量最多可以设置为 5 件，且单笔订单限购 1 件。

特别注意，通过了日常单品的活动，还有四个额外的展示位赠送，官方将其称为“主坑拖带”，它是指参加淘抢购日常单品团（以下简称为“主坑”）的商家可以在商品审核通过后，额外提交至多 4 个商品参加淘抢购活动，并在指定场景进行展现，该商品以下简称为“拖带商品”。每个主坑的拖带商品数量最多为 4 个。拖带商品无商品历史销量记录要求。拖带商品库存要求：报名库存数量上限为 10 万元/抢购价，下限不做要求。同时，活动开始时，商品实际库存不得小于商品报名库存。

**7. 抢购新品**

新品是指商家在天猫或淘宝首次上架的特定商品。“特定商品”是指上架时间在淘抢购规定的上新周期内的商品，各行业的上新周期规定如下：“女装/女士精品”“男装”“童装/婴儿装/亲子装”一级类目下的商品的上新周期为 28 天；“女士内衣/男士内衣/家居服”“箱包皮具/热销女包/男包”　“流行男鞋”“女鞋”“运动鞋 new”“运动服/休闲服装”“运动/瑜伽/健身/球迷用品”“户外/登山/野营/旅行用品”“运动包/户外包/配件”“服饰配件/皮带/帽子/围巾”“珠宝/钻石/翡翠/黄金”“饰品/流行首饰/时尚饰品新”“ZIPPO/瑞士军刀/眼镜”类目下的商品上新周期为 60 天。

以上所述所有类目的商品属性要求是当年当季，具体要求如下：春季——上一年度 12 月 20 日至本年度 4 月 30 日；夏季——本年度 2 月 25 日至 8 月 25 日；秋季——本年度 6 月 15 日至 11 月 15 日；冬季——本年度 8 月 1 日至下一年度 1 月 15 日。

除以上类目外，其余类目上新周期为 28 天。

“首次上架”的判断标准是，在淘抢购规定的上新周期前，该商品的同款商品从未在天猫或淘宝上架出售，“同款”的判断标准包括但不限于以下两点。

（1）品牌与货号都相同。

（2）款式完全相同。

参加抢购新品活动需要满足的条件如下。

1）商家条件

商家应符合所报活动类型的店铺基础要求。

2）商品条件

（1）报名商品符合“新品定义”。

（2）报名商品符合所报活动类型的商品基础要求。

（3）报名商品为实物商品，主营类目为“整车（经销商）”“新车/二手车”的除外。

（4）除“女装/女士精品”“男装”“女鞋”类目的淘宝商品外，报名商品应为国际、国内知名品牌（含知名淘品牌）的商品。

（5）除“女装/女士精品”“男装”“童装/婴儿装/亲子装”“女士内衣/男士内衣/家居服”“箱包皮具/热销女包/男包”“流行男鞋”“女鞋”“运动鞋 new”“运动服/休闲服

装”“运动/瑜伽/健身/球迷用品”“户外/登山/野营/旅行用品”“运动包/户外包/配件”“服饰配件/皮带/帽子/围巾”“珠宝/钻石/翡翠/黄金”“饰品/流行首饰/时尚饰品新”“ZIPPO/瑞士军刀/眼镜”类目的商品外，报名商品的历史累计销售笔数要小于10笔。

以上介绍了淘抢购目前的活动方式，活动对商家的要求和对商品的要求。任何一项不满足都不能通过审核。淘宝官方的活动审核极为严格，所以卖家要对报名的活动有充分的了解和把握。

### 6.1.3 淘抢购收费原理

淘抢购是付费活动。淘宝系统审核通过之后，卖家缴纳一定的费用才可以正常参加活动。这里涉及几个名词需要逐一说明。

（1）报名货值：指商家报名淘抢购活动过程中，商品通过审核时系统记录的货值，商品通过审核后报名货值及保底费用即确定，若后续商品价格下调，则保底费用金额不变。

（2）保底费用：报名货值×30%×类目收费费率。

（3）实时划扣技术服务费：消费者确认收货的累计金额×类目收费费率。

（4）固定收费：按照商家所报名具体业务类型的活动所展现/公示的收费标准，缴纳固定费用。

淘抢购共有三种收费方式。

#### 1．实时划扣技术服务费

活动审核通过后，商家需缴纳保底费用。活动开始，淘抢购交易订单在消费者确认收货后，系统将会扣除一定比例的费用至淘抢购专用收费支付宝账户，实时进行划扣。

活动开始后的第30天23:59:59，为现金奖励计算截止时间。活动开始后的第32天0点起，淘抢购将现金奖励打款到商家绑定的扣款支付宝账户，并同时释放一审通过时锁定的保底费用。若实时划扣技术服务费金额不足保底费用，则从保底费用中扣除不足部分后，释放剩余的保底费用。

#### 2．固定技术服务费

即商家应在获得审核通过后提前支付一笔固定技术服务费（简称“固定费用”），并于开团时由系统通过商家绑定的支付宝划扣至淘抢购，开团后系统将不再实时监控确认收货成交额，商家也无须再缴纳实时划扣技术服务费。

#### 3．基础费用与封顶费用组合模式

组合模式下费用由基础技术服务费（简称“基础费用”）和封顶技术服务费（简称“封顶费用”）两部分组成。

（1）参加活动的商家在商品获得审核通过后，需要提前充值一笔基础费用至商家绑定的支付宝内，活动开团时基础费用将划扣至淘抢购帐户并不予退回。

（2）活动开团后累计确认收货交易订单金额产生的费用等于或低于开团时已扣除的基础费用时（确认收货订单金额产生的费用由系统根据对应类目技术服务费的费率计算得出），系统将不再执行实时划扣技术服务费的操作（即系统免收技术服务费）。

（3）活动开团后累计确认收货交易订单金额产生的费用高于开团时已扣除的基础

费用时（确认收货订单金额产生的费用由系统根据对应类目技术服务费的费率计算得出），系统将对超出的费用按照实时划扣技术服务费的方式进行扣费，直至达到封顶后系统停止扣费。

以上介绍了淘抢购的三种活动收费方式，下面将介绍淘抢购的 6 个活动与这三种收费方式的对应关系。其中“日常单品”收费最为简单，只需在三种收费方式中任选一种。其余的五个活动收费方式比较复杂，三种收费方式同时起作用。

（1）淘抢购日常招商（单品团）、淘抢购返场、淘抢购品类夜抢场景购的收费模式比较灵活。卖家可以从以上介绍的三种收费方式中选择选一种方式参与活动。

（2）淘抢购主坑拖带收费模式为“基础+封顶”收费模式，即基础费用和封顶费用的组合模式。主坑拖带收费模式下，每个商品基础费用的标准为 100 元/次，封顶费用的标准为 500 元/次。

（3）淘抢购场景购、淘抢购品类夜抢场景购收费模式与“主坑拖带”收费原理相同。不同之处在于，单个店铺场景购基础费用的标准为 25000 元/次，封顶费用的标准为 50000 元/次。

### 6.1.4　淘宝官方类目活动讲解

淘宝官方类目的活动可以从卖家版千牛进入，单击“常用”按钮，在“营销中心”中找到“活动报名”，单击即可进入，如图 6-2 所示。

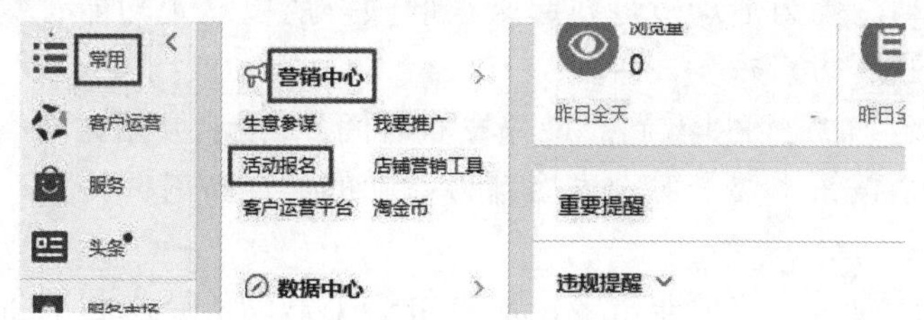


图 6-2　淘宝官方活动申报入口

如图 6-3 所示，有很多活动概括了淘宝在后台的所有活动。各个活动要求都不同。卖家单击“可参加的活动”按钮便可以把卖家店铺符合条件的活动删选出来。

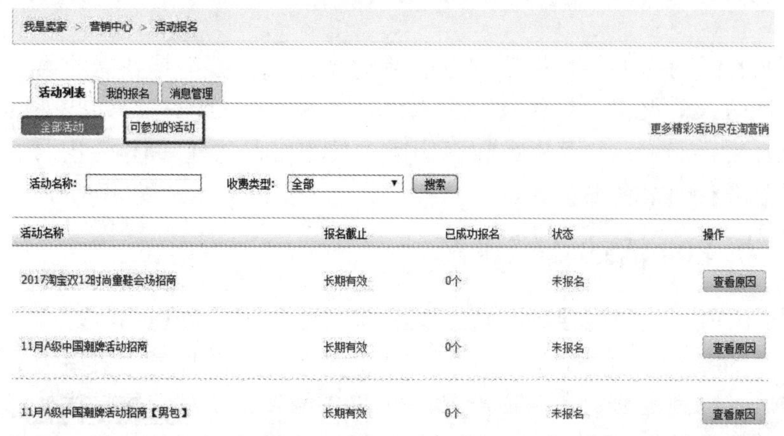


图 6-3　淘宝官方活动列表

单击“可参加的活动”按钮之后，卖家可以看到如图 6-4 所示的报名入口页面。

图 6-4 淘宝官方可参加活动报名入口

从图 6-4 可以看到“邀请我参加的活动”，这是指官方直接邀请卖家店铺的活动通知，受邀请的活动通过几率非常大。

这里的活动比较多，有些活动报名之后，卖家可能发现效果不好，或者不适合卖家店铺的类目，下次就不会再报名了。但是有些活动，卖家做完之后，发现效果很好，就需要把这样的活动收藏起来。这里有个“我收藏的活动”功能，里面可以收藏卖家觉得有效果的活动。因为活动多，找起来很麻烦，所以这个功能有效地防止了卖家遗忘某些效果很好的活动。

另外，从图 6-4 中还可以看到“最先发布时间”“报名开始时间”“活动开始时间”三个按钮。这三个按钮主要是对卖家店铺可参加的活动按时间排序。以便卖家合理安排活动的时间。

由于淘宝后台的活动数量非常多，而且每一个活动的要求和准备工作都不相同，所以这里就不逐一说明了，卖家在单击“立即报名”按钮后，可以看到详细的活动说明。

## 6.2 淘宝站外活动申报与技巧

淘宝站外的活动，主要是指非官方的活动平台，一般都是独立的第三方平台，如惠品折、优折网、值得买、聚便宜、美淘网、九块九包邮网等。这些外网的活动良莠不齐，卖家要注意辨别。这其中比较有影响力的平台是折 800 和卷皮网。这一节主要来介绍这两个平台的报名细节。

### 6.2.1 折 800 活动营销讲解

折 800 是国内专业团购导航网站团八百旗下网站，折 800 正式成立时间为 2008 年 7 月，由原折 800 全新升级，以更丰富的商品、更全面的优惠、更给力的折扣、人工精选独家推出，以满足消费者购物需求。折 800 网致力于精选每日优质淘品，聚合由淘宝商家提供的专供折 800 网用户独享优惠的超划算网购商品信息。自推出以来，迅速获得用户认可。折 800 唯一官方网站域名为 www.zhe800.com。折 800 首页活动界面如图 6-5 所示。

图 6-5　折 800 首页活动界面

在折 800 首页的右上角可以看到“卖家中心”按钮，单击就可以进入卖家后台。进入之后，找到报名入口，如图 6-6 所示。

图 6-6　折 800 活动报名入口

从图 6-6 中可以看出，折八百的活动一共有五种形式。其中“品牌团”要求比较严格。必须是耳熟能详的大品牌才可以参加品牌团。而且必须是参加过“单品”活动的商家才可以参加品牌团，所以这里不做过多的介绍。其他的四个，一般卖家都可以报名参加。

首次进入折 800 的网站，只能浏览，并不能进入后台。只有注册折 800 的账号才可以进行进一步的操作，如图 6-7 所示。

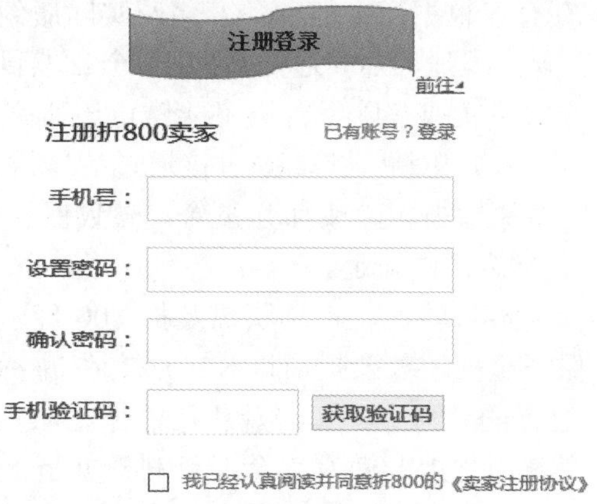

注册登录

前往

注册折800卖家　　已有账号？登录

手机号：

设置密码：

确认密码：

手机验证码：　获取验证码

我已经认真阅读并同意折800的《卖家注册协议》

图 6-7　折 800 活动会员注册界面

注册完账号之后，卖家需要将自己的淘宝店铺绑定到折 800 的账号。通俗来说，就是让卖家自己的淘宝账号和折 800 的账号进行关联，如图 6-8 所示。

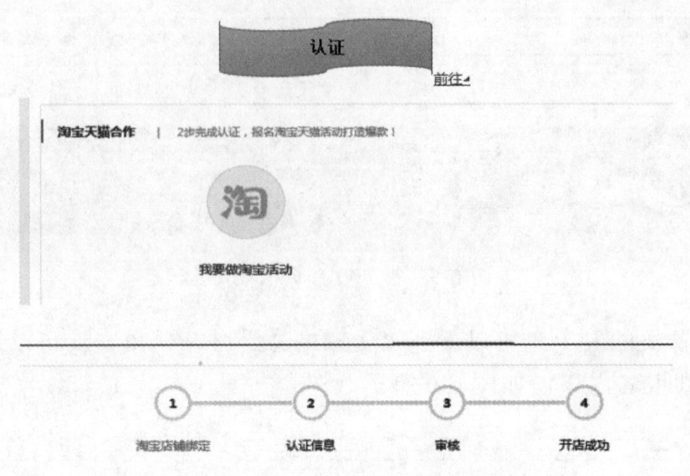


图 6-8　折 800 活动会员认证界面

认证完之后卖家就可以报名折 800 的活动了。当然还需要缴纳一定金额的保证金。折 800 是一个付费的活动，所以还有技术服务费。接下来，重点来介绍折 800 平台的保证金和技术服务费。

1．保证金

（1）商家在折 800 经营必须交纳保证金，保证金主要用于保证商家按照折 800 的规则进行经营，提供优质合格的商品及服务。在商家有违规或违约行为时，折 800 有权根据平台相关规则扣除该商家的保证金。

（2）折 800 招商专员在商家提交报名审核时根据折 800 招商标准及商家的具体情况如商家资质、信誉状况、预估销售规模、单月销售额水平、合作次数、历史活动评分、商品类目及商品单价等因素确定该商家具体应缴数额（最低为人民币 10000 元，不设上限）。同时，折 800 有权根据商家的业务变化及实际履约能力及履约情况通知商家调整保证金金额，商家应在收到折 800 通知后的 10 个自然日内向折 800 缴纳或补足保证金，否则，折 800 有权终止或解除平台协议并停止该商家在折 800 的一切活动。

（3）保证金应在商家的入驻申请经折 800 审核通过后一次性缴齐。

（4）保证金因协议所述原因被扣除或部分扣除，导致保证金金额不足 50%的，折 800 有权通知商家在 10 个自然日内补足。

（5）折 800 将根据国家经济情况、市场状况及折 800 经营情况适时适当调整保证金制度及保证金标准。保证金的调整会提前以公告形式在折 800 网站公布。

（6）商家在折 800 进行的交易中，如涉嫌违反法律、法规、政策、平台规则或违反其对买家的承诺时，商家同意折 800 有完全的权利根据折 800 的判断，直接使用保证金对买家进行适度赔付。

（7）若商家违反平台规则，且根据平台规则，商家应当向折 800 和/或消费者支付违约金、赔偿金的，商家同意折 800 有权直接划扣、使用保证金。

（8）如商家未按照法律规定、协议规定或平台规则向买家履行相关义务，则折 800 有权依其独立判断，直接使用保证金向买家退款或支付违约金（或赔偿金）。

（9）如商家违反协议和/或平台规则，给折 800 造成任何损失（包括但不限于诉讼赔偿、诉讼费用、律师费用等），应向折 800 支付违约金或赔偿金的，则折 800 有权直接从保证金中扣除相当于折 800 损失的金额或违约金或逾期未付款项，保证金不足以赔偿的，折 800 可继续向商家追偿；在损失金额不明确之前，折 800 有权无限期冻结该保证金，直至损失金额明确后予以结算。

（10）保证金并非折 800 收取的费用，不提供任何收据或发票。更多关于保证金的处理，可参见《折 800 商家处罚管理规定》等折 800 平台规则。

（11）由于保证金不充抵服务费用，除因协议约定事项而被扣除外，保证金始终存于商家的折 800 账户中并处于冻结状态。直至商家与折 800 合作终止且约定期满后无任何违规、违约行为，保证金余额将无息退还商家。

（12）保证金可在活动结束 30 天且所有交易环节（包括交易、费用结算、售后处理及买家维权处理）完成后由商家自行操作解冻至商家的折 800 账户内。此期间，若折 800 发现商家存在或可能存在违规或违约行为且在该 30 天内无法处理完毕的，折 800 有权将保证金冻结时间延长 30 天或紧急扣除保证金，待商家违规或违约行为处理完毕后视具体情况解冻或退还。但商家有欠款未向折 800 付清的，保证金仍无法解冻或退还。

### 2．技术服务费

折 800 的技术服务费收取有两种方式，一种是“一口价”，另一种是 CPC。如果卖家满足以下任意一种条件，就可以按照一口价来收取服务费。

（1）30≤活动价格<100，且近 30 天内销量超过 2000 件的。

（2）活动价格≥100，且近 30 天内销量大于 1000 件的。

（3）同时参加聚划算活动的。

一口价技术服务费收费明细如图 6-9 所示，其中的“折扣价”是指折 800 不定期的优惠价。

| 版本 | 各品类技术服务费 cpc 单价 | | 单品保底技术服务费金额 | | 店铺团保底技术服务费金额 | | 爆品一口价 | |
|---|---|---|---|---|---|---|---|---|
| | 标准价 | 折扣价 | 标准价 | 折扣价 | 标准价 | 折扣价 | 标准价 | 折扣价 |
| V1.0.4 | 0.3 元 | 各品类单价详见下表 | 1000 元 | 500 元 | 1000 元 | 600 元 | 2000 元 | 1000 元 |

图 6-9 折 800 活动技术服务费明细

另一种收费方式是按照 CPC 的方式进行收取，CPC 的收取原则是按照点击次数收取。具体的点击数据包含电脑端和手机端的点击次数总和。图 6-10 是 CPC 方式收费的价格表。横轴是产品所在的类目，竖轴是报名商品的价格区间。

淘宝天猫合作CPC计费价格表 v1.0.3

| 分类点击单价 / 商品价格区间 | 茶酒 | 美食 | 儿童 | 母婴 | 数码 | 家电 | 家纺 | 居家 | 美妆 | 男装 | 内衣 | 女装 | 配饰 | 其他 | 运动 | 箱包 | 鞋品 | 中老年 |
|---|---|---|---|---|---|---|---|---|---|---|---|---|---|---|---|---|---|---|
| 0.01-10元 | 0.14 | 0.14 | 0.10 | 0.10 | 0.12 | 0.16 | 0.09 | 0.10 | 0.12 | 0.13 | 0.12 | 0.09 | 0.09 | 0.13 | 0.13 | 0.10 | 0.13 | 0.10 |
| 10.01-20元 | 0.16 | 0.16 | 0.12 | 0.10 | 0.13 | 0.16 | 0.10 | 0.12 | 0.14 | 0.13 | 0.13 | 0.09 | 0.09 | 0.14 | 0.13 | 0.10 | 0.13 | 0.10 |
| 20.01-30元 | 0.18 | 0.18 | 0.15 | 0.13 | 0.14 | 0.16 | 0.12 | 0.12 | 0.14 | 0.13 | 0.14 | 0.09 | 0.11 | 0.15 | 0.13 | 0.10 | 0.13 | 0.10 |
| 30.01-40元 | 0.18 | 0.18 | 0.15 | 0.16 | 0.15 | 0.16 | 0.15 | 0.15 | 0.16 | 0.14 | 0.15 | 0.10 | 0.11 | 0.16 | 0.13 | 0.11 | 0.13 | 0.10 |
| 40.01-50元 | 0.18 | 0.18 | 0.16 | 0.16 | 0.15 | 0.16 | 0.15 | 0.15 | 0.16 | 0.14 | 0.15 | 0.10 | 0.11 | 0.16 | 0.15 | 0.11 | 0.13 | 0.12 |
| 50.01-60元 | 0.18 | 0.18 | 0.16 | 0.18 | 0.16 | 0.20 | 0.15 | 0.15 | 0.18 | 0.15 | 0.15 | 0.10 | 0.11 | 0.16 | 0.15 | 0.12 | 0.15 | 0.12 |
| 60.01-70元 | 0.18 | 0.18 | 0.16 | 0.18 | 0.16 | 0.20 | 0.15 | 0.15 | 0.18 | 0.15 | 0.15 | 0.10 | 0.11 | 0.16 | 0.15 | 0.12 | 0.15 | 0.13 |
| 70.01-80元 | 0.18 | 0.18 | 0.16 | 0.18 | 0.16 | 0.20 | 0.15 | 0.15 | 0.18 | 0.16 | 0.15 | 0.10 | 0.13 | 0.16 | 0.15 | 0.12 | 0.15 | 0.13 |
| 80.01-90元 | 0.18 | 0.18 | 0.16 | 0.18 | 0.16 | 0.20 | 0.15 | 0.15 | 0.18 | 0.16 | 0.16 | 0.10 | 0.13 | 0.16 | 0.16 | 0.12 | 0.15 | 0.14 |
| 90.01-100元 | 0.18 | 0.18 | 0.16 | 0.18 | 0.16 | 0.20 | 0.15 | 0.15 | 0.18 | 0.16 | 0.16 | 0.10 | 0.13 | 0.16 | 0.16 | 0.12 | 0.15 | 0.14 |
| 100.01-150元 | 0.18 | 0.18 | 0.16 | 0.18 | 0.16 | 0.20 | 0.15 | 0.17 | 0.20 | 0.17 | 0.16 | 0.10 | 0.13 | 0.17 | 0.16 | 0.14 | 0.17 | 0.14 |
| 150.01-200元 | 0.18 | 0.18 | 0.16 | 0.18 | 0.16 | 0.20 | 0.15 | 0.17 | 0.20 | 0.17 | 0.16 | 0.10 | 0.13 | 0.17 | 0.16 | 0.14 | 0.17 | 0.14 |
| 200.01-500元 | 0.18 | 0.18 | 0.16 | 0.18 | 0.16 | 0.20 | 0.15 | 0.17 | 0.20 | 0.17 | 0.16 | 0.10 | 0.13 | 0.17 | 0.16 | 0.14 | 0.17 | 0.14 |
| 500.01元以上 | 0.18 | 0.18 | 0.16 | 0.18 | 0.16 | 0.20 | 0.15 | 0.17 | 0.20 | 0.17 | 0.16 | 0.10 | 0.13 | 0.17 | 0.16 | 0.14 | 0.17 | 0.14 |

更新时间：2016年3月18日

（2016年3月25日起CPC计费标准2-2）

图 6-10　折 800 活动 CPC 计费价格表

比如，卖家报名的商品是一件 99 元的男士 T 恤，经过查询可以知，CPC 是 0.16 元。也就是说卖家的产品在折 800 展示期间，买家每点击一次，折 800 就收取 0.16 元。如果在展示期间，一共产生了 10000 次点击，那么折 800 将要收取 1600 元。

特别需要注意的一点是，商家应在合作期间使合作商品保持正常在线可售卖的状态，若需要将商品链接提前下架或删除，应及时联系折 800 专员进行同步处理，否则系统将持续按计费标准进行计费直至活动结束。

### 6.2.2　卷皮网活动营销讲解

卷皮网唯一官方网址为 www.juanpi.com，活动平台界面如图 6-11 所示。卷皮是国内首家提出“平价零售”模式的电商平台，凭借 “弱品牌”+“非标品”的策略去除品牌溢价；耕耘供应链，与上游厂商合作，实现工厂→卷皮→消费者最短链路，降低流通成本，实现亲民价格；凭借专业买手团队，甄别优质商家、精选优质商品，实现产品质量控制。

卷皮创新的平价零售商业模式，顺应当下国内市场消费升级下庞大规模的平价消费需求市场，极大响应了市场对高品质、理性价格商品的消费诉求。卷皮早期就已实施渠道下沉战略，成功抓住市场机遇，也错开了与巨头直接竞争。

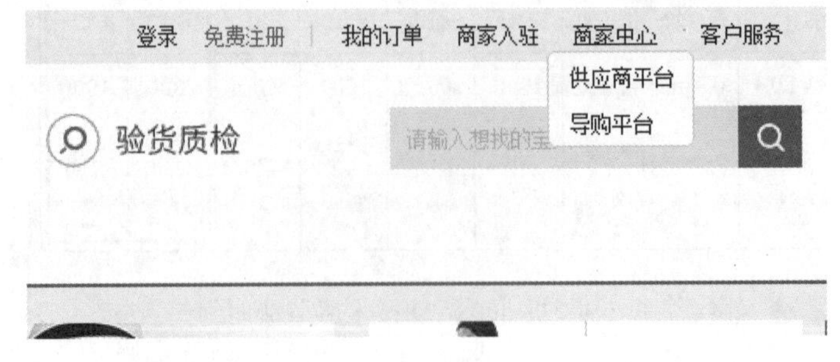


图 6-11　卷皮网活动平台

进入卷皮网之后，在首页的右上角可以看到“商家中心”按钮。这里要注意“商家平台”下可以选“供应商平台”或者“导购平台”。淘宝卖家应该选导购平台，这一点和折 800 是不同的。

单击导购平台按钮后，卖家可以看到一个活动简介的页面，如图 6-12 所示。

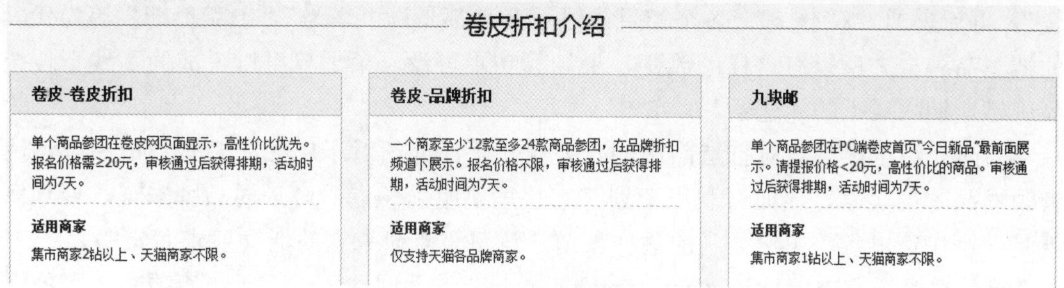


图 6-12　卷皮网活动折扣介绍页面

这里把这个简介做一个简单的梳理，如图 6-13 所示。

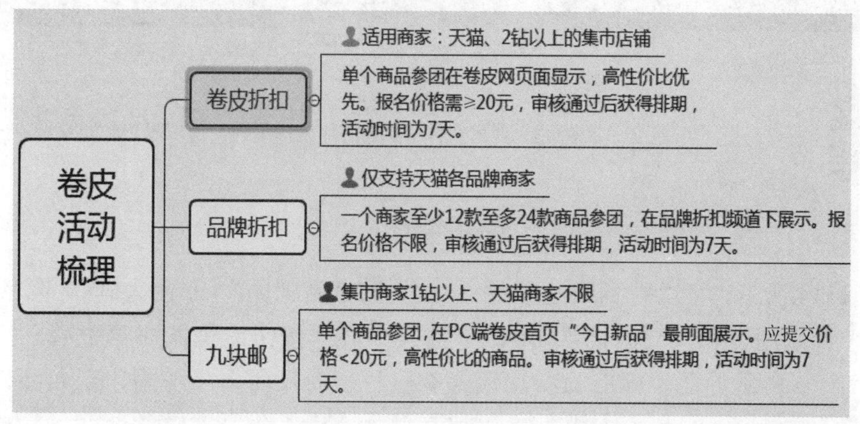


图 6-13　卷皮网活动梳理图解

卷皮网的保证金比较简单，所有商家都是固定的 10000 元。商家所缴纳保证金的解冻时间为商家最后一次活动结束 30 个自然日后。

卷皮网的技术服务费现在也比较简单，统一为 1000 元。

## 6.3　聚划算活动申报与技巧

淘宝聚划算是阿里巴巴集团旗下的团购网站，淘宝聚划算是淘宝网的二级域名，该二级域名正式启用时间在 2010 年 9 月份。淘宝聚划算依托淘宝网巨大的消费群体。2011 年，淘宝聚划算启用聚划算顶级域名，官方公布的数据显示其成交金额达 100 亿元，帮助千万网友节省超过 110 亿，已经成为展现淘宝卖家服务的互联网消费者首选团购平台，确立了其国内最大团购网站地位。

聚划算对很多线下知名的品牌来说，有重要的战略目的。几年前，大多数在线下响当当的品牌并没有快速跟上电商的步伐，淘宝网在战略上重点培养了网络品牌，也就是现在的“淘品牌”，例如前几年的“欧莎”“七格格”“妖精的口袋”“韩都衣舍”等品牌。那些年淘宝的“双十一”冠军多是这些品牌。但是经过这几年的发展，“淘品牌”中，真正能称得上品牌的，能和线下传统品牌有一拼的，恐怕只有一个“韩都衣舍”。再后来的“双十一”，各个类目的冠军几乎都是以“华为”“杰克琼斯”等为代表的线下品牌。之所以有这样的改变，聚划算功不可没。聚划算可以说成为了线下传统品牌迅速切入线上的加速器。

上面介绍了聚划算对打造品牌的重要性。下面介绍对于广大的没有形成品牌，或者说弱品牌的卖家，该如何利用聚划算。这里要明确一点，对于弱品牌来说，聚划算就是一个快速出货，快速盈利的最佳渠道。这里重点研究它的活动要求和策略。

聚划算唯一官方网址为 www.ju.taobao.com。进入网站之后，重点查看右上角的区域，如图 6-14 所示。

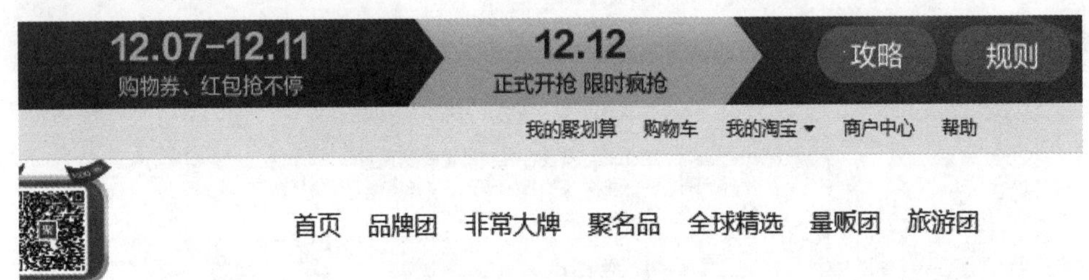


图 6-14 聚划算活动平台

如图 6-14 所示，可以看到聚划算的六大分类：“品牌团”“非常大牌”“聚名品”“全球精选”“量贩团”和“旅游团”。单击“商户中心”按钮，进入商户中心之后，可以看到如图 6-15 所示界面。标准的参团模式有五种：商品团、品牌团、聚名品、聚新品和竞拍团。

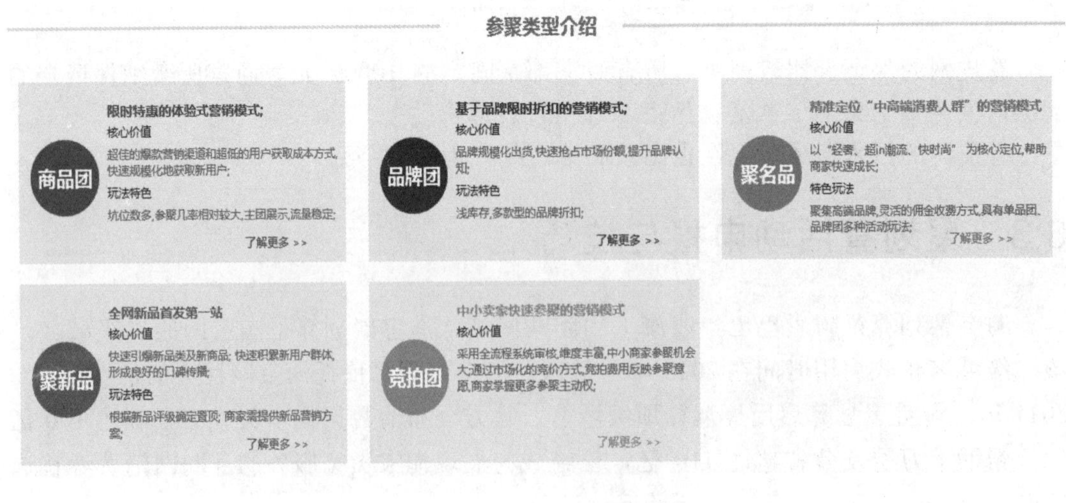


图 6-15 聚划算活动参聚类型

### 6.3.1 商品团活动介绍及活动申报

这里重点介绍“商品团”“聚新品”和“竞拍团”的参团技巧及策略。品牌团对小卖家来说一般机会不大，聚名品对小卖家基本没什么机会。但是研究官方活动的方法都是相通的，读者举一反三还是可以研究通透的。如图6-16所示，直接在聚划算的商家中心单击“我要报名”按钮进入界面。

图6-16 商品团活动报名入口

如图6-17所示，选择左侧导航栏“我要报名”进入，最下方选择聚划算。单击“查看详情和报名”按钮进入商品团。

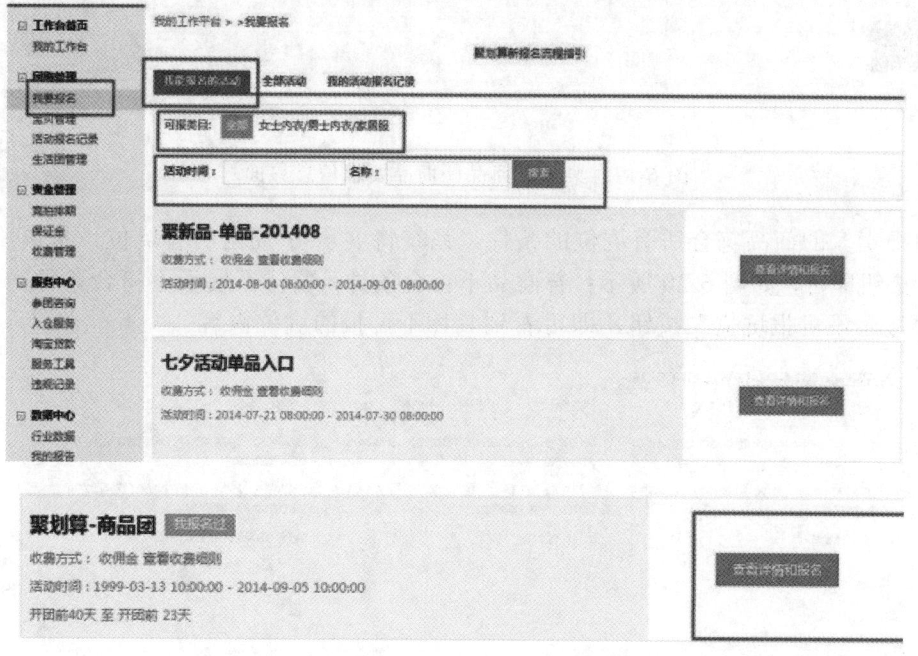


图6-17 聚划算商品团查看详情及报名入口界面

如图6-18所示，可以查看到商品团活动的“活动介绍”“收费方案”“保证金规则”

“报名要求”和“坑位规则”详情。

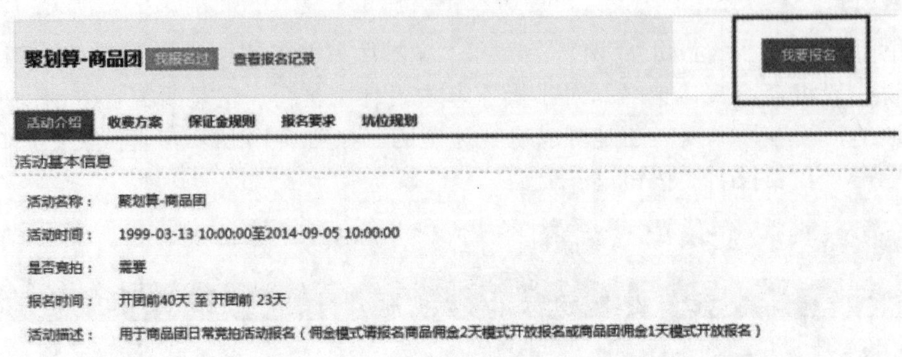


图 6-18　聚划算商品团活动详细内容及规则

如果卖家的店铺和商品符合要求，选择合适的宝贝就可以报名了。不符合要求的宝贝是灰色的，不能单击“提交”按钮。可以单击“查看原因”按钮进行分析，如图 6-19 所示。

| | | | | | | |
|---|---|---|---|---|---|---|
| xuntian_0223日常11——玄扬收费测试 | 1风衣品牌1 | 风衣 | 500.0 | 111 | 正常 | 提交 |
| xuntian_0223日常11——玄扬收费测试 | 1风衣品牌1 | 风衣 | 500.0 | 111 | 正常 | 提交 |
| xuntian_0223日常11——玄扬收费测试 | 1风衣品牌1 | 风衣 | 500.0 | 96 | 正常 | 提交 查看原因 |

图 6-19　聚划算商品团商品要求信息界面

如果卖家的商品符合所有坑位的条件，系统将展示 6 周内所有坑位。单击“我要报名”按钮即可，如图 6-20 所示；若商品不符合条件，默认不展示不符合条件的坑位。单击“显示不可报坑位”按钮，即可看到具体不可报的坑位内容。

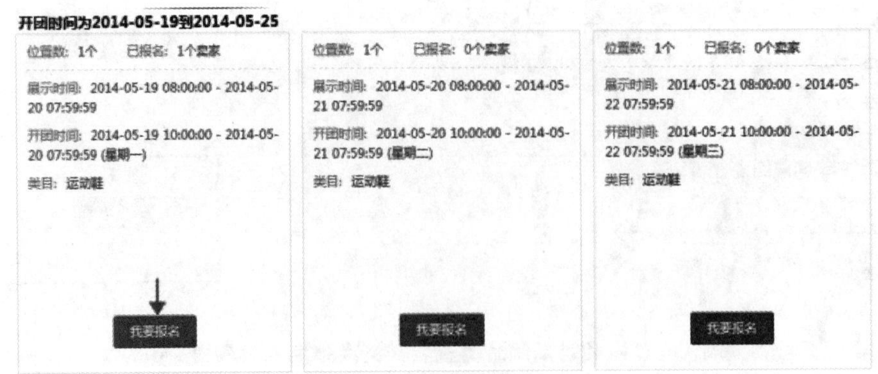


图 6-20　符合商品团坑位报名入口

选好商品和坑位就可以填写报名信息了，如图 6-21 所示。

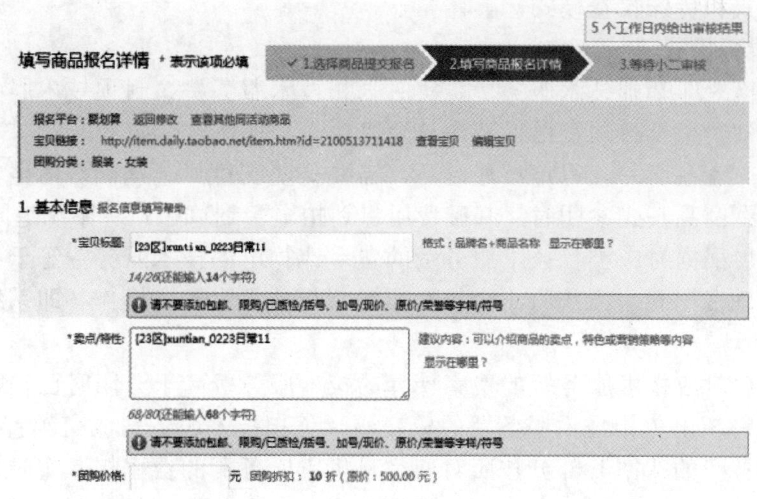


图 6-21 商品团坑位报名信息填写界面

至此，报名工作就算初步完成了。接下来就是等待审核了，审核分为“一审”“二审”。一审是系统审核，也就是常说的机器审核，主要审核的项目包括：商品报名价格、报名商品货值、历史成交及评论、商品 DSR 评分、店铺近 3～6 个月成交排名、店铺聚划算成交额和历史单坑产出水平。

绝大部分报名失败的卖家在报名聚划算时都是在一审时被刷下来的。所以要特别注意一审中提到的审核项目是否达标，没有达标的尽快通过一定的方式弥补。一审一旦顺利通过，基本上预示着即将大功告成。

二审是人工审核，审核的项目包括：库存（数量多者优先考虑，建议高于保底成交额），价格（具有市场竞争力），商家分值（择优录取，不低于各个一级类目的最低分值），是否存在拼款、换款。

参加聚划算的商品都需要加入“参聚险”。参聚险是指根据参团货值缴纳一定的保费至保险公司，由保险公司就卖家提供的商品或服务向消费者及平台等提供权益保障，金额为保证金的 0.3%，最高为 1500 元。保证金的缴纳方式如图 6-22 所示。

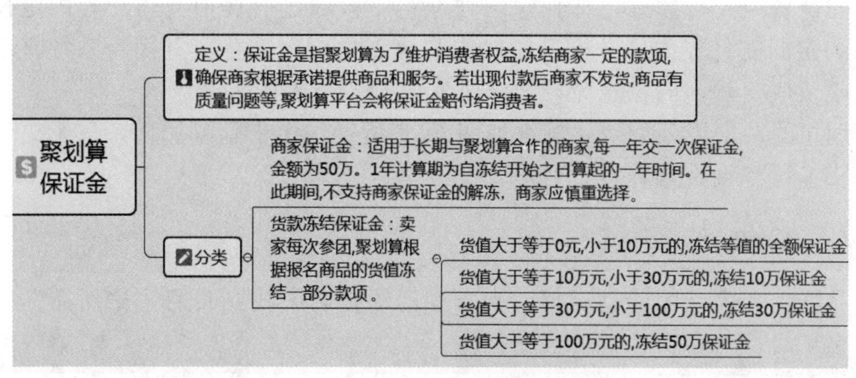


图 6-22 聚划算活动保证金图解

从 2017 年 12 月 1 日起，聚划算实行新的收费标准，费用类型还和从前一样，分为基础收费模式和特殊收费模式，具体如下。

**1．基础收费模式**

基础收费模式即基础技术服务费、实时划扣技术服务费、封顶技术服务费的组合收费模式，基础费用及封顶费用标准均与天数相关。具体含义如下。

（1）参聚商家在商品获得审核通过后，需要提前支付一笔基础费用至其绑定的支付宝内，在所有商品正式参团时，基础费用将划扣至聚划算账户并不予退回。

（2）开团后根据对应类目技术服务费的费率计算出的技术服务费等于或低于开团时已扣除的基础费用时，系统将不会执行实时划扣技术服务费操作（即系统免收技术服务费）。

（3）当根据对应技术服务费的费率计算的技术服务费高于开团时已扣除的基础费用后，系统将对超出免扣技术服务费的成交额（免扣技术服务费成交额=基础费用/对应类目技术服务费的费率）部分按照对应类目机审服务费的费率扣取实时划扣技术服务费，直至扣除的基础费用及实时划扣的技术服务费合计达到封顶费用时，系统停止扣费。

（4）单品团基础费用的标准为 2500 元/天，封顶费用的标准为 25000 元/天；品牌团基础费用的标准为 25000 元/天，封顶费用的标准为 50000 元/天；市场营销活动单品团基础费用的标准为 1000 元/天，封顶费用的标准为 40000 元/天；市场营销活动品牌团基础费用的标准为 10000 元/天，封顶费用的标准为 80000 元/天。部分业务类型对基础费用及封顶费用有特殊规定的从其规定，具体详见商家所报名业务类型的活动所公示的收费标准。

**2．特殊收费模式**

特殊收费模式主要包含实时划扣技术服务费的收费模式和固定费用收费模式两种。

（1）实时划扣技术服务费的收费模式，即免除基础费用的缴纳要求，也不设置封顶费用，仅按照确认收货的成交额及对应类目的技术服务费费率实时划扣技术服务费，部分业务或者品牌按照对应类目的实时划扣技术服务费的 8 折扣费，具体应遵循商家报名业务类型的活动所公示的收费标准。

（2）固定费用收费模式，即商家应在获得审核通过后提前支付一笔固定技术服务费至商家绑定的支付宝内，并于开团时由系统划扣至聚划算，开团后系统将不再实时监控确认收货成交额，商家也无须再缴纳实时划扣技术服务费。

实时划扣的技术服务费费率明细如图 6-23 所示，由于篇幅所限，关于更详细的类目费率，卖家可咨询聚划算官方客服。

### 6.3.2 聚新品

聚新品活动和商品团活动类似，卖家在活动报名中找到带有“聚新品”标签的活动进行报名即可。

如图 6-24 所示，可看到详细的活动时间、报名时间等详细的时间信息。点击之后，会进入活动详解的页面。这里面的文字信息量非常多，由于篇幅所限就不提供图片说明了。这里要说明的是，聚新品活动的具体方式有商品团和品牌团两种。其中商品团又分为佣金团和竞拍团，品牌团为特殊收费模式。保证金和技术服务费扣点等信息与商品团类似，详情可参见商品团相关的篇章。

| 一级类目 | 二级类目 | 三级类目 | 聚划算基础费率 | 8折费率 |
|---|---|---|---|---|
| 3C数码配件 | | | 2.0% | 1.6% |
| 3C数码配件 | 移动电源 | | 2.0% | 1.6% |
| 智能设备 | | | 2.0% | 1.6% |
| MP3/MP4/iPod/录音笔 | | | 2.0% | 1.6% |
| 办公设备/耗材/相关服务 | | | 2.0% | 1.6% |
| 厨房电器 | | | 2.0% | 1.6% |
| 大家电 | | | 2.0% | 1.6% |

图 6-23　聚划算活动技术服务费费率明细

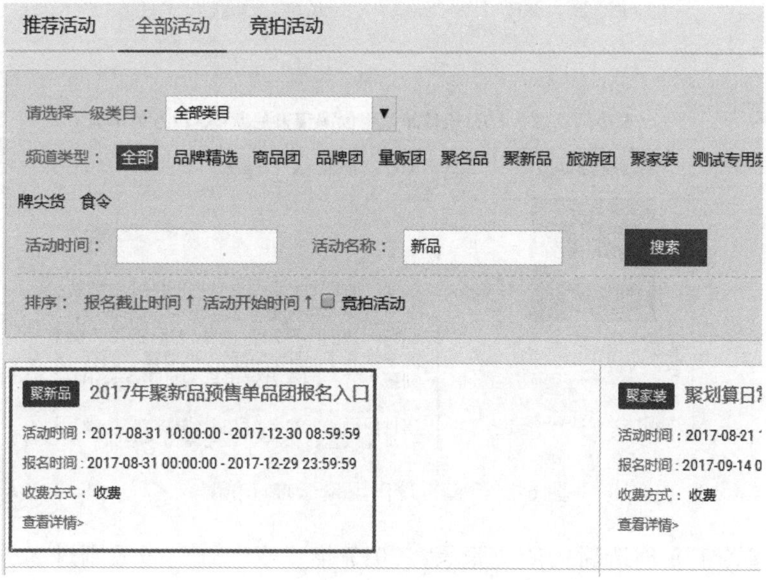

图 6-24　聚划算聚新品活动报名入口界面

## 6.4　淘宝大型活动筹划及方略

大多数中小型淘宝卖家，包括一些天猫商家都有一个错误的观念，认为官方活动申报成功后，只需准备好库存，等待买家下单后发货就可以了。其实不然，一次大型活动需要系统化的筹划准备工作，才能够最大限度实现活动营销目的。

活动规划的主要内容包括活动目的、活动前的准备、活动中的应急措施、活动后的数据分析等。

### 6.4.1 申报淘宝大型活动的目的

一般的卖家看到这个标题很可能会不以为意。活动的目的自然是盈利，大多数卖家第一自然想到的是利润，其实不是这样。这里以百雀羚为例进行阐述。

2011 年之前的百雀羚是一个举步维艰的低端传统国货品牌，但是今天的百雀羚却是国货的骄傲。线上营销为百雀羚打开了电子商务之路，这一切起始于一个淘宝平台的官方活动“付邮试用”。

付邮试用在当时是一个累计销量和信誉的重要方式。后来淘宝网改变策略，所有的活动都不计算搜索权重，于是付邮试用再也不像过去那么风光了。

百雀羚的付邮试用迅速在淘宝上名声大噪，百雀羚当时的口号为“521 万付邮试用创淘宝吉尼斯”。如今依然可以在网络上搜索出百雀羚当时的帖子，如图 6-25 所示。

图 6-25 百雀羚淘宝论坛推广信息

如今百雀羚正在创造新的历史记录：2017 年“双十一”当天刚过 3 分钟成交额就突破了 100 亿元，13 个小时后就打破了 2016 年的全年记录，最终以 1682 亿的恐怖数字再次刷新记录。

当年很多淘宝运营还在讨论百雀羚的吉尼斯记录到底值不值。今天看来，百雀羚当年的活动策划无疑是最英明的决定。

按销售价计算，十万份试用品合计 521 万元，按 30%成本计算，成本即为 156.3 万元，投入 156 万元，平均一个用户成本 15.63 元，试用客户回头率如按 20%计算，发展真实用户 2 万，单个客户成本 78 元 。这样奇高的转化数据和成本引起很多电商人的热议。知名电商人徐得红、老高，一开始都对如此高的转化率表示怀疑。徐得红说不支持这种赔本做销量的营销方式。中国有句古话“舍不得孩子，套不着狼”，每个商家的初衷都是放长线钓大鱼，加强品牌的知名度，留住老顾客，招揽新顾客，表面看过程相同，但是结果可能会差异很大。

当时很多人都在质疑：真正成本会比预算还高，实际的回头率比预算的要低。因为很多顾客奔着免费试用而去，不一定会继续消费，根本就达不到预想的效果。这种做法勇气可嘉，却得不偿失。

面对如此多的疑问，百雀羚官方微博声明，30%只是品牌全网转化率，实际上当天旗舰店进店 UV 数为 224731，成交笔数 123291 笔，转化率为 54.86%。

从百雀羚这个案例来看，这次活动的投入差不多在一百五十多万，目的无疑是流量和转化率。如果放到今天来看，让一个卖家投入一百五十多万的资金，迅速获得 20 多万的 UV 和百分之五十多的转化率，到底值不值得呢？我们可以展开思考。

所以说，活动的目的不只是利润，还包括了品牌影响、搜索加权、二次营销等目的。这些都需要卖家在做活动策划时考虑在内。

## 6.4.2　活动的准备

在活动审核通过之后，一般都会确定活动的具体日期。有些活动会有比较充裕的准备时间，一般官方会提前一个星期告知活动通过。但也有一些例外的情形，例如聚划算有时候会临时告知卖家，需要替代某个违规商家的坑位。

一般活动平台的规则是固定的，卖家在报名时基本已经心里有数了。卖家还要准备店铺活动来配合官方的活动，还需要对老客户进行引流以及推广。

### 1. 店铺活动方案

无论线下的商场还是线上的店铺，只要是做的好的店铺，几乎天天都有活动，而且活动花样百出，让新手卖家困惑不已，为什么人家总能把店铺玩出花样？其实只要善于观察和总结，总会透过现象发现本质。

活动的本质无非一个填空题：满足×××的条件，能够享受×××的优惠。

例如京东曾主打的一项活动主题为“买三免一”。它活动的主体是：满足买三件的条件，就能够享受免一件的优惠。只要理解到了这一层就可以了，至于它怎么“免”，操作起来是比较容易实现的。无非是收到货好评后，返还三件中最低那件的货款。

再例如唯品会的“全场满 199 减 100”。它的主体是：满足购物 199 元就可以直接享受减价 100 元的优惠。

知道了这个规律，卖家就可以创造活动了，只需想好那个“填空题”怎么填就可以了。常见的有“满就送”“满就减”“买三免一”“推荐有礼”“好评有礼”等活动形式。有个聪明的卖家知道了这个规律之后，创造了这样的一个活动：客服晚回复五分钟，送五元优惠券，效果相当不错。活动方案策划过程中还需注意以下两点。

（1）客单价不宜过高

满足的条件要适合自己店铺的客单价才可以。比如，卖家店铺日常的客单价只是 300 元，却做一个“满 1000 减 200”的活动，这样是达不到好效果的。只要比我们的日常客单价高一倍左右就可以了，例如可以是“满 688 减 188”。

（2）活动不宜叠加

有些店铺活动很复杂，既有“满就送”“满就减”，还有各种优惠券，看着活动花样很多，其实往往会让买家产生困扰。买家会不断地研究如何购物才能更划算。这样就延长了购物时间，也就减缓了购物的冲动。一旦买家从购物的冲动中清醒过来，就会进入理性思维，他很可能会判断到底要不要现在就买以及要不要买这么多等问题。这样就很容易流失客户。

把握住以上几点，卖家也可以自己设计出十分有效的活动方案。下一步就是告诉美工活动的文字内容，让其设计活动海报。

### 2. 老客户引流

线上有句营销理念叫“开发一个新客户的成本是维系一个老客户成本的6倍”。然而，很多卖家并不清楚如何将这些营销原理应用到实际营销上。

其实电商很大一个优势就是数据的可视化，这也是近几年“大数据”发展火爆的原因之一。马云不止一次说过“如今产业革命正在从IT向DT进行”。IT是计算机技术，DT就是大数据。

不像线下，客户的数据很难收集。电商的数据都很直观。卖家只需在淘宝的后台进行简单的操作，就可以导出所有店铺中的客户数据，包括客户的年龄、性别、地址、消费习惯等数据。

数字化的今天，客户引流的渠道也很多，常用而且有效的包括：短信、电话、旺旺、微信等。以前还有邮件营销，现在用不到了。老客户引流的操作步骤如图6-26所示。

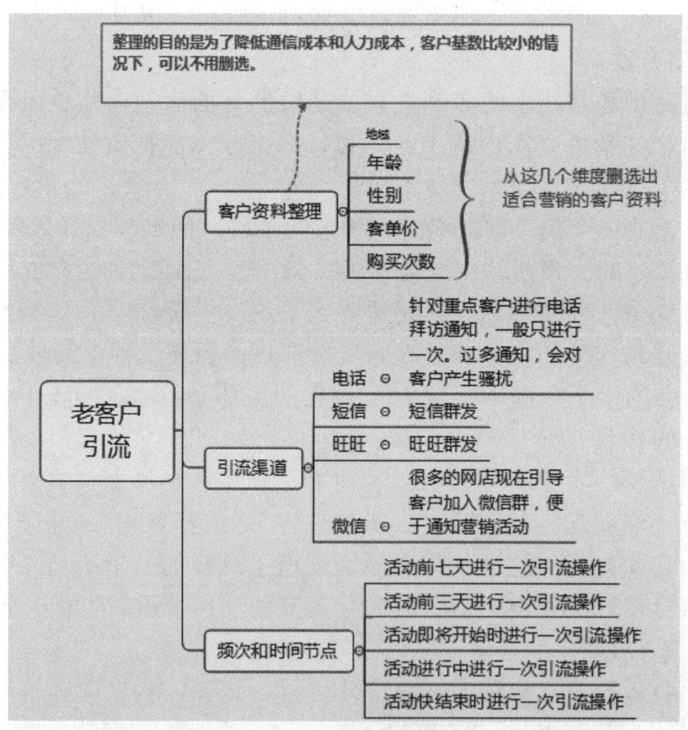


图6-26 老客户引流策略图解

### 3. 活动推广

针对活动做好详情页和主图，适当提高直通车的出价和淘宝客的佣金比例。特别要重视对微淘和微信的操作。有时候一个很有创意的微信或微淘会达到意想不到的惊人效果。

### 6.4.3　活动的应急措施

一次大型的官方促销活动操作好了，很可能会成就一个店铺，所以一定要做好各方面的准备工作，主要考虑以下几点因素。

（1）保持办公电器的稳定，包括电路系统的稳定、打印机等电器的正常使用。

（2）活动是一个考验团队的方式，所以各岗位人员要提前安排好，需要加班加点提前安排好，最好是提前约定好奖励，提前要打好士气，防止出勤不出功。

（3）保证货源，对货物的质量和数量进行一次查验。上了活动卖不动的情况也常常发生。高于预期和低于预期情况都要考虑进去。

（4）客服的培训，这点是重中之重，活动通过后就要组织客服，研究好话术。

（5）快递收件，快递员的取货时间、货量的预计都要告知快递员。让他们看情况安排人手。防止延误取货等问题的发生。

### 6.4.4　活动后的数据分析

无论活动是否达到预期，都需要对活动的组织策划、人员表现、退货率、评价等相关因素进行整体分析总结。分析其原因，总结其经验，为下一次活动的筹划和运营做好基础。不断分析、总结、完善才能使网店活动越做越好。

第 7 章

# 淘宝宝贝爆款打造策略

本章主要介绍淘宝宝贝爆款打造技巧及策略。“爆款”宝贝是指淘宝宝贝生命周期长，销量占比大，能够持续盈利的一款或几款宝贝。爆款宝贝的四大特征是“卖得快”“卖得多”“卖得久”“卖得贵”。

## 7.1　爆款理论基础

一般而言，当淘宝宝贝流量持续上升时转化率会有所下降。如果当淘宝宝贝流量持续上升而转化率依然能够维持在宝贝类目平均水平之上，那么就可以判定此宝贝具有爆款潜质。

淘宝爆款宝贝一直都是运营的焦点和热点话题，但真正的理论基础是“二八定律”和“羊群效应”。

二八定律又叫帕累托定律，也叫巴莱特法则，广泛应用于社会学及企业管理学等。此定律是 19 世纪末 20 世纪初意大利经济学家巴莱多发现的，他认为，在任何一组事物中，最重要的只占其中一小部分，约 20%，其余 80%尽管是多数，却是次要的，因此称这个定律为二八定律。

当卖家发现自己淘宝店铺 80%的利润来自于 20%的顾客时，就应该努力让 20%的顾客持续性地消费，最终成为忠实客户。这样做比把注意力平均分散给所有的顾客更容易，也更有价值。再者，如果卖家发现淘宝店铺内 80%的利润来自于 20%的宝贝时，那么卖家应该集中精力运营这 20%的宝贝，通过 20%的宝贝销量带动 80%的宝贝销量，以此达到全店整体盈利的目的和效果。

羊群效应也可以称为群体心理、社会压力、传染（contagion）等，最早是股票投资中的一个术语。在一群羊前面横放一根木棍，第一只羊跳了过去，第二只、第三只也会跟着跳过去。这时，把那根棍子撤走，后面的羊走到这里，仍然像前面的羊一样，向上跳一下，尽管拦路的棍子已经不在了，这就是所谓的“羊群效应”，也称“从众心理”。在淘宝上，消费者更喜欢购买销量高的产品，销量低的宝贝很难得到消费者的认可。这是羊群效应最直接的佐证。

爆款是由产品销售自身的规律和从众心理引发的。很多资深淘宝买家在购物时，都会通过“销量”从高到低的方法删选宝贝，如图 7-1 所示。对于销量过低或销量为

“0”的宝贝，买家一般不会选择购买。因此这也是店铺必须打造爆款的主要原因之一。淘宝卖家在经营淘宝的过程中一定要认真分析，挖掘潜在爆款宝贝。

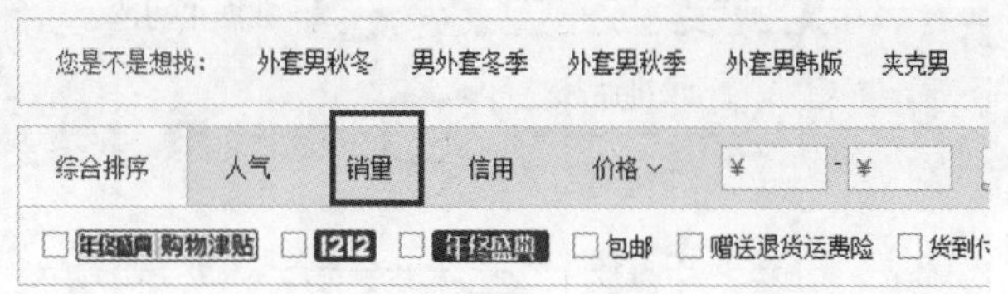


图 7-1　通过销量排行删选宝贝

## 7.2　爆款宝贝打造的前期准备工作

在打造爆款宝贝之前，卖家必须充分做好“店铺基本功”和“宝贝测款”两项重要工作。

### 7.2.1　店铺基本功

如图 7-2 所示，店铺基本功包括店铺的装修优化、宝贝的标题优化、宝贝的上下架时间优化、宝贝的价格策略等四大内容板块。这些内容读者可以参考本书的其他章节知识进行优化和布局。

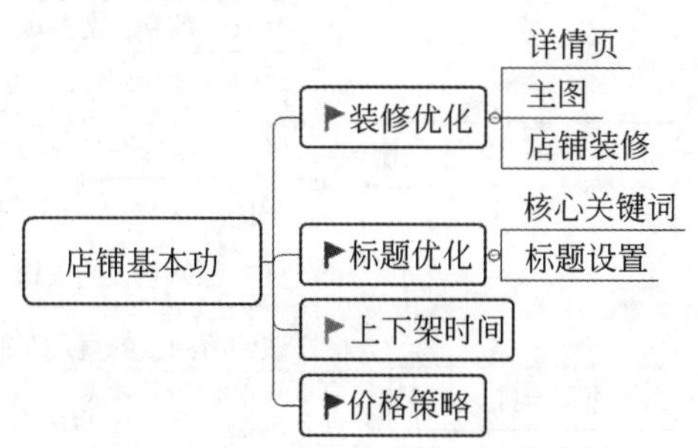


图 7-2　店铺基本功策略图解

### 7.2.2　宝贝测款

宝贝测款指对淘宝店铺内的新款宝贝进行运营指标的测试过程。其目的是从店铺所有宝贝中遴选出具有爆款潜质的宝贝。运营指标主要包括点击量、点击率、页面停留时长、跳失率、客服咨询分析等数据。

测款是容易被新手卖家忽略的一个环节。在淘宝网上，由于淘宝库存的灵活性以及各种后台数据的支持，卖家完全可以避免由感觉、眼光、经验判断等人为因素而引起的货品滞销。卖家可以通过测款分析店铺的相关运营数据，从而有效规避运营风险。如图 7-3 所示是打造爆款的整体思路。

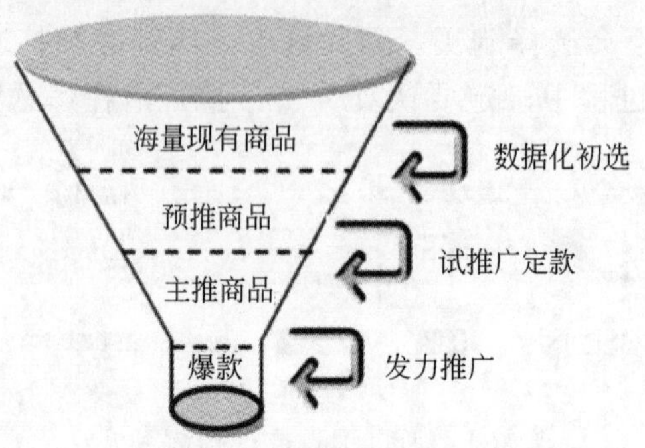


图 7-3 打造爆款的整体思路

测款和图 7-3 中的“预推”都是对商品删选的过程。首先进行“海选”，然后“预推”，最后“主推”，最终形成“爆款”。

测款最主要的目的是通过一系列的系统化操作得到所测试的宝贝在淘宝网的数据反馈。卖家经过数据分析最终确定要打造的爆款宝贝。图 7-4 展示了测款常用的方法和步骤，以及注意事项。

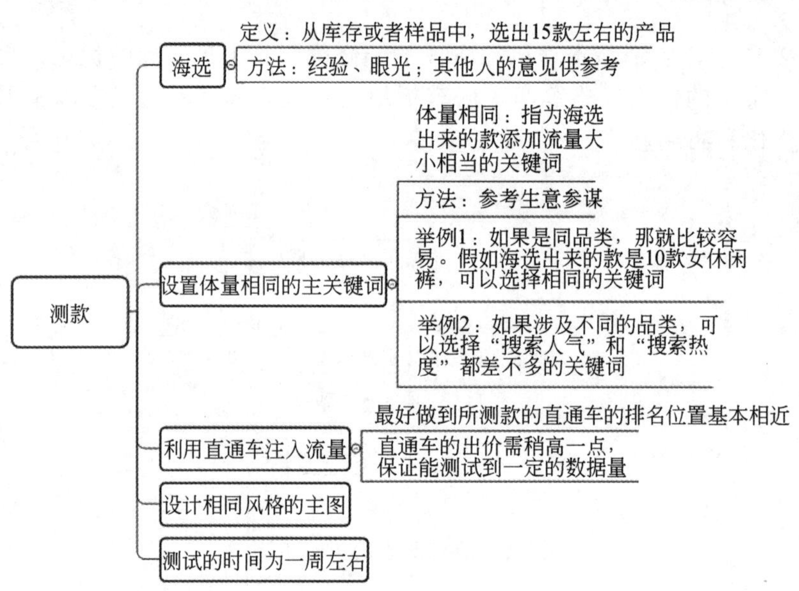


图 7-4 测款的过程和注意事项

测款就像化学中的对比实验，应尽量做到测试对象所处的环境相同或相似，这样测试出来的结果才有意义。下文对图 7-4 中几个核心要点进行重点解释。

**1．相同体量的关键词**

“相同体量的主关键词”是一个比较抽象的概念。这里把生意参谋中相对应的截图给读者展示出来，进一步进行详细的介绍，如图 7-5 所示。

比如，卖家在选关键词时，十几个待测试的款都选择搜索热度在 10000 左右的关键词，这样在几天的测试之后，卖家就可以从最终的数据发现最具优势的宝贝，这也是测款的核心所在。

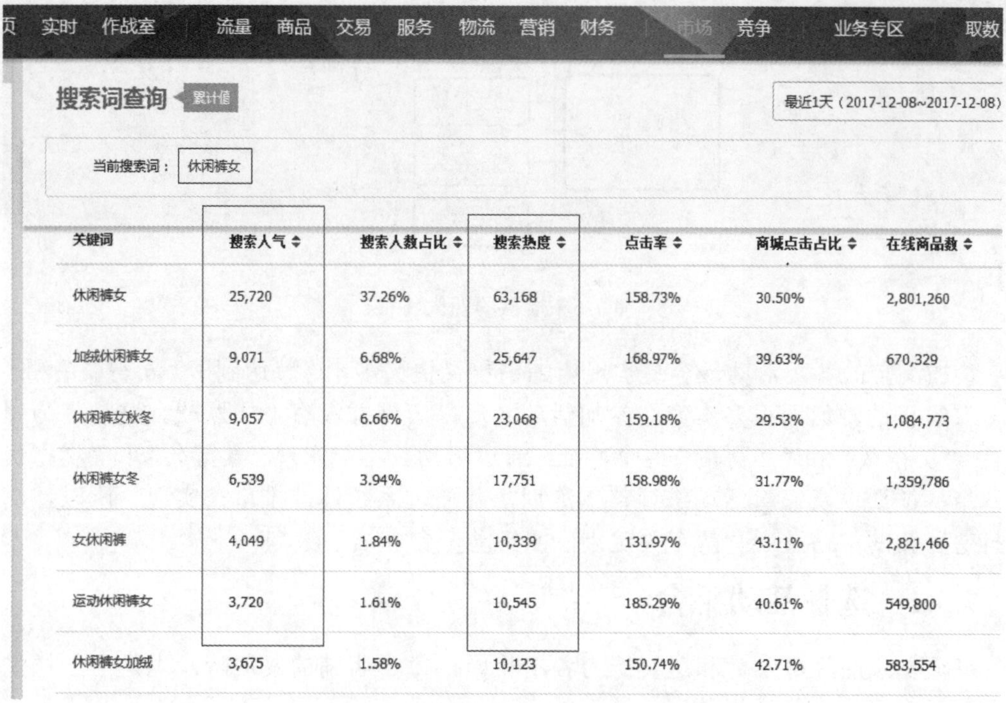

页　实时　作战室　流量　商品　交易　服务　物流　营销　财务　市场　竞争　业务专区　取数

搜索词查询 累计值　　最近1天（2017-12-08~2017-12-08）

当前搜索词：休闲裤女

| 关键词 | 搜索人气 | 搜索人数占比 | 搜索热度 | 点击率 | 商城点击占比 | 在线商品数 |
|---|---|---|---|---|---|---|
| 休闲裤女 | 25,720 | 37.26% | 63,168 | 158.73% | 30.50% | 2,801,260 |
| 加绒休闲裤女 | 9,071 | 6.68% | 25,647 | 168.97% | 39.63% | 670,329 |
| 休闲裤女秋冬 | 9,057 | 6.66% | 23,068 | 159.18% | 29.53% | 1,084,773 |
| 休闲裤女冬 | 6,539 | 3.94% | 17,751 | 158.98% | 31.77% | 1,359,786 |
| 女休闲裤 | 4,049 | 1.84% | 10,339 | 131.97% | 43.11% | 2,821,466 |
| 运动休闲裤女 | 3,720 | 1.61% | 10,545 | 185.29% | 40.61% | 549,800 |
| 休闲裤女加绒 | 3,675 | 1.58% | 10,123 | 150.74% | 42.71% | 583,554 |

图 7-5　生意参谋中的关键词选取

### 2. 直通车引流

测款时要利用直通车进行引流。因为测试的宝贝都是新款，所以自然搜索短期内得不到足够的数据量，而直通车是最有效的引流手段。图 7-5 中提到的“直通车注入流量”是指利用直通车对“主关键词”进行搜索竞价，从而可以得到更多的测试数据。

### 3. 测试时间

测试时间因实际的情况有所不同。一周刚好是一个下架周期，所有测试的宝贝都经过了一次完整的上下架循环，所以数据更加准确。但是如果时间紧迫，需要压缩时间，卖家可以提高直通车的竞价，以便短时间内获取更大的数据量。

当测试结束，统计到大概 100 个点击以上的数据时，就可以对这些款逐个进行分析。分析主要针对点击量、点击率、页面停留时长、跳失率、客服咨询详情等数据进行具体分析。

因为在淘宝网上不只有真实的购物人群，还有大量的研究者等其他目的流量，这会导致个别数据之间的冲突。所以卖家在测款时必须明确，并不是所有的测试都尽善尽美，一定不要为个别相互冲突的数据而钻牛尖角，要从大局出发，果断排除干扰数据。

## 7.3　淘宝打造爆款的策略与步骤

前面讲到了爆款的四大基本特征是“卖得快”“卖得多”“卖得久”“卖得贵”，如图 7-6 所示。

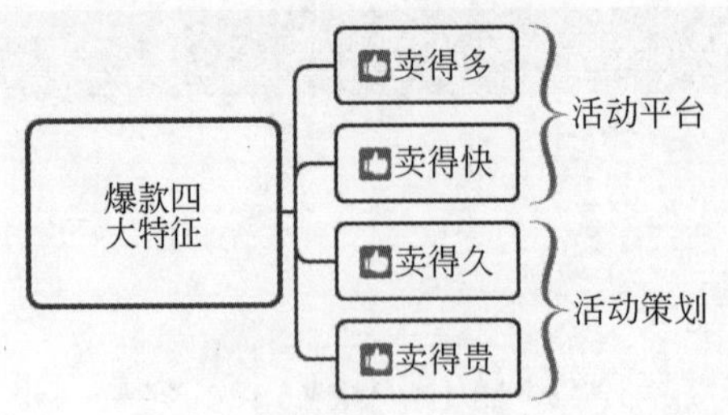


图 7-6　爆款的四大特征

参加淘宝的各类活动最容易实现店铺销售又快又多，这就达到了“卖得快”和“卖得多”的目的。然而很多卖家在参加活动之后，店铺并没有形成爆款。这是因为爆款还有 “卖得久”和“卖得贵”两个特征。通过活动并不能实现“卖得久”和“卖得贵”。这两个特征要求卖家对活动进行整体策划，并通过系统性的推广来实现。所以，淘宝上打造爆款的策略重心有两个关键点，即活动平台和活动策划。

## 7.3.1　选择活动平台

每个卖家的经济实力和运营能力各不相同，每个店铺的发展阶段也是不一样的，因此每一个卖家在打造爆款时，选择的活动平台也有所不同。一般而言，小卖家选择“天天特价”作为突破口是经济实惠的做法。第 6 章详细讲解了各个活动的报名技巧，这里就不再赘述了。

## 7.3.2　活动策划

活动策划的方式和内容十分广泛和多样。这里重点介绍以“淘宝优惠券”为核心的整体策划。

假设，一款芦荟胶的日常售价为 68 元，参加天天特价的活动价格为 48 元。活动时，消费者以 48 元下单买了这款芦荟胶，收到货后，感觉不错。打算再购买时，发现活动已经结束，这款芦荟胶已经恢复原价 68 元。这时，大多数以 48 元购买过的消费者都会选择放弃购买。这是大多数淘宝买家购物的一个共性。很多卖家在活动过后，流量和销量直线下降，不做活动就没法维持日常的经营。这样店铺就永远摆脱不了活动的限制，也就不能最终实现“卖得久”和“卖得贵”。因此这样的思维和操作始终不能形成爆款。

绝大多数的中小型卖家都会在这一步“卡壳”了，不知道如何操作了。如果不能很好地解决这个问题，那“卖得久”的这个特性一定实现不了。

卖家可以用优惠券来解决这个问题。活动结束后，价格恢复到了原价。卖家可以设置一个“满 68 减 20”的优惠券链接。把这个链接通过旺旺或者短信的形式发送给活动时买过的买家。这样就能够使这些老客户还能够以 48 元的价格继续购买。而对于新客户，卖家就多赚了 20 元。如图 7-7 所示的这种优惠券是不会在店铺页面显示的。只有老客户和特殊渠道的客户才能领取到，一般的新客户是看不到的。

图 7-7　淘宝专用优惠券示例

总的营销策略是“赚新客户的钱，让老客户加销量权重”。这样的营销策略可以有效避免老客户流失，同时可以让老客户增加销量权重。对于新客户，卖家就可以直接盈利了。对老客户和新客户的购物心理分析如图 7-8 所示。

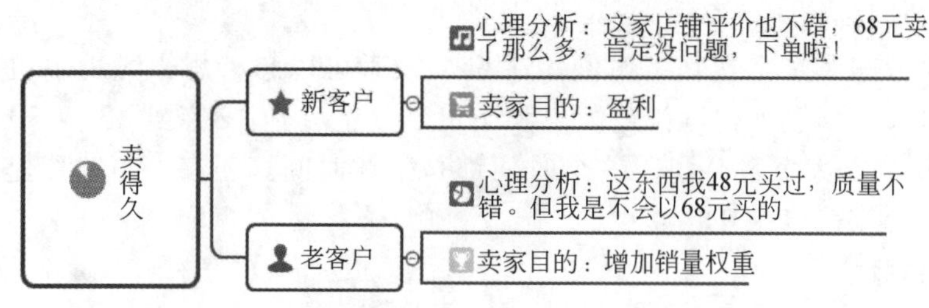


图 7-8　新客户和老客户购物心理

当店铺宝贝的价格和质量得到市场认可时，宝贝流量和销量会逐步增大。这时，卖家淘宝店铺运营的重点工作就可以放到推广上了。因为这时销量的权重已经可以带来比较多的免费流量了。同时，老客户对店铺的宝贝也有了一定的依赖性，卖家就可以逐步把针对老客户的 20 元优惠券改为 10 元优惠券，进一步增加盈利。这个步骤可以理解为“卖得贵”。

如果店铺的数据还在向好的方向发展，卖家可以逐步把优惠券由 10 元改为 5 元，再逐步撤销优惠券。下次再做活动，卖家就可以逐步地提高报名价格，比如可以报名 58 元。然后还是同样的手法，对老客户进行二次营销。

有的淘宝店铺把这种打造爆款的方法运用到了极致。为了达到“卖得快”和“卖得多”的终极效果，在报名活动时，活动价本就是亏本的。这样就能在短时间内吸引到更多的买家下单，而且还节省了时间成本。从营销的角度来看，所谓“免费试用”和“付邮试用”也是同样的道理。

在实际运用中，同样的方法对不同的店铺起到的效果却是大不相同。有的店铺觉得这方法收效甚微，没什么大的效果；有的淘宝店铺赚得盆满钵满，却对操作的手法秘而不宣。在社会商业化的今天，这一点无可指责。毕竟别人的成功经验都是以时间和金钱为代价换取的。卖家能够做的就是多学习、多总结，然后用于实践，最终使这些手法和策略能够运用自如。

### 7.3.3 二次营销

继续以上文的芦荟胶为例，介绍活动结束之后的操作，重点是对细节的分析和运用。

卖家首先一定要熟知产品本身的特性。假如淘宝店铺是10月1日做的活动，那么卖家就应该推算，买家大概会在什么时间用完这瓶芦荟胶。假如是15天后，那卖家发给买家“满68减20”的优惠券就应该在这个时间节点之前。

短信和千牛可以各发两三次。以下有几点注意事项。

**1. 测试短信通道**

有些群发短信的软件并不好用，客户经常收不到。所以要进行测试。测试时，先编辑好短信内容，找三个手机号进行测试发送。三个手机号码分别为电信、移动和联通号码。如果有一个通道发不过去，就要及时和软件商联系沟通。细节决定成败，尤其是做淘宝店铺。

**2. 发送的时间点**

这里主要考虑买家常在什么时间用手机。读者可以想一想平时用手机的零碎时间大都在什么时候。一般来说，就是饭点和下班后。也就是12点到13点30分。卖家可以选12点30分，大多数公司，这个时间都是午休时间。还有一个时段是20点到23点的时间段，卖家可以选21点。

**3. 发送的频次**

如果卖家计划总共发两次短信和两次旺旺消息，那么最好隔一天发一次，这样可以持续四天。如果一天内既发了两次短信，又发了两次旺旺消息，会给买家造成打扰。一旦买家这一天很忙，并没有在意，之后再没有了提醒，就很可能错失一个潜在客户。

当卖家的宝贝性价比满足大部分客户时，营销的效果会迅速爆发。假如一次活动能够成交500个客户，二次营销可以激活百分之二十的老客户，那么一次信息群发的效果就可以带来500×20%=100个订单。前文的例子中，宝贝的客单价为48元，那么二次营销实际的销售额有4800元。而卖家投入的成本只是信息群发，几乎可以忽略不计。假如活动的效果比较出色，可以成交5000个客户，那么一次信息群发的效果就可以达成48000元的销售额。

有了这样一批老客户，卖家的淘宝店铺就像有了一潭活水。每一个老客户都可以成为一个推广的渠道，辐射一定的交际圈，间接地对网络店铺的起到推广效果，这就是口碑效应。如果卖家能通过营销上的方法加以引导，会把这个效果放大数倍。现在淘宝官方有“分享+”这样的功能，卖家可以充分利用。

下面介绍“分享+”。卖家单击淘宝后台的“卖家中心”按钮，然后单击“我要推广”按钮，就可以看到如图7-9所示的页面。

单击图7-10中的“分享+”按钮，就可以进入到“分享+”的操作后台，如图7-11所示。

实际上，“分享+”的后台已经镶嵌到了“淘宝客”的后台里面。“分享+”的使用流程如图7-11所示。

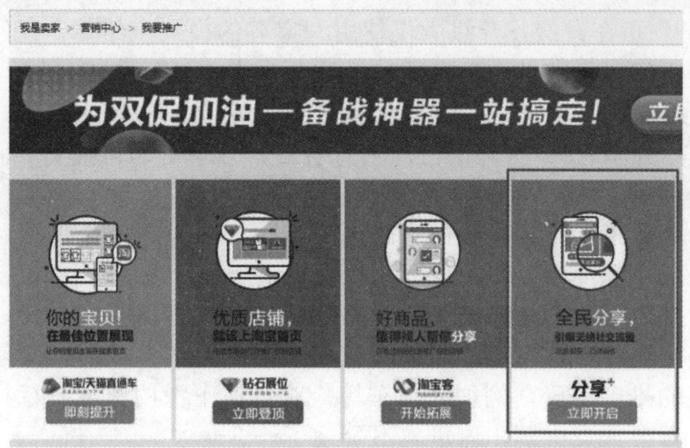


图 7-9 “分享+”进入页面

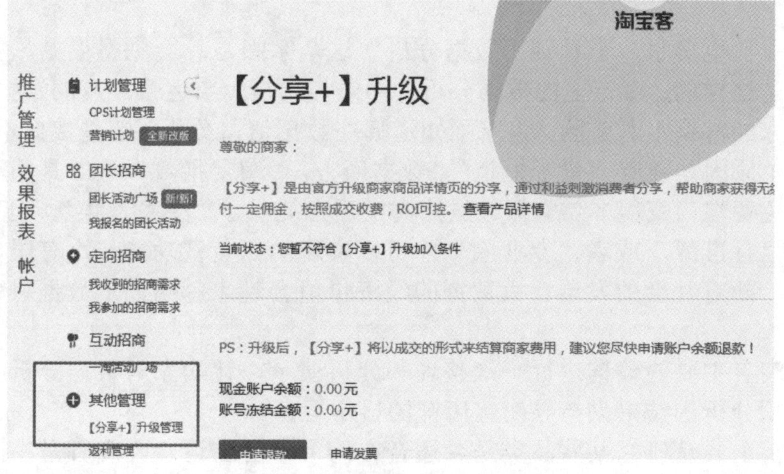


图 7-10 “分享+”操作后台

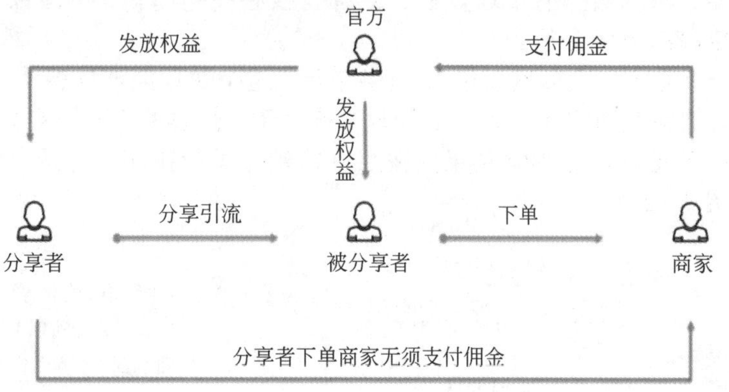


图 7-11 “分享+”使用流程示意图

目前“分享+”正在升级，升级版仅使用淘宝客的模式来结算，任何人都可以参与分享，官方作为中间方收取佣金后发放奖励给分享者，激励分享者继续分享。

发起分享的用户（以下简称“分享者”）把内容分享到社交渠道，成功邀请其他用户（以下简称“被分享者”）打开手机淘宝查看后，分享者即可抽奖。同时，被分享者也将获得一次抽奖。

至此，完整地介绍了打造爆款的三个核心步骤。通过这三个步骤，卖家可以实现爆款的“卖得快”、“卖得多”、“卖得久”、“卖得贵”四个特征。

接下来介绍打造爆款的策略。主要策略是从活动打开流量的入口，通过优惠券为主导的方式对流量进行二次营销，以达到流量巩固的目的。同时，卖家应该在活动结束后，进行必要的推广手段，例如直通车等，对迅速下滑的流量进行补充。有关直通车的内容，第 8 章会重点讲解，这里就不赘述了。

## 7.4 淘宝打造爆款的数据分析及战略布局

很多的中小型卖家，一看到“数据分析”这个字眼，总会觉得很难、很深奥。但真实的情况是这样的：淘宝上的数据分析并不难，只是淘宝运营涉及的数据指标太多，所以新手卖家经常摸不着头脑。大家不知道哪些数据值得分析，哪些数据不值得分析。

还有一个原因是随着“量子恒道”“数据魔方”“淘宝指数”等工具的下线，卖家获取数据的免费端口变得非常有限。虽然淘宝后台提供了“生意参谋”，但其核心的功能是要订购“标准版”或者“专业版”才可以实现的，免费功能作用有限，只是店铺数据的罗列。随着社会的发展，大数据的经济价值会越来越明显，数据付费的时代已经开启了。

这里把淘宝主要的数据进行一次整理和分析演示，让卖家对数据分析有一个全盘的认知，并用分析的结果来指导淘宝店铺的日常运营。

数据分析主要是研究某些品类是否适合在淘宝平台上运营，或者是在淘宝上运营某些品类的难易度，以及运营的投入和产出的大概情况。开店前的数据分析非常重要，这些数据决定了操作的难易度和突破口，以及开店后的运营节奏。

开店前需要分析的数据有市场规模、品牌、核心关键词等。下面以“苦荞茶”为例，做一个开店前的市场分析。

分析的第一个数据是“市场规模”。通俗来讲，这个数据能够告诉卖家，一个品类，假如做到最好，能够在淘宝上做到什么规模。针对于“苦荞茶”这个实例，先搜索“苦荞茶”这个核心关键词。把搜索结果页按照“销量”进行排序，统计电脑端第一页的销量情况，如图 7-12 所示。

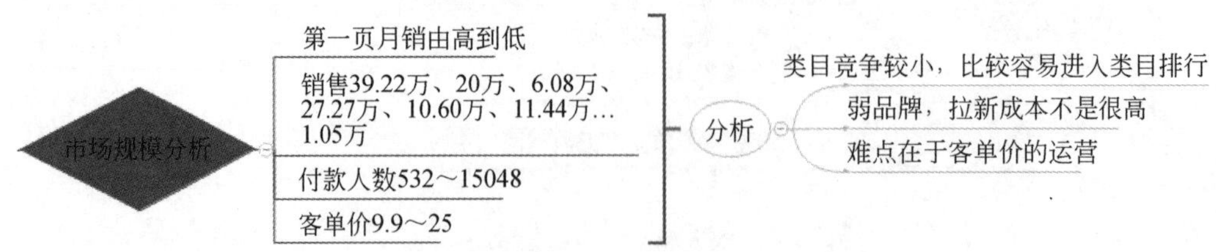


图 7-12 关键词“苦荞茶”搜索结果页分析

从图 7-12 可以看出，月销量第一页 44 个“苦荞茶”的单品中，月销量最高 40 万左右，月销最低 1 万左右。付款人数 532～15048。客单价 9.9～25 元。这是采集的三个主要数据。

最终可得出三个结论：①类目竞争较小，比较容易进入类目排行；②弱品牌，拉新成本不高；③难点在于客单价的运营。

（1）付款人数 523 人，大概每天成交人数为 20 人左右。这个数据告诉卖家，只要卖家自己的店铺能做到每天成交 20 人，就可以在这个行业排名到前 50 名左右。所以得出结论为类目竞争较小。

（2）“弱品牌”是从关键词分析得出的结论。方法是对买家搜索的所有关键词进行分析。最终发现，搜索的品牌词占比不大。

（3）客单价区间为 9.9～25 元，显然在淘宝上属于一个很低的客单价了，所以分析结果是，难点在于客单价的运营。

经过以上分析，再根据“苦荞茶”的利润率，卖家很快可算出年销量和利润。这是做数据分析的核心目的。这样的分析对于大多数中小卖家并不难。

接下来，对品牌进行分析，如图 7-13 所示。

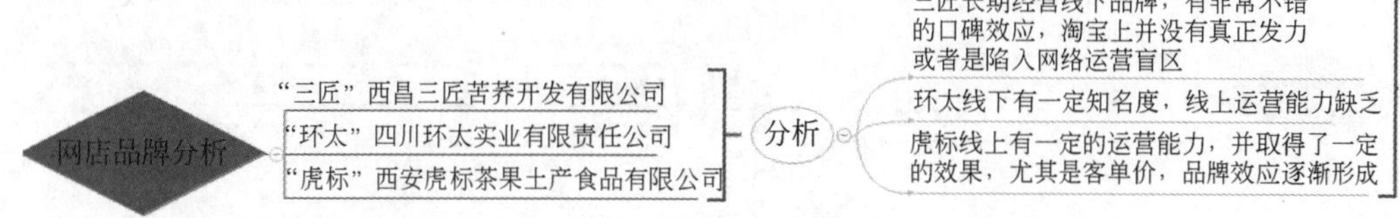


图 7-13　苦荞茶的品牌分析

“三匠”、“环太”和“虎标”都是从客户搜索的所有关键词中提取出来的品牌词。“苦荞茶”的品牌词非常多，但是真正在淘宝上产生影响的只有这三家。通过对这三个词的搜索量、转化率、好评等数据的观察可以得出以上的分析结果。

图 7-13 的分析结果如下：“三匠”在线下的经营十分不错，但是线上基本没有运营，也就是说“搜的人比较多，但是成交不多”；“环太”有几家天猫店在经营，但是经营的效果一般；“虎标”销量不错，好评也不少，品牌效应正在逐渐形成。对这些数据分析，只需通过品牌词的搜索，就可以在搜索结果页发现这些品牌经营的现状，从而得出以上结论。

最后介绍“核心关键词”分析，如图 7-14 所示。

图 7-14 采集了一个月的搜索数据。这里由于篇幅的缘故，只能展示一部分截图。通过这些数据，卖家可以得出以下的分析结果，如图 7-15 所示。

图 7-15 是告诉卖家，假如经营这个品类，应该从哪些关键词入手。因为选出的关键词比较多，所以首先排除无关的词，比如所有带品牌的词。因为带品牌的词，一般客户都会有强烈的购买目的，轻易不会跳转到卖家自己的淘宝店铺。

最终通过以上关键词的分析，可以得出三个结论：①“苦荞茶 正品”这个词，天猫店占比较少，在线商品数少，适合前期重点培养；②关键词“苦荞茶袋装”经分析不适合作为重点培养对象；③中期培养“苦荞茶包邮”，后期培养“苦荞茶”。

搜索词查询

最近30天（2016-11-20~2016-12-19） 所有终端

当前搜索词：苦荞茶 展开

| 关键词 | 搜索人气 | 搜索人数占比 | 点击率 | 商城点击占比 | 在线商品数 | 直通车参考价 | 支付转化率 |
|---|---|---|---|---|---|---|---|
| 苦荞茶 | 70,267 | 55.33% | 85.15% | 79.99% | 17,009 | 1.84 | 21.68% |
| 苦荞茶 包邮 | 25,542 | 9.95% | 75.98% | 74.21% | 17,009 | 1.67 | 25.16% |
| 苦荞茶正品 | 15,813 | 4.48% | 70.29% | 51.23% | 4,003 | 2.25 | 17.65% |
| 三匠苦荞茶 | 11,178 | 2.53% | 97.90% | 72.93% | 1,011 | 2.22 | 22.67% |
| 苦荞茶 包邮 凉山 四川 | 9,777 | 2.04% | 80.22% | 65.46% | 5,250 | 1.71 | 24.91% |
| 苦荞茶 袋装 | 8,984 | 1.78% | 63.93% | 69.33% | 1,812 | 2.08 | 18.29% |
| 环太苦荞茶 | 7,378 | 1.29% | 72.68% | 65.98% | 1,131 | 2.04 | 10.74% |
| 苦荞茶 包邮 荞麦茶 | 7,050 | 1.20% | 66.45% | 73.34% | 8,994 | 1.72 | 24.66% |

图 7-14 核心关键词分析

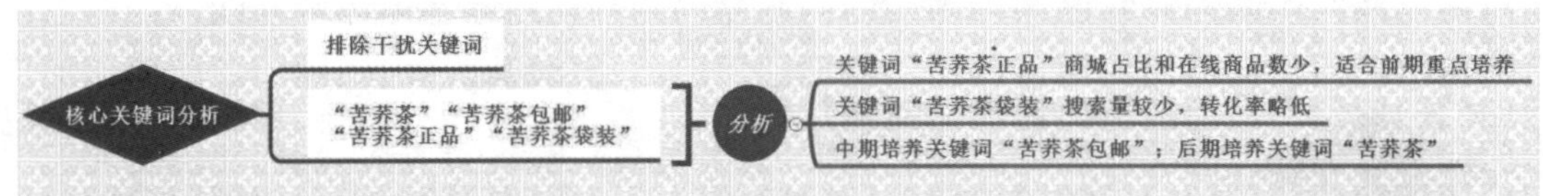


图 7-15 核心关键词分析结果

图 7-15 中提到的“前期”“ 中期”“后期”都是指店铺运营的时间节点，是为了降低运营成本而设计的运营节奏。如果有些卖家资金实力比较雄厚，完全可以直接培养“苦荞茶”这个类目词。

这一节重点介绍了在开店之前如何采集和分析数据。经过分析，卖家就可以预估出来宝贝能不能成为爆款，以及成为爆款之后能带来多少经济效益。

# 7.5 淘宝打造爆款的注意事项

由于打造爆款是淘宝店铺运营中的一个核心操作，所以 7.5 节将对中小型卖家在操作中的一些误区进行梳理，对经常犯错的地方进行详细说明。

打造爆款的前期准备工作梳理如图 7-16 所示。

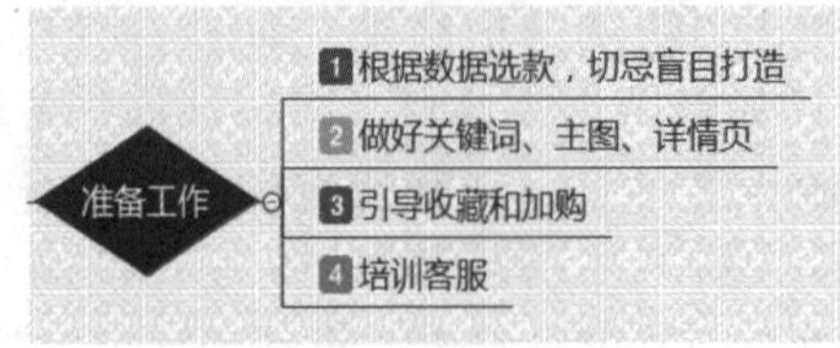


图 7-16 打造爆款的前期准备工作梳理

1．选款

之前的内容详细讲述了测款的方法。很多中小型卖家在运营时，总会忽略测款，而以自己的经验判断代替测款的工作。

2．基本功

淘宝运营中，卖家对时间节点的把控十分必要，但是也不能为了时间成本而忽略必须要做的工作。一定要做好店铺的基本功，尤其是和详情页有关的设计，以及标题关键字的优化。

3．引导收藏和加购

现在加购和收藏是有搜索权重的，所以一定要足够重视。可以通过一定的运营手法来达到想要的效果，例如“加购有礼”“送优惠券”。或者客服的引导语 “亲，收藏宝贝可以领取优惠券，直接可以减价的哦”或者“把宝贝加入购物车还会有精美小礼品赠送！”等。

4．客服培训

客服是奋斗在第一线的员工，他们最能知道客户对产品的感受。售前客服和售后客服都代表着一个网店的服务水平和服务技巧。卖家可以去做得好得大店，用旺旺小号进行产品咨询，从中学习经验和技巧。经过一段时间卖家就会明白，那些成功的店铺面对某些“棘手”的问题时是如何解答的，然后就可以把这些经验运用于自己的淘宝店铺。

爆款的切入点如图 7-17 所示。

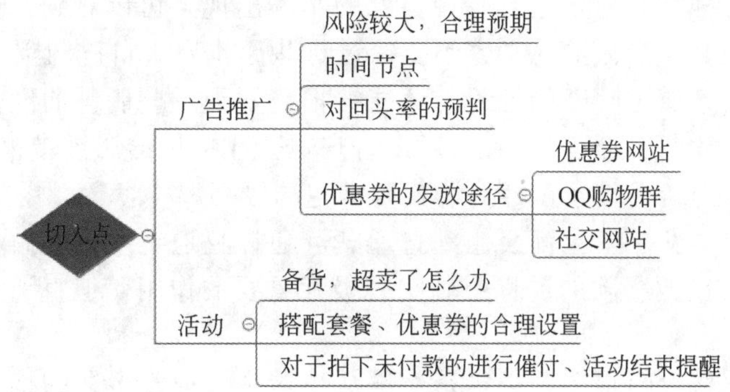


图 7-17　打造爆款的切入点

打造爆款的基本方法有“广告推广”和“活动”。图 7-17 的细节点比较多，之前的章节有详细讲解，这里重点来介绍以下几点。

1．时间节点

这里用一个例子说明做爆款的时间节点。拿“凉席”来说，卖家可以采集一些和凉席有关的数据，比如搜索“凉席”这个关键词随月份的流量变化图。从而就可以看出哪些月份凉席的流量开始回升。在店铺流量回升的时候做爆款，可以降低操作的难度。相反，如果在流量下滑的时候打造爆款，会增大操作的难度。

五月和十月也是淘宝很重要的一个时间节点。很多有经验的卖家都在每年五月和十月努力做一次大型活动来打造爆款，因为五月之后就是淘宝一年一度的年中大促“618”。十月之后紧接着就是“双十一”。

2．优惠券

在前面的内容里重点讲过“优惠券是打造爆款的一个重中之重”。淘宝店铺后期的二次营销都是在这个基础上进行的。所以要善于积累和收集可以发放优惠券的途径，例如 QQ 购物群、优惠券网站、社交网站等。收集足够多的发放途径，卖家才能够在短时间内迎来爆发，进而能更大概率地成功打造爆款。

3．催付

催付是指对“拍下未付款”的人群进行回访。这个人群是店铺里非常关键的一类人。他们基本有两个特征：强烈的购买欲望、由于某种未知的原因而放弃付款。

通常的原因有：价格干扰、人为遗忘、时间问题等。如果卖家进行旺旺催付，可以这样询问：“亲，看到您已经拍下我们店铺的宝贝，但没有付款。冒昧地问下您，是觉得我们家的宝贝太贵吗？”

“价格干扰”的买家多数这样回答：“不是贵，你们的活动我就没看懂，到底我可以减多钱呀？”

“人为遗忘”的买家也许这样回答：“哎呀，谢谢您的提醒，我今天太忙，差点忘记付款了，现在付款。”

“时间问题”的买家也许这样回答：“你家东西我是看上了，但是我最近要去外地，怕到时候收货不方便，所以没付款。”

当然除了这三种类型外，还有各种情况的卖家出现。可以看到，这类买家只要用心引导，成交率还是相当大的。卖家不要错过这些原本属于自己淘宝店铺的订单。

一般来说，卖家通过旺旺的催付，还能够很快发现一些店铺的经营问题。只有用心去经营客户了，才叫“把客户当上帝”，客户也会相应地给店铺带来利润。

最后，纠正一个新手卖家在打造爆款时常犯的错误。

提到爆款，很多新手卖家都会想到直通车。通过直通车能不能做爆款？答案是模糊的。因为直通车在做爆款的过程中确实有极其重要的作用，但直通车并不能起到决定性作用。

网络上各种爆款攻略很多，很多是一些从事这个行业没多久的推广专员或者运营写的一些所谓的攻略，其实也只能说是感慨。他们只熟悉自己的本职业务，但是大多数并不清楚爆款打造的整体脉络。他们自以为直通车打造了一个爆款，却不知爆款打造过程中的其他关键操作。

店铺发展的阶段不同，打造爆款的思路也略有不同。对于那些成熟的店铺，他们做爆款，可以用的资源很多，再用直通车辅助进行有效的推广，即便成不了爆款，也能够成为常规款，不至于成了滞销款。然而对于一个新手卖家的淘宝店铺，日均流量还不高，没有那些成熟的资源，只用直通车打造爆款是不现实的。

总而言之，卖家在学习淘宝运营中的某些技巧和操作时，一定要去伪存真、明辨是非，不要被假象蒙蔽了双眼。有些操作和技巧在别的淘宝店铺中是定海神针，是不二法门，但是这些方法和技巧实际运用到自己的店铺时作用却不一定大。这是因为店铺的大小不一样，店铺的阶段不一样，店铺的团队能力不一样，其结果自然不尽相同。

第 8 章

# 淘宝直通车实操技巧及策略

淘宝直通车是为淘宝卖家量身定制的按点击次数付费的营销工具。近几年互联网流量成本不断上升，淘宝直通车作为淘宝网店引流的工具，其成本也逐年上涨。因此掌握直通车的操作技巧是淘宝网店控制推广成本的关键因素。

直通车是淘宝搜索结果页唯一的广告形式。这是淘宝直通车作为一种广告形式最大的特点。当买家在淘宝网的搜索框搜索一个关键词后，PC 端和移动端都可以在搜索结果页展示直通车推广的宝贝。

## 8.1 淘宝直通车核心要点

淘宝直通车作为一种推广工具，其操作有一定的独立性和系统性。因此卖家需要从整体上了解直通车的要点，再逐步熟悉直通车的操作步骤。直通车的两个核心要点是“直通车定位”和“直通车展示位置”。

### 8.1.1 直通车定位

淘宝直通车是一种引流工具，并不是盈利工具，这是直通车在淘宝网店运营中的根本定位。直通车既可以推广宝贝单品，也可以推广整个店铺。从本质上来说，直通车最核心的作用是给店铺带来精准流量，但是网店有了流量并不一定就会盈利。淘宝店铺能否盈利，还在于店铺的整体运营能力。

大多数淘宝新手卖家对直通车的定位没有清醒的认识，误认为直通车的投入可以直接带来盈利，然而开通直通车后发现店铺依然不盈利，其根本原因是卖家过度看重直通车的作用，从而忽略了整个店铺的营销策略及盈利方式。

还有部分淘宝卖家对直通车操作有一定的盲目性，其具体表现如下。

**1．盲目跟风**

一些淘宝卖家看到大多数淘宝店铺都在投入直通车推广，于是在还不懂得如何运营直通车的情况下也大量投入资金开通直通车推广。

**2．盲目推广**

一些淘宝卖家在店铺或宝贝的营销条件不成熟的情况下开通直通车推广，导致前期直通车推广成本极高。

**3．盲目求成**

当店铺经营状况不良时，一些卖家试图通过直通车推广改善店铺当前现状，导致店铺整体运营成本急速增加。

直通车推广是一把双刃剑，在店铺经营良好的情况下可以助力店铺快速发展，犹如“锦上添花”；在店铺经营不良的情况下投入直通车推广不会起到“雪中送炭”的作用，只会增加运营成本。

## 8.1.2 直通车展示位置

“展示位置”是指直通车广告投放的具体位置。直通车的展示位包括 “关键词搜索展示位”和“定向推广展示位”。

**1．关键词搜索展示位**

淘宝直通车“关键词搜索展示位”分为“PC 端关键词搜索展示位”和“手机端关键词展示位”。当买家搜索关键词时，卖家推广的宝贝通过展示位得到展现。

1）PC 端关键词搜索展示位

当买家进行关键词搜索时，PC 端搜索结果页面显示带有“掌柜热卖”标志的图片即为“直通车搜索展示位”。PC 端搜索页面第一排有 1 至 4 个展示位，右侧有 16 个展示位，底部有 5 个展示位。

（1）淘宝搜索结果页首行直通车展示位如图 8-1 所示，搜索结果页第一排有 4 个展示位。

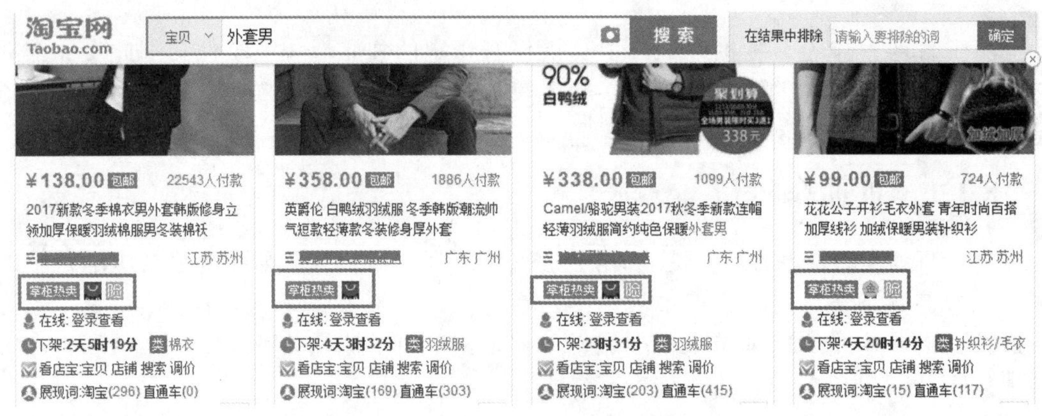


图 8-1　搜索结果页首行展示位

（2）淘宝搜索结果页最右侧直通车展示位如图 8-2 所示，在搜索结果页的最右侧共有 16 个直通车展示位。

（3）淘宝搜索结果页最底部直通车展示位如图 8-3 所示，搜索结果页底部共有 5 个直通车展示位。

2）手机端关键词搜索展示位

淘宝手机端直通车关键词搜索展示位没有固定位置。如图 8-4 所示，在搜索结果页面显示“HOT”标志的宝贝即为直通车展示位。

图 8-2　搜索结果页右侧展示位

图 8-3　搜索结果页最底部展示位

图 8-4　淘宝手机端直通车关键词搜索展示位

### 2．定向推广展示位

淘宝直通车“定向推广”是指利用淘宝网庞大的数据库，通过创新的多维度人群定向技术，锁定目标客户，并将宝贝推广信息展现在目标客户浏览的网页上的直通车技术。

淘宝 PC 端直通车定向推广的展示位主要有“淘宝网首页热卖单品”“已买到的宝贝”“旺旺买家版每日焦点”“物流详情页”“收藏列表页”等，如图 8-5 所示。

| | 状态 | 展示位置 | 流量类型 | 出价/溢价 |
|---|---|---|---|---|
| | | 通投位置 | | 0.98元 |
| | 溢价中 | 淘宝网首页_热卖单品 | pc站内 | 5% |
| | 溢价中 | 我的淘宝_已买到的宝贝 | pc站内 | 5% |
| | 溢价中 | 旺旺每日焦点 | pc站内 | 5% |
| | 溢价中 | 我的淘宝_物流详情页 | pc站内 | 5% |
| | 溢价中 | 我的淘宝首页_猜我喜欢 | pc站内 | 5% |
| | 溢价中 | 淘宝收藏夹_热卖单品 | pc站内 | 5% |

图 8-5　定向推广展示位

淘宝卖家可以对定向推广的每一个展示位置进行独立出价。下面重点介绍定向推广展示位所在的六个位置。

1）PC 端淘宝首页“热卖单品”定向展示位

如图 8-6 所示，该位置位于淘宝首页底部，仅限具有精品库资质的商家进行直通车广告投放。图片要求为浅色背景图。此位置特点：曝光量高、流量大、转化率低。

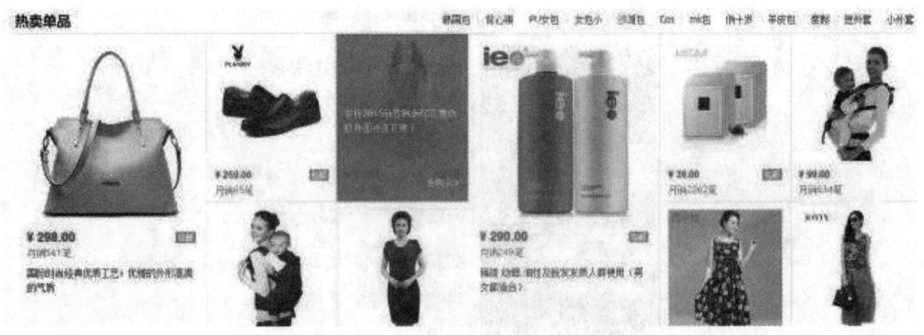


图 8-6　淘宝首页“热卖单品”直通车定向展示位

2）已买到的宝贝底部“热卖单品”定向展示位

如图 8-7 所示，此展示位当买家浏览“已买到的宝贝”时会展现。

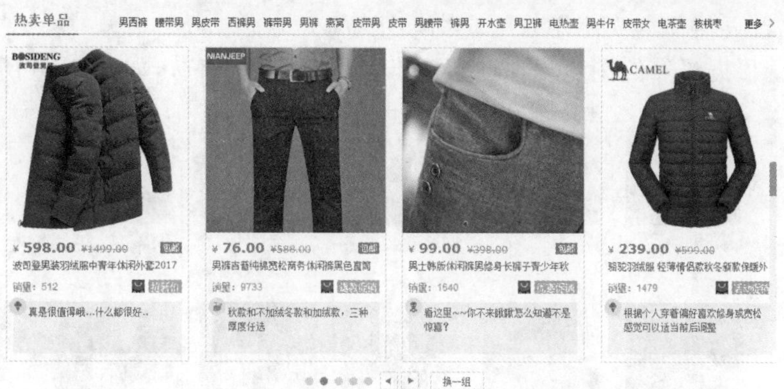


图 8-7　“已买到的宝贝”底部直通车定向展示位

3）旺旺每日焦点“热卖”定向展示位

如图 8-8 所示，此展示位当买家登录旺旺后在电脑端展示，是一种弹窗广告的形式，点击率较高。

图 8-8　旺旺“每日焦点”直通车展示位

4）宝贝物流详情页底部“热卖单品”定向展示位

如图 8-9 所示，此展示位当买家查看物流时展示。

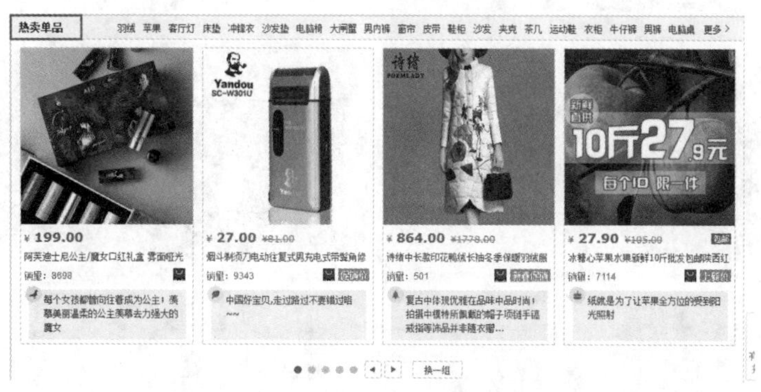


图 8-9　宝贝“热卖单品”定向展示位

5）淘宝首页猜你喜欢“HOT”定向展示位

淘宝系统根据买家的浏览习惯向买家推荐展示此展示位，如图 8-10 所示。

图 8-10　淘宝首页“猜你喜欢”直通车展示位

6）“我的收藏”和“我的购物车”底部“热卖单品”和“掌柜热卖”定向展示位

此展示位在买家浏览收藏的宝贝和购物车宝贝时进行展示，如图 8-11 所示为“我的收藏”底部定向展示位，如图 8-12 所示为“我的购物车”底部定向展示位。

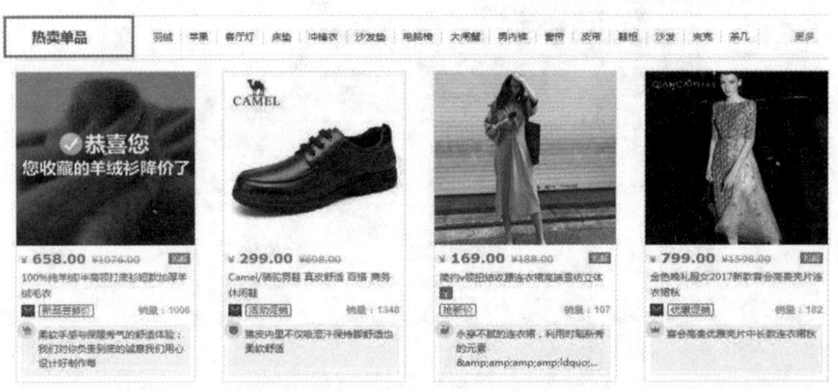


图 8-11　“我的收藏”底部“热卖单品”定向展示位

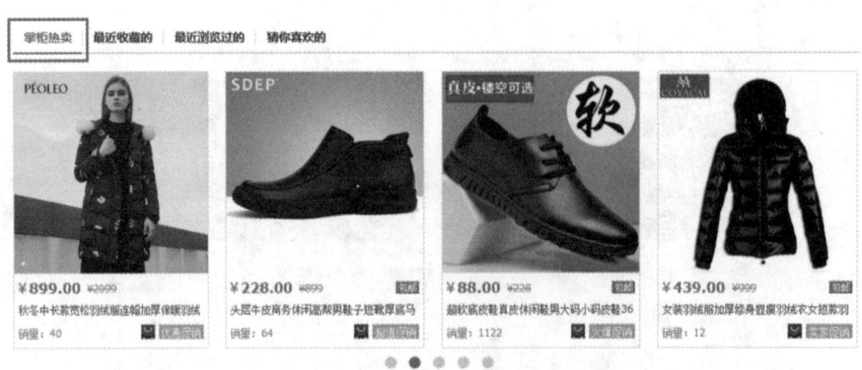


图 8-12　“我的购物车”“掌柜热卖”定向展示位

## 8.2　淘宝直通车运营误区剖析

大多数淘宝卖家在直通车运营过程中，由于运营策略错误、技术不娴熟等原因常犯一些思维上的误区，误认为“直通车推广无效果”“直通车推广成本高”“直通车推广盈利难”“直通车推广运营难”等，从而放弃直通车推广。

### 8.2.1　直通车推广无效果

一些淘宝卖家初次接触直通车时，经过一段时间的操作后，发现推广效果不佳甚至无效果，于是误认为直通车推广无效果。其主要原因是使用直通车的新手对直通车的运营条件和操作思路不清晰，对直通车的数据分析不准确以及出价不合理。淘宝直通车新手运营“无效果”破解方案如图 8-13 所示。

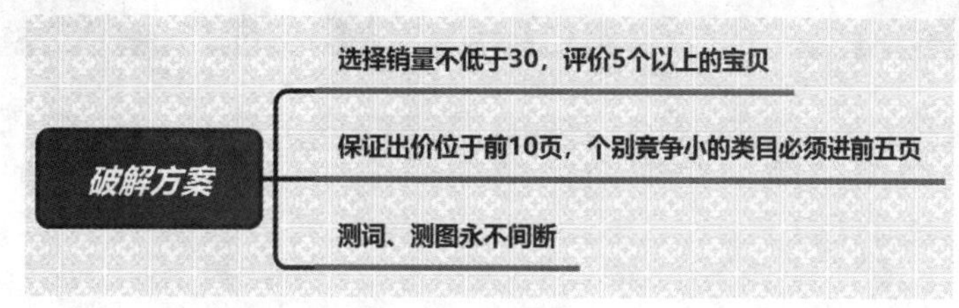


图 8-13　直通车“无效果”的破解方案

（1）在进行直通车推广之前，卖家须通过一定的方法提升宝贝的基础销量和评价。买家轻易不会购买销量低、无评价的宝贝。这里建议卖家选择直通车推广的宝贝基础销量不低于 30 笔，评价数量不少于 5 个。

（2）大多数直通车新手开通直通车之后，选择大量的关键词出价却不进行数据分析和及时调整，这样的思路是错误的。要想取得良好的直通车效果，要悉心培养直通车推广关键词。正常情况下应保证关键词的出价位于前 10 页，个别竞争小的类目要进入前 5 页，这样才能保证直通车推广宝贝的展现量。

（3）“测词、测图”是直通车推广中非常重要的一个步骤。通过“测词、测图”的方法确保直通车关键词有一定的点击量，再进一步分析关键词的转化率，从而得出合理的出价。

### 8.2.2　直通车推广成本高

直通车推广成本高已成共识。因此部分淘宝卖家选择不投入直通车，此观点也有一定的偏激性。导致直通车推广成本过高的主要原因是质量得分过低、竞价不合理和关键词选择不精准，其破解方案如图 8-14 所示。

图 8-14　直通车“成本高”破解方案

（1）决定直通车扣费高低的关键因素是“质量得分”，直通车质量得分越高，相应花费就会越少，所以应当不断优化质量得分。随后的章节中会详细介绍提高质量得分的策略。

（2）直通车展示位置很多，有些特殊展位效果非常好，如图 8-15 所示的 5 个直通车展位位于搜索结果页最底部，因此出价相对较低。但是由于此位置正好处于翻页按钮的下方，容易引起买家点击。

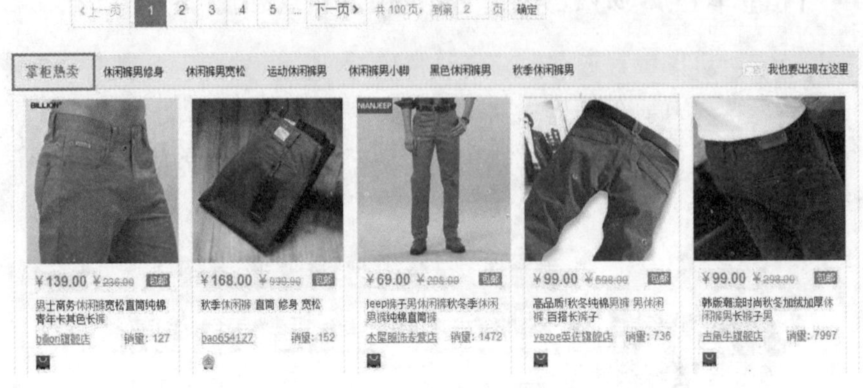


图 8-15　直通车“特殊展位”示意图

（3）长尾词是指在主搜关键词的基础上增加属性词和促销词等相关词，并将其组合的一系列新的关键词。如主搜词为“休闲女裤”，这个主搜词可以扩展出很多长尾词，包括“休闲女裤正品特价”“休闲女裤特价包邮”“大码休闲女裤”“百搭休闲女裤”“休闲女裤小脚裤”等。通常长尾词的展现量和点击量相对较少，但长尾词竞争度小、出价低。选用大量长尾词将会取得良好的效果。

### 8.2.3　直通车推广盈利难

淘宝卖家在运营直通车时会发现这样一个现象，即直通车的投入和产出比总是很低，很难盈利，甚至亏损。

如图 8-16 所示为直通车“投资回报”数据分析。直通车推广宝贝点击转化率为 4%，意味着点击 100 次可成交 4 笔，即每成交一笔需要点击 25 次。如果直通车推广宝贝的出价为 2 元，则成交一笔需花费 50 元，若宝贝的利润低于 50 元，肯定会出现亏损现象。

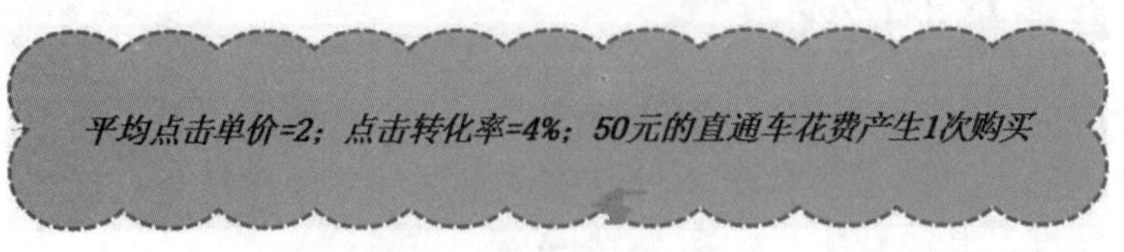


图 8-16　直通车投资回报分析

通过以上数据分析得出，只通过直通车推广实现宝贝盈利的确很难。针对直通车推广盈利难的问题，其破解方案如图 8-17 所示。

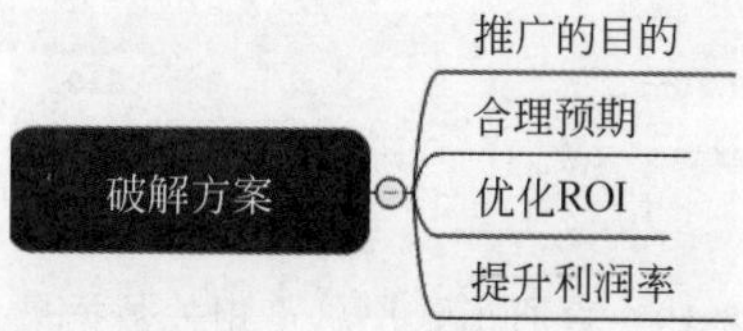

破解方案
推广的目的
合理预期
优化ROI
提升利润率

图 8-17　直通车“盈利难”的破解方案

（1）直通车推广的最直接目的是引流，从而带动和提升自然搜索宝贝的权重。因此直通车推广的目的一方面是实现盈利，另一方面是实现宝贝自然搜索权重提升。

（2）对直通车推广盈利要做合理时间预判，短时间不盈利属于正常现象。开通直通车前需做好前期铺垫工作。否则很难实现直通车“锦上添花”的作用和价值。

（3）优化 ROI（投资回报率），优化 ROI 的核心是优化关键词，关键词的出价太高或转化率太低需及时调整。

（4）提升利润率，参与直通车推广的宝贝必须要有一定的利润率，低利润的宝贝很难实现直通车盈利。

### 8.2.4　直通车推广运营难

对于大多数淘宝新手卖家而言，短时间内掌握好直通车的技巧有一定难度。所以卖家需要多学习、多规划、多分析、多总结。如图 8-18 所示为直通车“运营难”的破解方案。

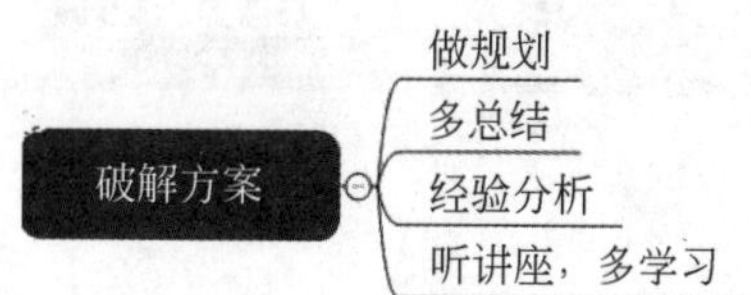


图 8-18　直通车“运营难”的破解方案

## 8.3　直通车后台功能及数据分析

直通车数据分析是直通车运营的关键，不懂数据分析犹如盲人摸象，想到哪里做到哪里。正确的做法是通过分析直通车账户数据，然后全面规划直通车运营，在运营过程中根据数据反馈分析问题所在，不断优化和调整。

直通车后台核心功能及数据主要包含“账户总览”“点击量”“直通车监控预警”“人群洞察”“账户诊断”“抢位助手”等。

### 8.3.1　账户总览

如图 8-19 所示，本组数据是直通车账户总体数据指标。

（1）实时扣费是指截止到查看数据时刻的直通车实时扣费数据。比如，此刻为 13:00，那么所显示的扣费就是指从今日 00:00 开始截止到 13:00 这一段时间内直通车的扣费情况。

| 账户余额 充值 | 实时扣费 | 点击量 | 展现量 | 点击率 |
|---|---|---|---|---|
| 2,613.72元 | 27.38元 | 9 | 810 | 1.11% |
| 平均点击花费 | 总成交笔数 | 总成交金额 | 投入产出比 | 点击转化率 |
| ¥3.04 | - | - | 0 | 0% |

图 8-19　直通车账户总览相关数据展示

（2）平均点击花费是指截止到当前时刻，实时扣费与点击量之间的比值。

（3）总成交笔数是指截止到当前时刻，通过直通车的流量带来的成交笔数。

（4）总成交金额是指截止到当前时刻，通过直通车的流量带来的成交金额。

（5）投入产出比是指截止到当前时刻，直通车的花费与总成交金额之间的比值。

（6）点击转化率是指截止到当前时刻，带来成交的点击数与总点击数之间的比值。

以上数据用于直通车日常运营的数据分析和关键词调整，读者必须了解清楚每组数据之间的作用和逻辑。

## 8.3.2　点击量

如图 8-20 所示为点击量实时数据曲线图。卖家可以单独选择“计算机”或者“移动设备”，也可以选择“汇总”进行相关数据分析。

图 8-20 黄色曲线代表的是前一天直通车点击量数据，蓝色曲线代表的是当日实时点击量数据。通过对两条曲线数据对比分析，淘宝卖家可以及时作出直通车运营调整。

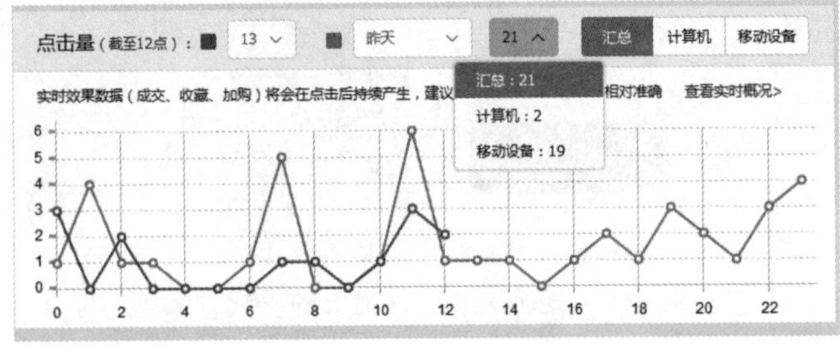


图 8-20　直通车“点击量”实时数据曲线图

## 8.3.3　直通车监控预警

如图 8-21 所示，本组数据是直通车实时监控预警。主要数据包含“竞争分析”“人群信号灯”“宝贝风向标”“关键词晴雨表”等。

（1）竞争分析的作用是将竞品店铺一些表现好的直通车关键词推荐给卖家，有助于卖家了解及分析竞品关键词。

图 8-21　直通车监控预警机制

（2）人群信号灯的作用是将淘宝开发出来的最新人群标签推荐给卖家，有助于卖家分析定位人群。

（3）宝贝风向标的作用是将直通车推广宝贝流量变化异常情况反馈给卖家，便于卖家及时调整和优化。

（4）关键词晴雨表的作用是将关键词相关数据异常情况反馈给卖家，便于卖家及时调整和优化。

### 8.3.4　人群洞察

在直通车首页左侧导航栏中的“人群洞察”是直通车新推出的一个功能，如图 8-22 所示。卖家可以进行“行业对比”“竞店对比”和“店铺自身对比”。

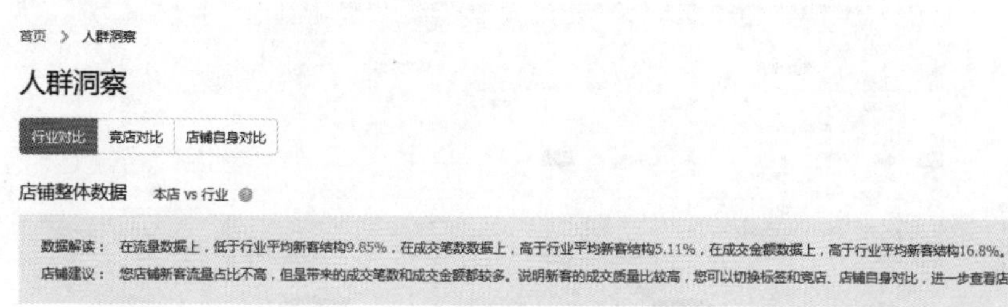


图 8-22　直通车“人群洞察”示意图

#### 1．行业对比

如图 8-23 所示，选择“行业对比”，可详细和直观地看到相关数据图表。图表主要分为三个版块，包括流量数据、成交笔数、成交金额。卖家可将自己店铺与行业的数据进行详细对比。在数据对比中系统又增加了“老客”和“新客”这一关键参数，使得展示的数据更加丰富和全面。

图 8-23 最上方的“店铺整体数据”分为“数据解读”和“店铺建议”，这是淘宝直通车根据本店和行业数据对比之后得出的结论，卖家可根据数据解读和店铺建议的提示做出直通车相关优化及调整。

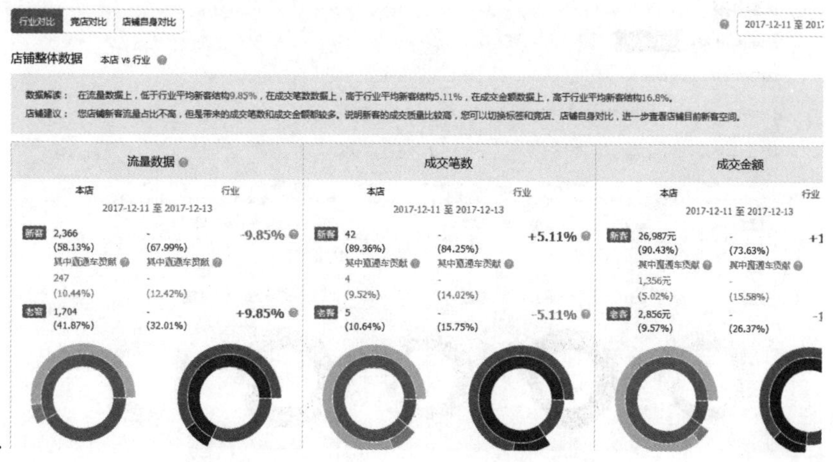


图 8-23　直通车人群洞察“行业对比”数据

### 2．竞店对比

如图 8-24 所示，单击“竞店对比”按钮，可详细和直观地看到相关数据图表，其包含“全部竞店”和“优质竞店”。

“竞店对比”是指卖家本店与主营类目相似或相近店铺的相关数据的对比。从而可以得知本店直通车推广的优势及不足，同样可参考店铺整体数据的“数据解读”和“店铺建议”相关提示及时做出调整和优化。

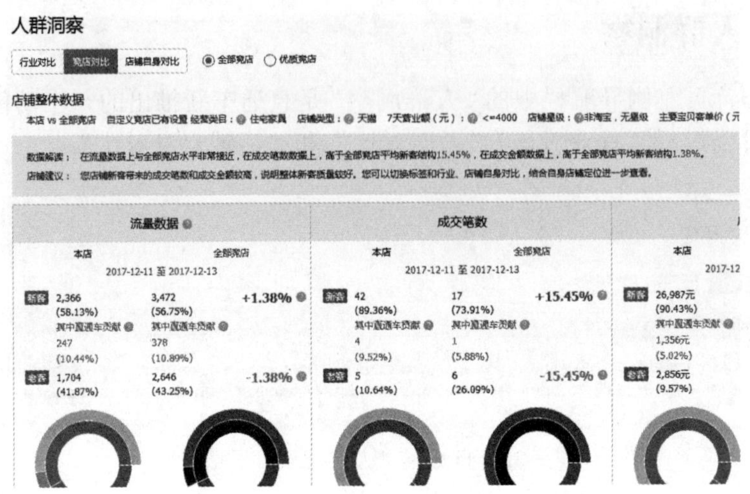


图 8-24　直通车人群洞察“竞店对比”数据

### 3．店铺自身对比

如图 8-25 所示，选择“店铺自身对比”，可详细和直观地看到相关数据图表，其主体包含“本店”和“店铺自身”两部分内容。

“本店”是指最近的一个自然周内店铺的数据，“店铺自身”是指上一个星期的时间段内店铺的数据，这两组数据都是卖家自己店铺的数据，只是时间节点不一样。简单来说，就是把本周店铺的数据和上周店铺的数据进行对比分析。

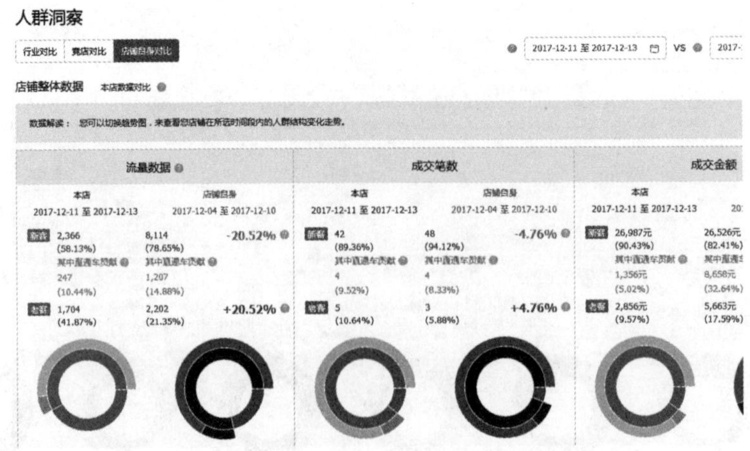


图 8-25　直通车人群洞察“店铺自身对比”数据

### 8.3.5　账户诊断

如图 8-26 所示，在直通车首页左侧导航栏选择“工具”，单击“账户诊断”按钮进入账户诊断界面。账户诊断和直通车首页的诊断数据相关联，区别在于这里的数据更加全面。

图 8-26　直通车“账户诊断”功能及数据

### 8.3.6　抢位助手

“抢位助手”是为卖家自动调整关键词出价、抢夺并稳定宝贝排名的工具。系统将根据卖家所设置的抢位策略帮卖家及时调整关键词的出价，使得店铺宝贝的排名保持在目标排名区间内。

抢位助手升级之后，当抢位不成功时，系统会采取“排名保障”措施。例如，卖家选择抢 1～3 位，若当前抢位失败，系统自动会依次向下抢位，且抢位价格是该位置对应的合适价位。这样能够在卖家抢不到目标位置时，还能够获得较理想的排名。如果卖家不启用排名保障，则抢位不成功时回到原始出价对应广告位。

单击直通车首页左侧导航选择“工具”，然后单击“抢位助手”进入如图 8-27 所示的设置界面。卖家可以通过对直通车关键词的设置来达到自己想要的排名。如图 8-27 所取的排名为“前十名”，花费可以通过“溢价比例”进行控制。

在实际使用“抢位助手”的过程中，可以建立多个计划来达到不同的目的。比如，电脑端和移动端可以建立不同的计划等。下面详细介绍“抢位助手”的操作步骤。

**1．新建抢位策略**

如图 8-28 所示，选择“策略管理”，单击“新建策略”按钮。

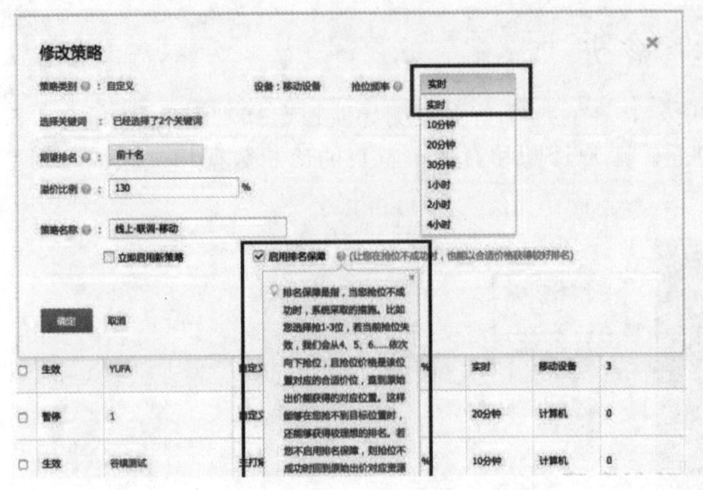


图 8-27　直通车抢位助手设置页面

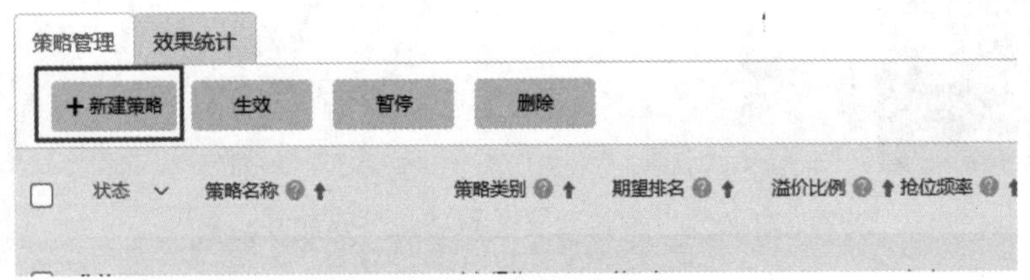


图 8-28　直通车抢位助手“新建策略”入口

### 2. 策略和设备选择

如图 8-29 所示，进入“新建策略”页面后，可以选择“计算机”或“移动设备”建立策略计划。

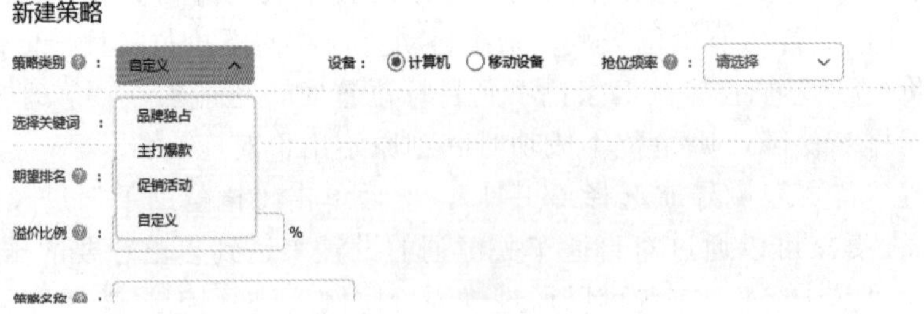


图 8-29　策略和设备选择

注意，不同策略对应抢位排名 的要求也有所不同，如图 8-30 所示。

### 3. 选择关键词

如图 8-31 所示，单击“选择关键词”按钮进入关键词选择。根据直通车系统数据选择关键词，具体选择方法在下文中会详细介绍。

不同策略对应的抢位排名。

| 杆位类别 | 设备 | 期望排名 | 关键词要求 |
|---|---|---|---|
| 品牌独占 | 计算机/全部 | 第一名、前三名 | PC第一名带"左"标 |
| | 移动设备 | 第一名、前两名 | 无线第一名带蓝标 |
| 主打爆款 | 计算机/全部 | 第一名、前三名、前六名、前八名 | PC第一名带"左"标 |
| | 移动设备 | 第一名、前三名 | 无线第一名带蓝标 |
| 促销活动 | 计算机/全部 | 第一名、前三名、前六名、前八名、首页 | PC第一名带"左"标 |
| | 移动设备 | 第一名、前三名 | 无线第一名带蓝标 |
| 自定义 | 全部/计算机/移动设备 | 全部 | PC第一名带"左"标<br>无线第一名带蓝标 |

图 8-30　抢位排名关键词要求

## 4．设置期望排名

如图 8-32 所示，选择“期望排名”设置期望本策略的排名名次，如第一名。

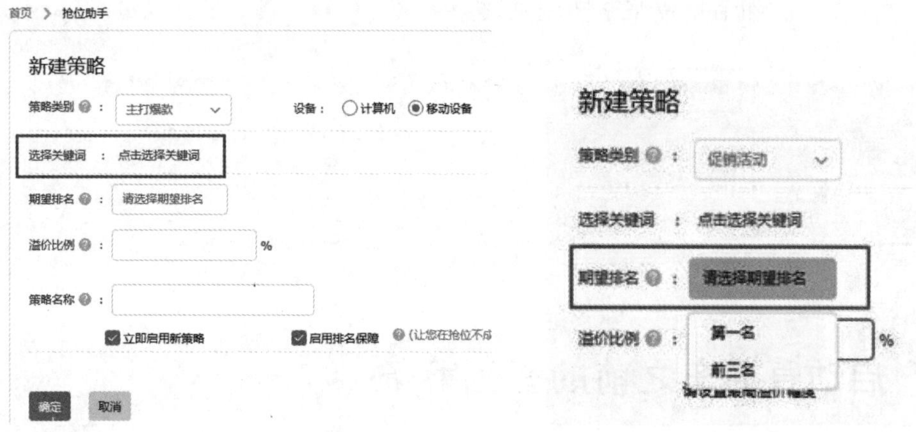


图 8-31　直通车“选择关键词”入口　　　图 8-32　直通车“期望排名”设置界面

## 5．设置溢价比例

如图 8-33 所示，选择设置“溢价比例”。溢价比例过低会导致较低的抢位成功率，建议溢价比例 50%以上。

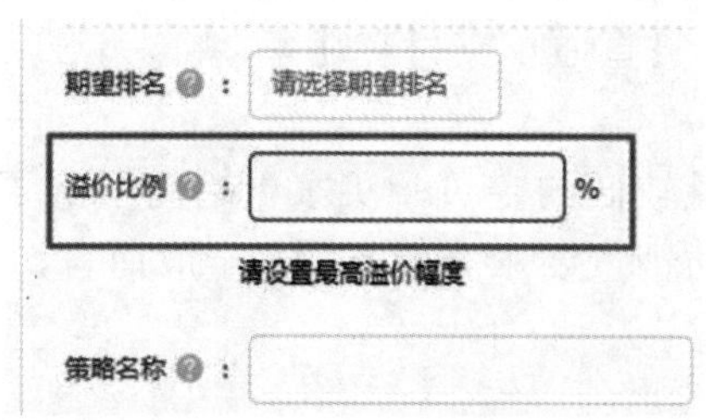


图 8-33　直通车“溢价比例”设置界面

6．策略名称和抢位频率设置

如图 8-34 所示，选择“策略名称”进行名称设置。“抢位频率”是系统检查位置的时间间隔。

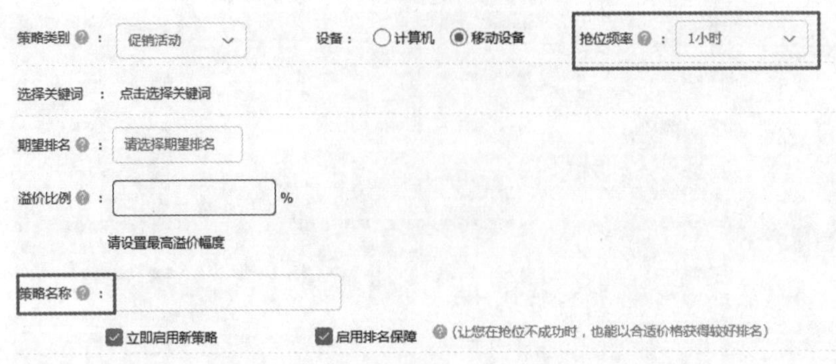


图 8-34　抢位助手名称和频率设置界面

7．确定生效

如图 8-35 所示，当以上所有内容和选项都设置完毕之后，勾选“立即启用新策略”，并单击“确定”按钮后抢位策略即刻生效。

图 8-35　抢位助手新建策略生效

## 8.4　启动直通车之前的基础筹备

新手卖家在开通直通车之前，需要做好大量前期准备工作，以保证日后直通车账户良好发展。直通车必须达到以下 3 个方面的基本条件才可开通。

1．宝贝详情优化

直通车流量和自然搜索流量类似，买家通过直通车进入的第一个页面也是宝贝详情页。所以宝贝详情页优化很大程度上会影响宝贝支付转化率。读者可以参考本书第 4 章内容优化详情，提升宝贝直通车支付转化率。

2．基础销量

很少有买家会购买销量较低的宝贝，买家更趋向于购买销量较高的宝贝。直通车对不同类目和不同关键词的销量要求有所不同。一般而言，月销量大于 50 笔的情况下直通车推广效果会比较理想。

3．基础好评数

大多数买家在决定要不要购买时都会看宝贝评价，而且宝贝评价在买家购买决策中占比非常高，往往一个差评就可能迫使买家放弃购买。因此好评数量越多营销的效果越好，宝贝好评数量大于 15 个时直通车推广效果比较理想。

## 8.5　淘宝直通车运营流程及技巧

淘宝直通车运营推广需要整体策划布局，需严格按照操作流程操作，把控每一个细小环节。其操作流程为“达到准入条件”→“熟悉直通车后台”→“新建推广计划”→“设置推广计划”→“新建推广宝贝”→“设计创意图”→“设计广告文案”→“添加关键词”→“测词”→“优化”。

### 8.5.1　直通车准入条件

并非所有淘宝店铺都适合直通车推广，需达到直通车条件后才能开通直通车。淘宝网直通车准入条件如下：

（1）店铺状态正常(店铺可正常访问)；

（2）用户状态正常（店铺账户可正常使用）；

（3）淘宝店铺的开通时间不少于 24 小时；

（4）近 30 天内成交金额大于 0。

淘宝店铺满足了以上条件就可以进行直通车推广了。直通车首次充值时需存入大于 500 元的预付款，付款成功后直通车账户便正式开通了。预付款全部是卖家可使用的推广费用，中途不收取其他任何服务费用，后期账户续费充值大于 200 元即可。

### 8.5.2　直通车后台

进入“卖家中心”，选择“我要推广”，如图 8-36 所示的第一个便是淘宝直通车，单击进入。

图 8-36　淘宝直通车入口

如图 8-37 所示为直通车推广主页面。直通车所有的优化设置操作及数据分析都可以通过此页面功能执行。

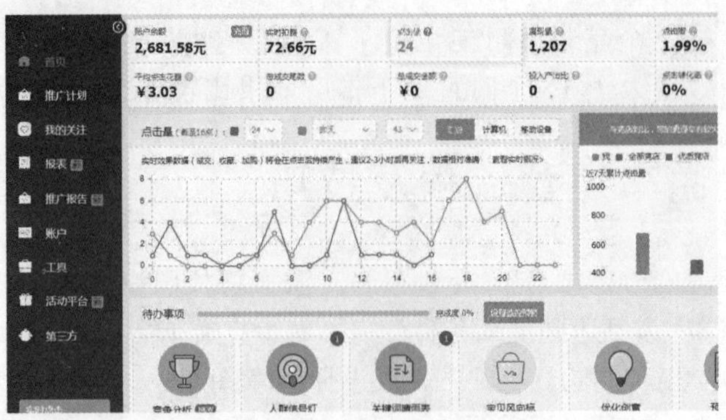


图 8-37　淘宝直通车推广主页面

## 8.5.3　新建推广计划

直通车主页面展示了直通车推广的基本数据信息。数据展示的形式包含数据表格和曲线图，便于卖家更直观高效地分析数据。在店铺宝贝进行直通车推广之前先要建立“推广计划”，方法是单击左侧导航的“推广计划”按钮，依次单击“标准推广”和“新建推广计划”按钮，如图 8-38 所示。每一个推广计划可添加多个宝贝进行直通车的推广。

图 8-38　直通车新建推广计划入口

如图 8-39 所示为“弓形计划”设置界面。按照计划选项设置“日限额”“投放平台”“投放时间”“投放地域”等信息，可选择单个宝贝推广或店铺推广。

图 8-39　直通车“弓形计划”设置界面

### 8.5.4　推广计划设置

每个推广计划都可以单独设置“日限额”“投放平台”“投放时间”和“投放地域”，如图 8-40 所示。

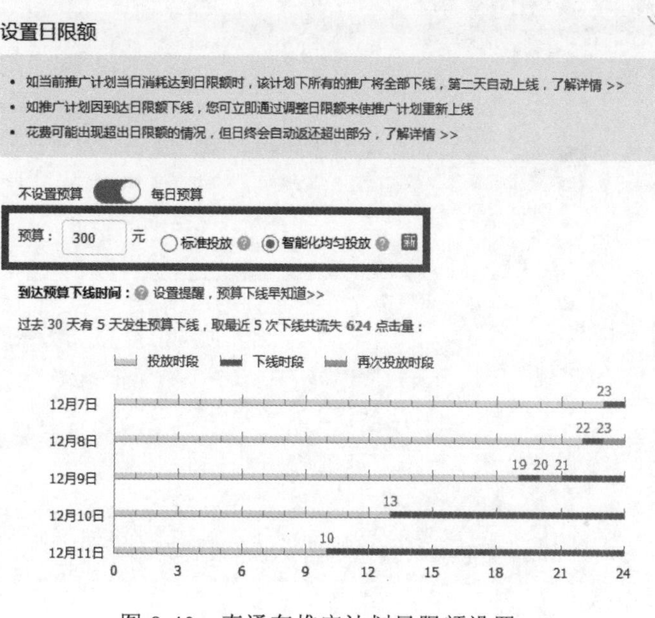


图 8-40　直通车推广计划日限额设置

（1）“日限额”是指直通车花费的最大额度。例如，设置日限额预算为 300 元，则当这一天的预算达到 300 元时，直通车不会再产生点击和花费。“日限额”便于卖家控制直通车的投入。

（2）“标准投放”是指按照直通车的标准模式进行展示和扣费。

（3）“智能化均匀投放”是指按照预算额度将预算的点击量均匀地分布在时段里面。例如，日限额为 300 元，设置的投放时段为 10 个小时，点击单价为 3 元。那么，系统就会预算出，大概会产生 300/3=100 个点击。如果投放时段为 10 个小时，那么每个小时就会有 100/10=10 个点击产生。也就是说，在这 10 个小时的时段里，直通车每个小时都会获得 10 个左右的点击量。

（4）“投放平台”是指推广计划的投放方式和平台渠道，如图 8-41 所示。投放平台按照端口分为“计算机设备”和“移动设备”；按照网站类型可以分为“站内”和“站外”。站内和站外的计算机端口又分为“搜索推广”和“定向推广”。卖家可以根据自己的实际情况进行设置。也可以设置为“投放”或者“不投放”，还可以按照百分比进行投放设置。

（5）“投放时间”是指将推广计划按照访客高峰时间段进行均匀分布投放，如图 8-42 所示，按照星期竖轴和时间横轴进行展示。卖家可以对每一天的每一个小时设置折扣。例如，卖家有一个关键词为“连衣裙 女”，它的标准点击单价为 4 元，卖家设置晚上 2 点至凌晨 7 点的时段折扣为 20%，20 点至 23 点为 120%。那么，当买家在凌晨 3 点点击卖家的直通车广告时，直通车扣费系统会按照 4×20%=0.8 元为基准进行扣费。同样的道理，当买家在 22 点进行点击时，系统会按照 4×120%=4.8 元为基准扣费。合理设置“投放时间”能够更好地发挥直通车的效果。

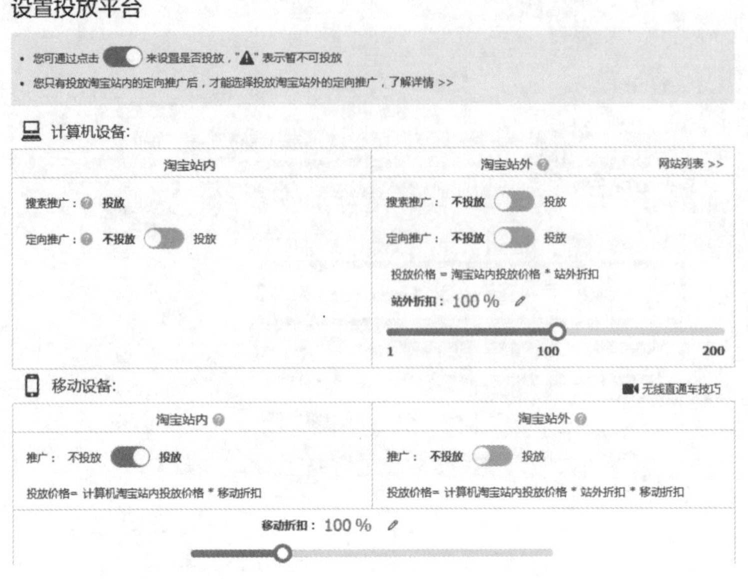


图 8-41　直通车投放平台设置界面

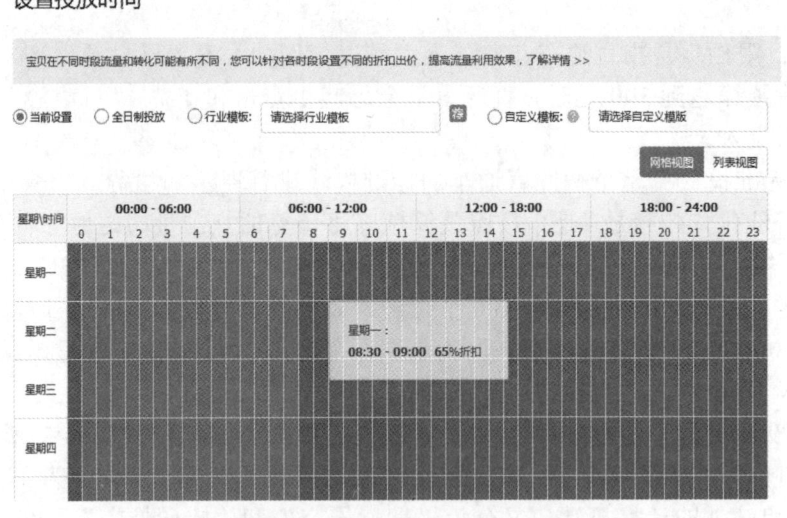


图 8-42　直通车投放时间设置界面

（6）“投放区域”是指按照地理区域投放直通车广告。如图 8-43 所示，只有已选择的区域才可以展示直通车的广告，没有选择的区域不会展现直通车的广告。例如，九月份之后，很多省份（宁夏、新疆、东北等区域）由于温度的原因，已经对凉席没有需求了，所以这个卖家不想把直通车的广告展现在这些区域。有了“投放区域”这个设置，卖家就能有效避开不满足投放条件的区域。

| 请选择投放区域 | | | | |
|---|---|---|---|---|
| ☐华北地区 | ☑北京 | ☑天津 | ☑河北 (11) | ☑山西 (11) |
| | ☐内蒙古 | | | |
| ☑东北地区 | ☑辽宁 (14) | ☑吉林 (9) | ☑黑龙江 (13) | |
| ☑华东地区 | ☑上海 | ☑江苏 (13) | ☑浙江 (11) | ☑福建 (9) |
| | ☑安徽 (17) | ☑山东 (17) | | |
| ☐华中地区 | ☐河南 | ☐湖北 | ☑湖南 (14) | ☐江西 |
| ☐华南地区 | ☑广东 (21) | ☑海南 (14) | ☐广西 | |
| ☐西南地区 | ☐重庆 | ☐四川 | ☐云南 | ☐贵州 |
| | ☐西藏自治区 | | | |
| ☐西北地区 | ☑陕西 (10) | ☑甘肃 (14) | ☐青海 | ☐宁夏回族自治区 |
| | ☐新疆维吾尔自治区 | | | |
| ☐其他地区 | ☐台湾 | ☐香港 | ☐澳门 | ☐国外 |
| 全部选中 | 全部取消 | | | |

图 8-43　直通车投放区域设置界面

## 8.5.5　新建宝贝推广

建立好推广计划之后，单击“新建宝贝推广”按钮就可以添加店铺里的宝贝进行直通车推广了，如图 8-44 所示。

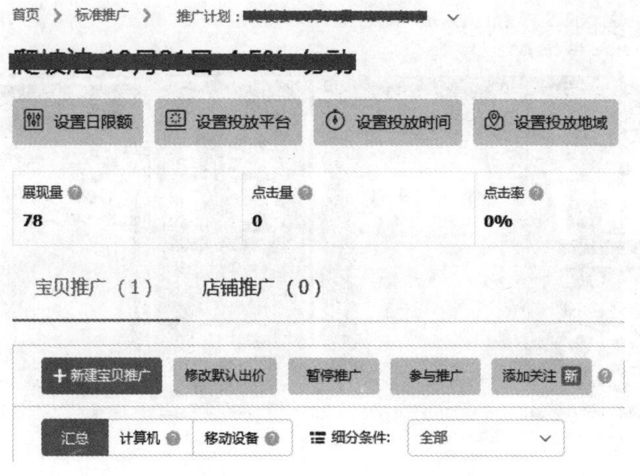


图 8-44　直通车“新建宝贝推广”设置界面

## 8.5.6　直通车创意图设计

“直通车宝贝创意图”可以通过图中各个元素之间的结构关系，将宝贝卖点以个性化、创新化的主图方式体现出来。常见的构图方式有平行构图、垂直构图、对角构图、放射性构图等。

**1．平行构图**

如图 8-45 所示的平行构图方式巧妙利用文案把产品和背景切割成平行的三部分。

这是一个标准的平行构图，平行构图符合买家的阅读习惯，其特点是简单明了，整齐划一，能让消费者一目了然。

图 8-45 直通车宝贝平行构图示例

**2．垂直构图**

如图 8-46 所示，垂直构图方式是指将直通车主图的文案和宝贝展示在并排的两个区域。这是一个标准的垂直构图，整齐垂直的排列，构成了图片的主要结构。垂直结构也比较符合买家的阅读习惯，其特点是简单明了，整齐划一，让消费者一目了然，尤其适用于文字较多的图片创意。

图 8-46 直通车垂直构图示例

**3．对角构图**

如图 8-47 所示，将宝贝倾斜 45 度展示，形成对角结构。此结构打破了买家常规的阅读习惯，更具视觉冲击力。对角结构以吸引买家眼球为核心目的，结构独特，效果明显，但对宝贝有一定的限制性。

**4．放射性构图**

如图 8-48 所示，放射性构图方式以宝贝主题为中心进行放射性文案表达。放射性构图把视线定位在主题上依次向外延伸，视觉冲击力非常强。

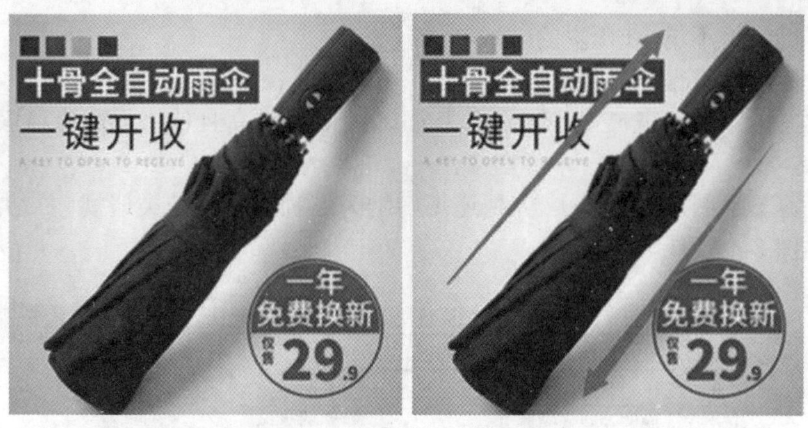


图 8-47　直通车对角构图示例

图 8-48　放射性构图

由于直通车的创意图尺寸比较小，所以在构图设计时要尽量做到构图简单，一目了然。在实际的运用中，根据宝贝的实际情况合理构思，设计适合宝贝属性特质的构图方式效果会更好。

### 8.5.7　直通车主图广告文案设计

由于淘宝网宝贝种类繁多，买家没有耐心逐一阅读主图文案的相信信息。因此直通车创意主图要求文字信息一定要简洁。近年来随着互联网广告法的不断完善与健全，淘宝对直通车广告文案的要求也不断提高。有关文案中涉及的不得出现的违规和违反广告法的行为总结如下：

（1）文案中不得出现“销量第一”“全网最好”“最低价”“零利润”“最畅销”“比耐克质量好”等类似文案的不正当竞争用语；

（2）不得出现捏胸、捂生殖器、撅臀等低俗的创意；

（3）不得推广小样、中样、分装产品；

（4）不得出现“治疗”“治愈”等夸张描述；

（5）不得出现水货类描述（“欧版”“韩版”“日版”“亚太版”等）；

（6）不得出现“贴牌”“外贸”“原单”“高仿”“A 货”等描述；

（7）不得使用不满 10 周岁的未成年人代言；

（8）保健产品不得用人物代言；

（9）文案中不得出现减肥、丰胸、壮阳、缩阴、增高且使用方法为口服、涂抹、注射等信息。

淘宝直通车主图广告将以上 9 种违规归纳为三种类型：一类违规、二类违规和品牌侵权，如图 8-49 所示。

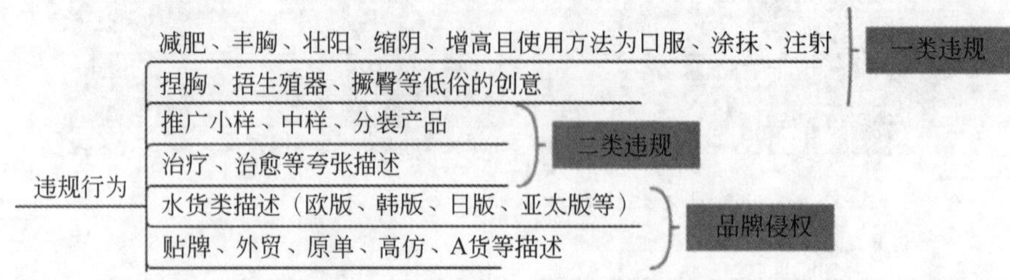


图 8-49　直通车主图广告违规类型

淘宝直通车主图广告针对以上三种违规操作的处罚条令如图 8-50 所示。

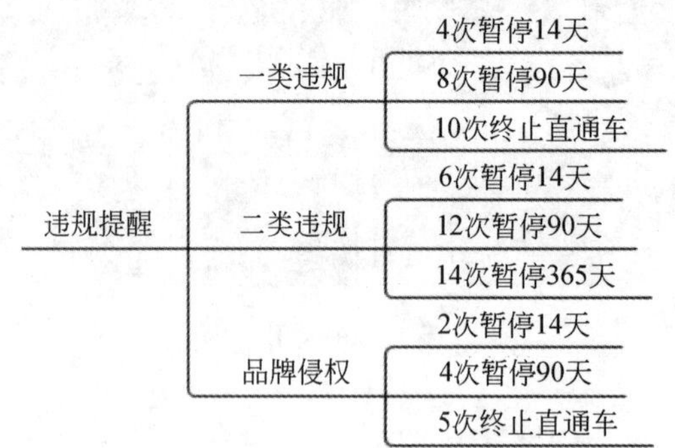


图 8-50　直通车主图广告违规处罚条令

“暂停”是指暂停店铺内直通车的推广，“终止”是指永久性停止该店铺的直通车推广。

## 8.5.8　直通车关键词添加

直通车关键词和宝贝标题关键词有其相似之处，也有不同之处。相似之处在于，这些关键词在买家搜索之后，都可以被淘宝搜索系统提取出来。标题中的关键词和直通车的关键词都展示在搜索结果页面。不同之处在于，标题的关键字只能设置 60 个字符。而直通车的关键字可以设置上百个关键词，几乎不受字符限制。

“直通车选词”是指通过直通车后台关键词数据分析，选择有效关键词进行直通车推广。选词方式主要有“系统推荐词”和“组合词”。

（1）如图 8-51 所示，系统推荐词主要包括“淘宝首页下拉框的系统推荐词”“掌柜热卖的推荐词”“直通车系统的推荐词”。

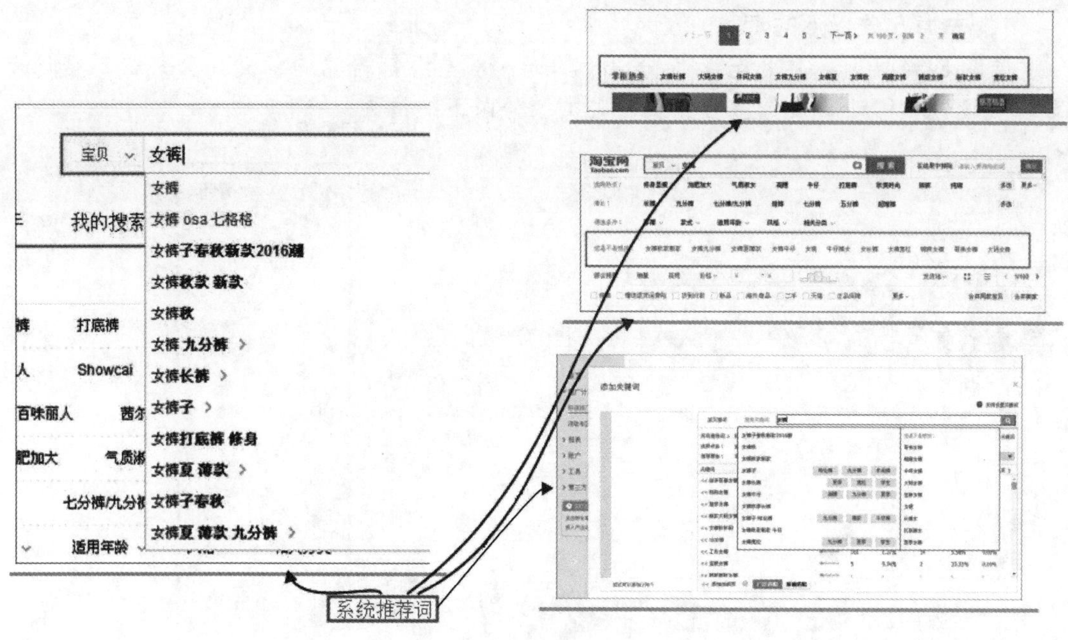


图 8-51　直通车系统推荐词

（2）组合词指的是通过一定的排列组合规律生成的新关键词，这些关键词需要卖家进行合理删选。卖家可以通过不同的属性词和促销词，对核心关键词进行组合形成一个长尾词，如图 8-52 所示。

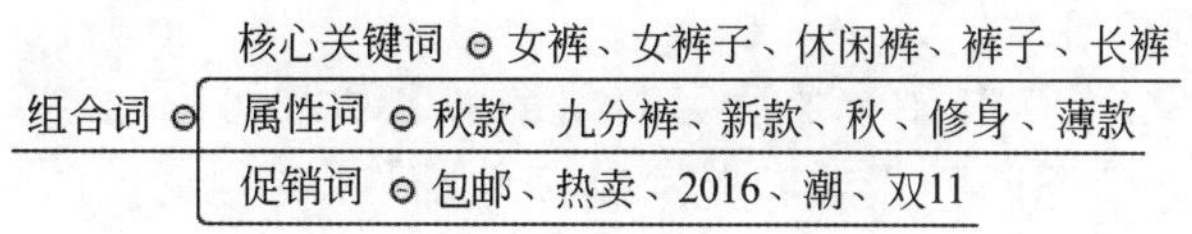


图 8-52　直通车关键词组合

## 8.5.9　直通车关键词测词

直通车选词之后需要对所选结果进行测词，测词思路及技巧如图 8-53 所示。

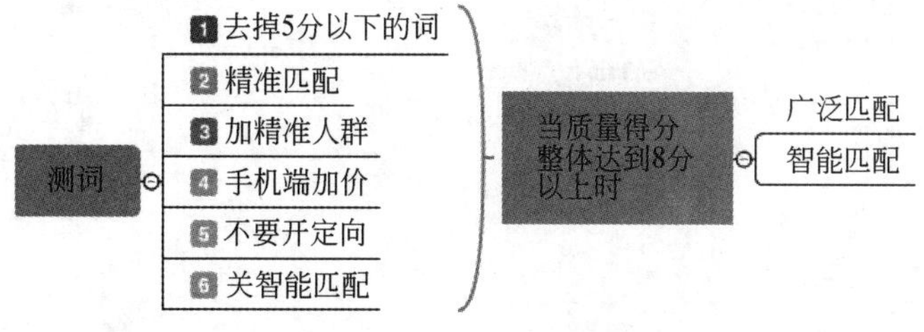


图 8-53　直通车测词思路和技巧

测词的一个核心思路是先培养质量得分，再通过相关的设置提升流量。具体的步骤如下。

### 1．去掉 5 分以下的词

如图 8-54 所示，质量分为 5 分以下的词，基本没有培养的意义。卖家需要根据计算机质量分和移动质量分进行删选，去掉 5 分以下的词。

| 状态 | 全部 | 关键词 | 计算机质量分 | 移动质量分 |
| --- | --- | --- | --- | --- |
| 推广中 | | [办公椅 电脑椅] | 7分 | 9分 |
| 推广中 | | [家用电脑椅 转椅] | 8分 | 9分 |
| 推广中 | | 网布电脑椅 | 8分 | 10分 |
| 推广中 | | 铜牛椅子 | 9分 | 6分 |
| 推广中 | | 办公转椅 | 8分 | 8分 |
| 推广中 | | [椅 办公 升降] 轨迹 | 7分 | 9分 |
| 推广中 | | 办公椅电脑椅包邮 | 7分 | 8分 |
| 推广中 | | 电脑椅躺椅 | 7分 | 8分 |

图 8-54　直通车质量分示意图

### 2．精准匹配

如图 8-55 所示，当单击某一个特定的关键词之后，可以对这个关键词的匹配方式进行修改，可以是“广泛匹配”或者是“精确匹配”。在测词的阶段，一般选为“精确匹配”。

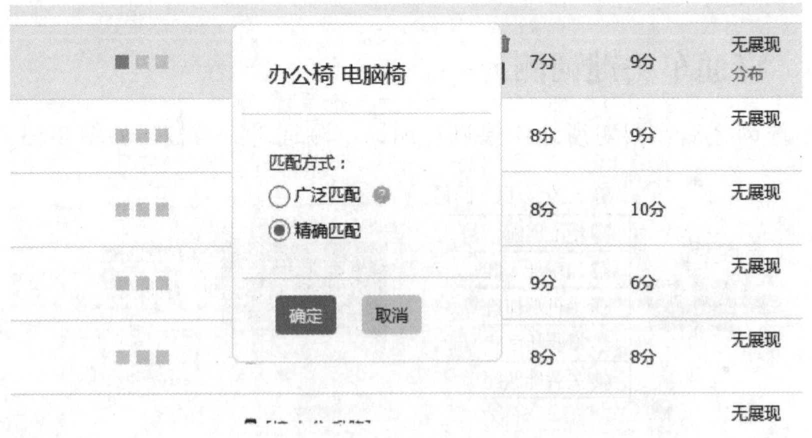


图 8-55　直通车测词时开启精确匹配设置

### 3．精准人群

单击“精选人群”按钮，开启人群设置，如图 8-56 所示。

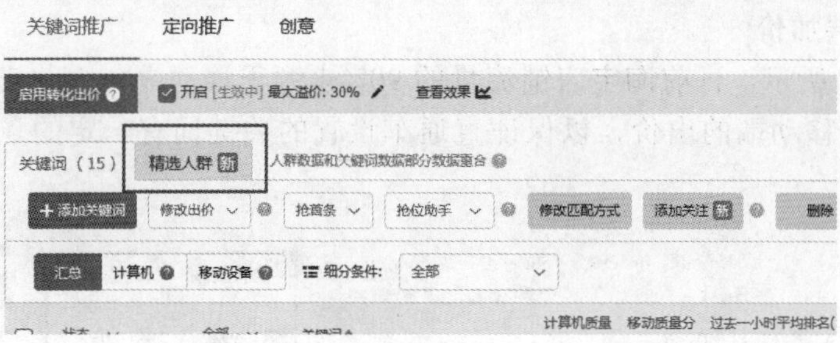

图 8-56　直通车测词“精准人群”设置

如图 8-57 所示，单击进入“+人群”按钮添加人群标签。“+人群”功能包括“淘宝首页潜力人群”“优质人群”“付费推广和活动人群”“节日人群”“同类店铺人群”“自定义人群”6 大类。

图 8-57　开启直通车测词添加人群标签设置

如图 8-58 所示，每个人群都可以进行单独的溢价设置。例如，把“节日人群”的溢价设置为 30%，关键词的单次点击单价设置为 2 元，那么“节日人群”锁定的买家点击这个关键词的实际点击单价应该为 2×(1+30%)=2.6 元。

加入“人群溢价”意味着直通车花费更大，但是广告投放更加精准，效果更加明显。

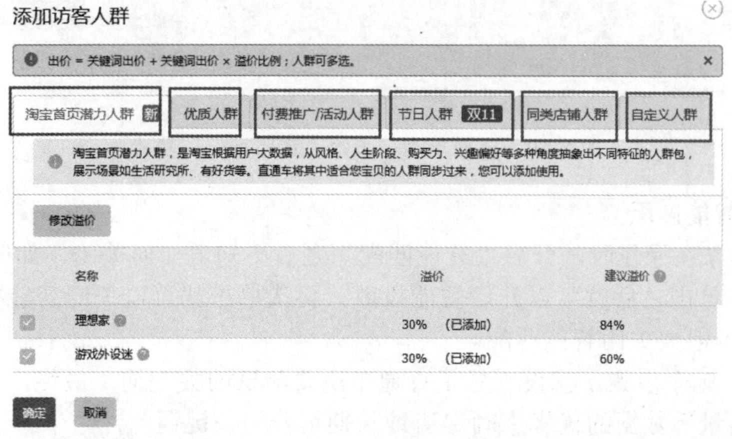


图 8-58　直通车测词“添加访客人群”设置

#### 4．手机端加价

如图 8-59 所示，目前淘宝店铺流量的 90%来源于移动端。因此卖家在设置关键词时，应该增加移动端的出价，以保证直通车设置的关键词有一定的点击量，这样能达到测试的目的。

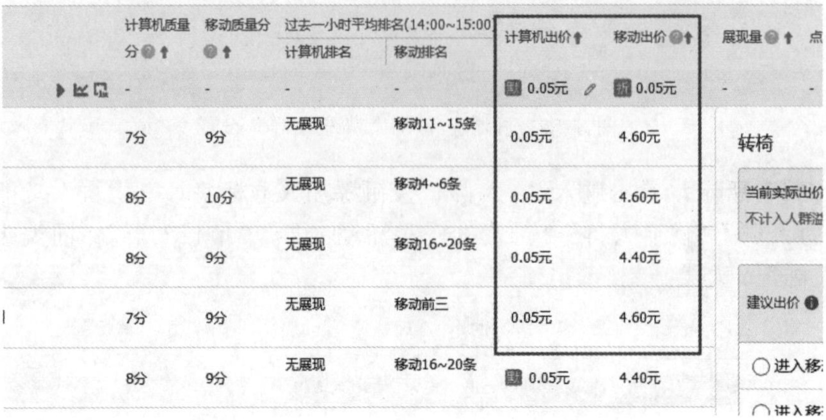

| | 计算机质量分 | 移动质量分 | 过去一小时平均排名(14:00~15:00) 计算机排名 | 移动排名 | 计算机出价 | 移动出价 | 展现量 |
|---|---|---|---|---|---|---|---|
| | - | - | - | - | 0.05元 | 0.05元 | - |
| | 7分 | 9分 | 无展现 | 移动11~15条 | 0.05元 | 4.60元 | |
| | 8分 | 10分 | 无展现 | 移动4~6条 | 0.05元 | 4.60元 | |
| | 8分 | 9分 | 无展现 | 移动16~20条 | 0.05元 | 4.40元 | |
| | 7分 | 9分 | 无展现 | 移动前三 | 0.05元 | 4.60元 | |
| | 8分 | 9分 | 无展现 | 移动16~20条 | 0.05元 | 4.40元 | |

转椅
当前实际出价
不计入人群溢
建议出价
进入移

图 8-59　直通车测词手机端出价示意图

#### 5．不开定向

如图 8-60 所示，这里建议卖家在测词时，关闭“定向推广”。

图 8-60　直通车测试关闭“定向推广”功能

#### 6．关闭智能匹配

大多数卖家在操作时，开启“智能匹配”之后不知道如何关闭。如图 8-61 所示的三角形按钮，单击之后就可以开启智能投放，再次单击就可以关闭智能投放。在进行“测词”时，一般要关闭智能匹配。

经过以上 9 个步骤，就设置好了直通车所要测试的关键词。最终，卖家可以根据点击率、点击量等数据的优劣来确定店铺长期培养的关键词。

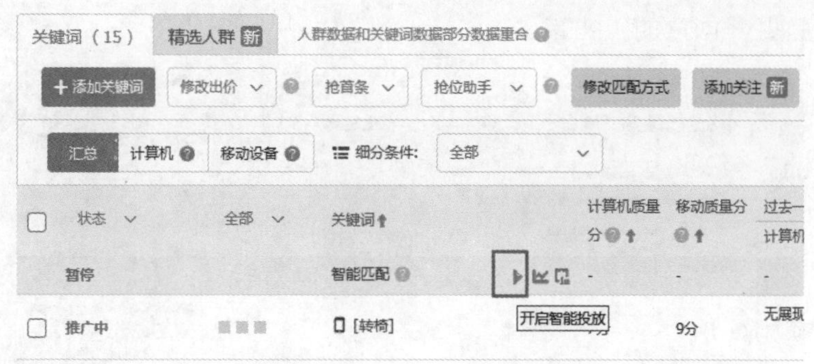


图 8-61　直通车测词关闭“智能匹配”功能

## 8.5.10　淘宝直通车扣费原理

直通车的实际扣费不等于卖家本人的出价费用。其根本在于直通车的扣费原理，如式（8-1）所示。

直通车扣费=下一名出价×（下一名质量得分/本人质量得分）+0.01 元　　(8-1)

例如，卖家 A 直通车的某一个关键词计划排名第四，其质量得分为 10 分。此时，卖家 B 排名第五，出价为 4 元，质量得分为 8 分。那么，根据扣费公式计算得出卖家 A 实际扣费为 4×8/10+0.01=3.21 元。换言之，卖家 A 出价为 3.21 元就可以获取第四的排名。由于卖家 A 的质量得分高于卖家 B 的质量得分，所以卖家 A 出价比第五名低，也可以排名比卖家 B 高。再如，若卖家 A 的质量得分为 5 分，根据直通车公式计算所得卖家 A 排名第四的实际扣费为 4×8/5+0.01=6.41 元，即卖家 A 要排名到第四名需要花费 6.41 元，远远高出第五名 4 元的出价。

从上面分析的可以看出，卖家 A 的质量得分从 10 分变为 5 分，要取得同样的排名，出价从 3.21 元涨到了 6.41 元，几乎翻了一倍。因此直通车质量得分的高低是决定直通车花费成本的关键。

## 8.5.11　直通车质量得分优化技巧

质量得分分为“移动质量分”和“计算机质量分”。移动质量分是指某关键词达到一定的条件下在手机端展示时的质量得分，计算机质量分是指某关键词在电脑端展示时的质量得分。由于近几年移动端的流量快速增长，大多数类目计算机端的流量占比不到 10%，因此本节重点介绍移动质量分。

直通车质量得分为 1～10 分，如图 8-62 所示为某一个关键词的移动端质量得分。影响质量得分的因素有创意质量、相关性、买家体验、移动端展示机会、首屏展示机会等。

**1．创意质量**

创意质量是指宝贝的推广创意在展示期间取得的效果反馈。包括推广关键词点击质量反馈和宝贝直通车主图质量反馈。

创意质量的核心在于直通车宝贝的点击率。因此卖家必须不断优化直通车推广创意质量，以此提升创意的点击率。

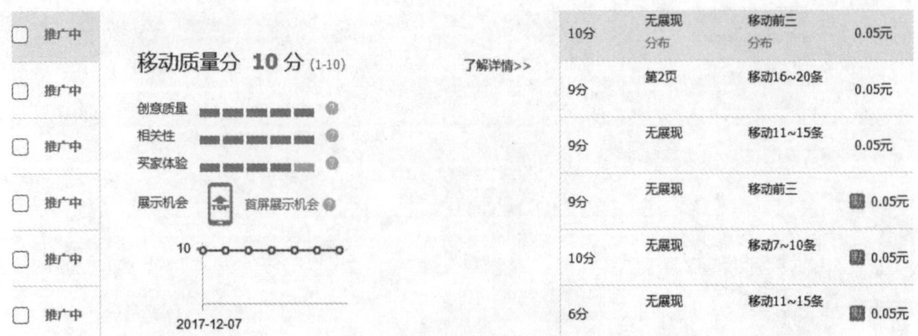


图 8-62 直通车移动端质量得分示例

### 2. 相关性

相关性是指关键词与宝贝类目、属性及宝贝本身信息的相符程度。

（1）关键词与宝贝本身信息的相关性主要体现在宝贝标题信息和直通车推广内容信息上。如果关键词在宝贝标题中和直通车的推广标题中有所体现，那么该关键词与宝贝的相关度就会提高。

（2）关键词与宝贝类目的相关性是指商品发布的类目和关键词类目的相符程度。

（3）关键词与宝贝属性的相关性是指发布宝贝时选择的属性与关键词的一致程度，卖家应尽可能地填写符合宝贝特征的属性。

### 3. 买家体验

买家体验分是指淘宝系统根据买家在店铺的购买体验和账户近期的关键词推广效果所得质量分。买家体验包含直通车转化率、收藏、加入购物车、关联营销、详情页加载速度、好评率、差评率、旺旺反应速度等影响购买体验的因素。

关键词对应的各项分值越大，代表推广效果越好。但不同行业关键词的质量得分也与实际行业类目相关，主要以实际情况为准。卖家可以参考优化中心的建议进行优化，不断提高各项指标值。

各项相关性的反馈值都会影响到直通车宝贝的质量得分。因此卖家需要对推广标题、宝贝描述等各个指标进行整体优化和分析。

### 4. 移动端展现机会

宝贝质量得分达到一定条件后才有直通车移动端展示机会，如图 8-63 所示。

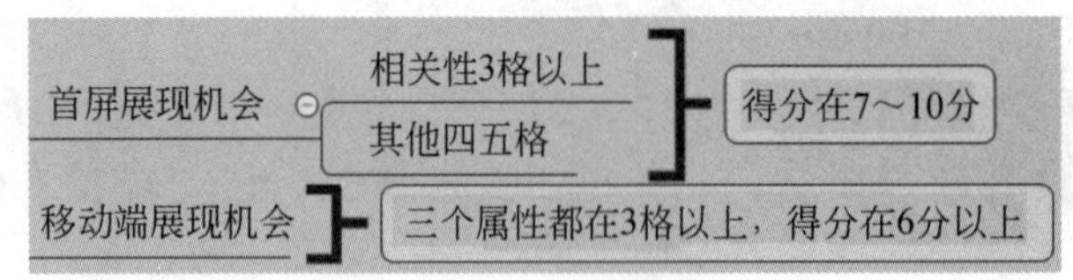


图 8-63 移动端展现机会

### 5. 移动端首屏展示机会

直通车宝贝推广关键词质量得分的三个属性满格均为 5 格。当相关性属性、创意效果和买家体验都大于 3 格时，此关键词会获得移动端首屏展示的机会，质量得分一般会在 7～10 分。

当宝贝直通车关键词的三个属性都在 3 格以上，得分在六分以上时，关键词会获得移动端展示的机会。

## 8.6　淘宝直通车盈利策略

淘宝直通车盈利的三大核心是"直通车关键词布局""赢在 7 天"和"直通车 ROI"。做好这三点，直通车一般都能够正常盈利。

### 8.6.1　直通车关键词布局

直通车关键词布局是直通车运营推广的首要工作，科学合理的关键词布局有助于直通车账户整体盈利能力的提升。

直通车关键词展现规则为，当买家在搜索某一关键词时，同一店铺最多只能展现两个宝贝。例如，某店铺有 10 款女裤都设置了"女裤包邮"关键词。那么，当买家搜索"女裤包邮"关键词时，搜索结果页只能展现两款女裤，其他的 8 款女裤虽然也设置了这个关键词，但是不予展现。

因此，直通车关键词设置时一定要合理布局，宝贝同质化比较高的店铺更要注意关键词整体布局，要遵循优质关键词匹配优质宝贝的原则。如果有两款宝贝已使用同一关键词，则其他的宝贝应重新匹配新的关键词，以免造成店内宝贝互相抢占直通车展位。

### 8.6.2　直通车赢在 7 天优化策略

淘宝对新发布的宝贝有 7 天时间的搜索加权扶持，目的是增加新品的曝光率。新品加权时间按宝贝类目不同扶持期限一般在两周之内浮动。如图 8-64 所示为新品宝贝"赢在 7 天"解析图。

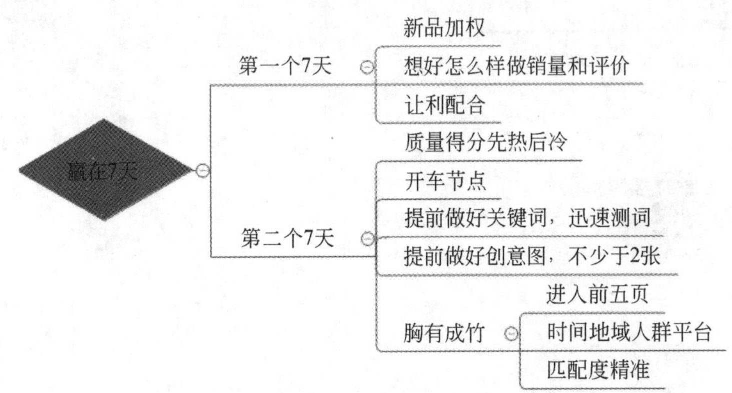


图 8-64　淘宝新品"赢在 7 天"解析图

在新品成功发布后的"第一个 7 天"阶段，需做好宝贝销量和评价，主要采取的方法为"新品促销"和"老客户营销"，快速完成直通车推广的基础条件。

在“第二个 7 天”阶段，要全面完成测款、测词和测图环节。主要把握好“保证关键词进入前 5 页”“时间、地域、人群”和“直通车相关设置”三大方面。

**1．直通车“创意”测图**

如图 8-65 所示为直通车“创意”测图入口界面，单击“创意”按钮进入。

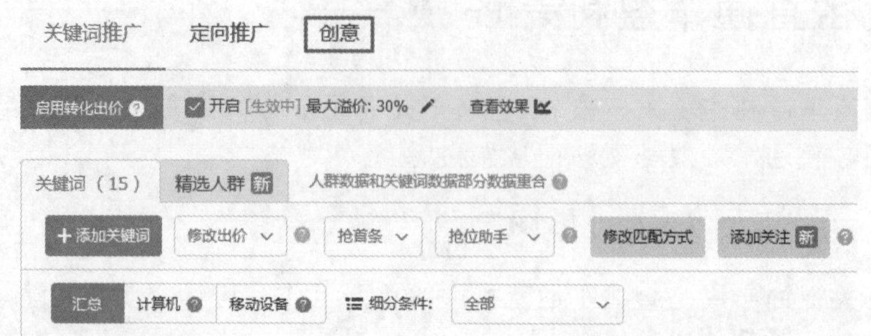


图 8-65　直通车“创意”测图入口界面

**2．直通车“创意”设置**

如图 8-66 所示，单击“添加创意”按钮就可以增加一个创意。单击“流量分配”按钮，可以对各个创意的流量进行分配。如图 8-67 所示，“流量分配”可分别对“计算机设备”和“移动设备”进行设置。设置的方法是“优选”和“轮播”之间二选一。“优选”是指直通车展示期间，更多地展示点击率高的图片；“轮播”是指直通车展示期间，平均分配展示的时间。

在进行测图操作时，先选“轮播”。积累到一定的数据量时，可以删除展现效果比较差的创意主图，再不断增加新的创意主图，优胜劣汰。卖家不断进行这样的操作可以达到对创意优化的目的。

图 8-66　直通车“添加创意”和“流量分配”设置

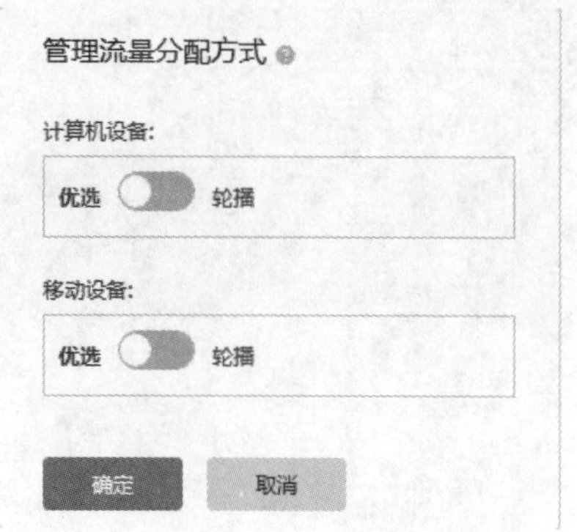


图 8-67　直通车创意“流量分配”方式

### 8.6.3　直通车 ROI 深度解析

“ROI”是指直通车投入产出比，也叫做投资回报率。ROI 直观反应了投入和产出的关系，卖家可以根据直通车 ROI 数据来判断直通车推广的盈亏情况，如图 8-68 所示。

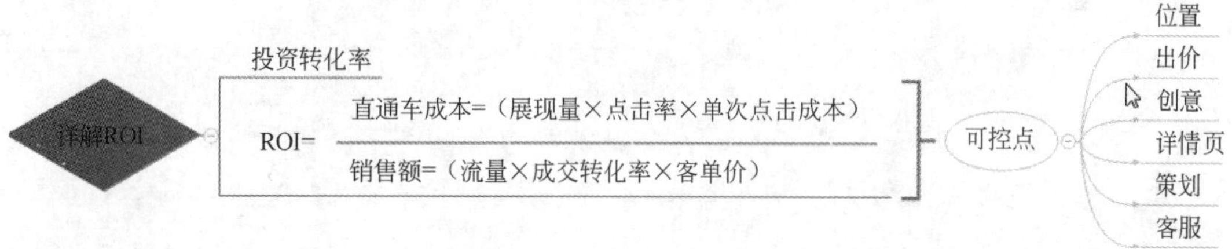


图 8-68　直通车 ROI 图解

影响直通车 ROI 的因素包括展现量、点击率、单次点击成本、访客量、成交转化率、客单价等；相关可控点为关键词所在的位置、关键词出价、创意的优劣、详情页、活动策划和客服转化率等。

直通车的推广效果和盈利状况取决于宝贝自身的竞争度和店铺运营者的综合能力。只有全面掌握了直通车操作技巧和整体布局策略，科学理性地预算和投入，正确地判断和分析数据，才能使得直通车的作用及效果发挥到极致。